U0527641

受浙江大学文科高水平学术著作出版基金资助

数字社会科学丛书编委会

总顾问

吴朝晖 中国科学院副院长、院士

主　编

黄先海 浙江大学副校长、教授

编　委

魏　江 浙江财经大学党委副书记、副校长（主持行政工作）、教授
周江洪 浙江大学副校长、教授
胡　铭 浙江大学光华法学院院长、教授
韦　路 浙江传媒学院党委副书记、副院长（主持行政工作）、教授
张蔚文 浙江大学公共管理学院副院长、教授
马述忠 浙江大学中国数字贸易研究院院长、教授
汪淼军 浙江大学经济学院中国数字经济研究中心主任、教授

"十四五"时期国家重点出版物出版专项规划项目

数字社会科学丛书

国家出版基金项目
NATIONAL PUBLICATION FOUNDATION

文武 著

数字货币

金融重构与可持续发展

Digital Currency

Financial restructuring and sustainable development

ZHEJIANG UNIVERSITY PRESS
浙江大学出版社
·杭州·

图书在版编目（CIP）数据

数字货币：金融重构与可持续发展 / 文武著. -- 杭州：浙江大学出版社，2024.4
（数字社会科学丛书）
ISBN 978-7-308-24872-3

Ⅰ．①数… Ⅱ．①文… Ⅲ．①数字货币－研究 Ⅳ．①F713.361.3

中国国家版本馆CIP数据核字(2024)第081688号

数字货币：金融重构与可持续发展
SHUZI HUOBI: JINRONG CHONGGOU YU KECHIXU FAZHAN
文　武　著

策划编辑	张　琛　吴伟伟　陈佩钰
责任编辑	马一萍　陈佩钰
责任校对	汪　潇
封面设计	浙信文化
出版发行	浙江大学出版社
	（杭州市天目山路148号　邮政编码310007）
	（网址：http://www.zjupress.com）
排　　版	杭州浙信文化传播有限公司
印　　刷	杭州宏雅印刷有限公司
开　　本	710mm×1000mm　1/16
印　　张	16
字　　数	269千
版 印 次	2024年4月第1版　2024年4月第1次印刷
书　　号	ISBN 978-7-308-24872-3
定　　价	88.00元

版权所有　侵权必究　　印装差错　负责调换
浙江大学出版社市场运营中心联系方式：0571-88925591；http://zjdxcbs.tmall.com

总　序

在这个面临百年未有之大变局的时代，在这个数字技术席卷全球的时代，在这个中国面临伟大转型的时代，以习近平同志为核心的党中央放眼未来，在数字经济、数字治理、数字社会等方面做出重大战略部署。《中华人民共和国国民经济和社会发展第十四个五年规划和2035年远景目标纲要》第五篇"加快数字化发展　建设数字中国"强调，"迎接数字时代，激活数据要素潜能，推进网络强国建设，加快建设数字经济、数字社会、数字政府，以数字化转型整体驱动生产方式、生活方式和治理方式变革"。2021年10月，在中共中央政治局第三十四次集体学习之际，习近平总书记强调："数字经济发展速度之快、辐射范围之广、影响程度之深前所未有，正在成为重组全球要素资源、重塑全球经济结构、改变全球竞争格局的关键力量。"[1]

随着数字技术不断发展和数字化改革的不断深入，数字经济已经成为驱动经济增长的关键引擎，数字技术正逐步成为推动国家战略、完善社会治理、满足人们美好需要的重要手段和工具。但与此同时，社会科学的理论严重滞后于数字化的伟大实践，面临着前所未有的挑战。无论是基本理论、基本认知，还是基本方法，都面临深层次重构，亟须重新认识社会科学的系统论、认识论和方法论，对新发展阶段、新发展理念和新发展格局有深刻的洞察。

浙江大学顺应全球科技创新趋势和国家创新战略需求，以"创建数字社科前

---

[1] 把握数字经济发展趋势和规律　推动我国数字经济健康发展［N］.人民日报，2021-10-20（1）.

沿理论，推动中国数字化伟大转型"为使命，启动数字社会科学会聚研究计划（简称"数字社科计划"）。"数字社科计划"将以中国数字化转型的伟大实践为背景，以经济学、管理学、公共管理学、法学、新闻传播学等学科为基础，以计算机和数学等学科为支撑，通过学科数字化和数字学科化，实现社会科学研究对象、研究方法和研究范式的数字化变革。"数字社科计划"聚焦数字经济、数字创新、数字治理、数字法治、数字传媒五大板块。数字经济和数字创新将关注数字世界的经济基础，研究数字世界的经济规律和创新规律；数字治理和数字法治关注数字世界的制度基础，研究数字世界的治理规律；数字传媒关注数字世界的社会文化基础，研究数字世界的传播规律。在此基础上，"数字社科计划"将推动数字科学与多学科交叉融合，促进新文科的全面发展，构建世界顶尖的数字社会科学体系，打造浙江大学数字社科学派，推动中国数字化的伟大转型。

依托"数字社科计划"，集聚浙江大学社会科学各学科力量，广泛联合国内其他相关研究机构，我们组织编撰出版了这套数字社会科学丛书。以"数字＋经济""数字＋创新""数字＋治理""数字＋法治""数字＋传媒"等为主要研究领域，将优秀研究成果结集出版，致力于填补数字与社会科学跨学科研究的空白；同时，结合数字实践经验，为当前我国数字赋能高质量发展提供政策建议，向世界展示中国在"数字赋能"各领域的探索与实践。

本丛书可作为国内系统性构建数字社会科学学科研究范式的一次开拓性的有益尝试。我们希望通过这套丛书的出版，能更好地在数字技术与社会科学之间架起一座相互学习、相互理解、相互交融的桥梁，从而在一个更前沿、更完整的视野中理解数字经济时代社会科学的发展趋势。

黄先海

2022 年 4 月

前　言

在当前的全球化背景下，我们正见证着一个时代的多维度巨变。这一过程伴随着各种挑战和冲突，包括但不限于民族间的纷争、宗教上的对立、社会体制的变革、国际规则的重新修订以及世界性组织结构的调整和重建。在这个转变过程中，我们看到了因北约向东扩展而引发的俄罗斯与乌克兰之间的战争，因以色列与巴勒斯坦、伊朗及其他阿拉伯国家之间长期的冲突导致中东地区处于持续的不稳定状态，美国及其盟友在南海和台湾海峡地区开展的军事活动，美国在国际贸易和科技创新领域对中国施加的压力。这些因素共同预示着从 2024 年开始的下一个 10 年将是一个动荡和挑战并存的时代。

在这样一个充满不确定性的国际环境中，中国应如何定位自己，并制定相应的战略来应对可能出现的各种情况？我坚信，党和政府已经在战略层面上进行了深入思考，并制定了一系列旨在保障国家安全、促进经济发展、维护国际地位的策略和措施。

就我个人而言，作为一名中国改革开放的亲历者，我从中受益匪浅。我在 20 世纪 80 年代末赴英国学习；90 年代前往日本工作；21 世纪初到美国并在硅谷创业。这一系列经历让我对过去 30 多年间这些主要资本主义国家在经济发展、社会变革、面临危机时的应对策略，以及它们如何通过改革和创新来寻求新的发展机遇有了深刻的理解和见证。历史经验告诉我们，在全球范围内经历重大变革和危机的时刻，对于那些做好充分准备的国家来说，这不仅是充满挑战的时刻，更是抓住历史机遇、实现跨越式发展的关键时刻。

II 数字货币：金融重构与可持续发展

在过去 40 多年里，中国通过改革开放实现了快速发展，不仅经济实力大幅提升，社会各方面也积累了丰富的经验和资源。面对这一次百年未有的全球大变局，中国正积极应对来自全球的挑战，尤其是美国带来的种种挑战。回顾历史，我国从 20 世纪 70 年代一个以农业为主的国家，经历了农村实行包产到户的农业改革，再到引进外资、发展劳动密集型产业，形成了以制造业为主的经济结构。此后，中国不断提升自己在全球市场中的中等工业产品制造能力，成为"世界工厂"。最近 10 年，中国则在数字化和高科技领域发展迅速。这一系列的变化标志着中国经济和社会的深刻转型。

在当前这个历史的关键时刻，我们如何审视自身存在的不足和短板？面对全球经济政治格局的重大变化，我们如何能够把握住机遇，将潜在的风险转化为发展的机会？进一步思考，我们应该如何在未来十年中把握好这个重要的发展机遇，实现中国的全面复兴？

这个问题涉及多个方面。首先，在科技创新方面，虽然中国已经取得了显著进步，但与世界科技强国相比，仍有一定差距。因此，加大科技研发投入，尤其是在核心技术和原创技术上的突破，将是补齐短板、提升国家竞争力的关键。其次，在国际贸易和经济领域，面对复杂多变的国际环境和外部压力，中国需要进一步优化开放结构，推动高质量发展，加强与其他国家和地区的合作，共同维护多边贸易体系和全球供应链的稳定。最后，在社会治理方面，随着经济社会的快速发展，人民对美好生活的向往和需求日益增长。如何更好地满足人民群众的期待，推动社会公平正义，加强生态文明建设，也是实现全面复兴不可或缺的一环。

如果我们能够很好地解决上述问题，我们就能平稳度过未来 10 年的艰难岁月吗？我国目前采取的策略是比较保守的。比如在全球各民族、地缘、宗教纷争中，我国一直保持中立态度。无论美国如何打压中国的贸易、科技，我国总是以包容、谦让的态度对待。总之，中国一直以大国风度、韬光养晦的传统精神、以不变应万变的方式来应对外部的挑战和危机。

2024 年是《布雷顿森林协定》缔结 80 周年。在上一次世界面临百年不遇大变局的第二次世界大战将结束时，以美国为首的同盟国（中国也是其中之一）为了不让世界再次陷入战争的灾难而举行了布雷顿森林会议，世界精英们首先考虑的是如何设计一个公平合理的货币体系。《布雷顿森林协定》的设计者们认为，经济不稳定和激进的国家经济政策是导致第二次世界大战爆发的主要原因之一。

他们希望创造一个更稳定、更合作的国际经济环境,以减少未来冲突的可能性。第一,通过建立固定汇率、创建像国际货币基金组织(International Monetary Fund,简称IMF)和世界银行这样的机构,来避免那些导致经济动荡和战争期间政治紧张的竞争性贬值和保护主义政策。第二,通过鼓励各国共同努力维护经济稳定来促进国家之间的合作。这种合作通过国际货币基金组织和世界银行来促进,要求成员国共同工作,支持彼此的经济健康。增加的经济相互依赖使各国不太可能参与冲突。第三,支持战后国家的重建和促进经济发展。他们认为繁荣和稳定的经济将不太容易倾向于政治极端主义。第四,经济危机往往导致政治不稳定,这可能会升级为冲突。布雷顿森林体系旨在通过管理汇率和为面临支付平衡困难的国家提供财政支持来防止此类危机,从而维护和平所需的基本条件。

然而,今天的现实已经说明,虽然《布雷顿森林协定》的愿景、构想和设计是正确的,但是支撑这个构想和设计的货币体系——美元、SWIFT(国际资金清算系统)、国际货币基金、世界银行,并没有成为实现这些设想的工具,它们反而被一些国家和集团用于掠夺发展中国家资源,成为导致债务陷阱,打压中国和其他"南南国家"正常发展的利器。如何应对当前的危机,中国已经不能置身事外,而是需要团结一切可以团结的力量,利用全球进入多极化的政治趋势,通过我国在工业化、数字化、智能化方面的优势,积极推进具有全球共识的可持续发展目标,重构全球新的货币、金融与经济基础设施,用中国在过去40多年累积的和平发展经验,为未来的全球设计一套基于命运共同体理念的公平合作、互相尊重、和平发展的新体系。

这样一项工程,自然是非常艰巨而且艰险的。中国需要与全球各行业的专家合作进行广泛的研究与讨论,对创新行业和技术有深度的了解,在国际各种机构与平台获得一定的话语权,特别是需要通过可执行、可商业化的路径来实现这项巨大的工程。本书综合了笔者过去30多年在跨国家、跨行业工作中的经验,结合笔者在500强企业、初创企业、大学以及国际组织中工作的经历,提出充分利用区块链、人工智能的数字化工具,以及我国在新能源、绿色技术、节能环保等领域的优势,通过类似诺贝尔可持续发展基金会这样具有全球公信力的国际非政府组织,逐步推进可以在共建"一带一路"国家落地的绿色金融基础设施的建设,从而打造21世纪"新布雷顿森林协定"的巨大工程。笔者虽然没有经过政治、经济等理论方面的严格训练,但是一直非常关注国际国内政治经济动态,

Ⅳ 数字货币：金融重构与可持续发展

希望本书能以第一性原理，将我们国家目前遇到的挑战，从各个方面进行实际的分析，让更多非职业政治经济领域的同人，通过阅读本书了解到问题的本质，参与这项伟大的、具有挑战性和历史性的工作。

DIGITAL CURRENCY　目　录

| 第一章 |

大变局的大背景

引领数字革命　/4
目前的货币理论过时了吗？　/6
数字货币带来新时代　/8
能源范式的深刻转变　/9
企业可持续价值的再评估　/11
面对未来的挑战与机遇　/12
通往公共数字货币之路　/13
接受新观念：物理学进化的案例　/17

| 第二章 |

货币、金融、经济与可持续发展

货币、金融、经济的概念　/23
货币、金融、经济之间的动力学　/25

可持续发展时代的到来　/27
货币的发展历史及未来　/30
通信技术改变货币形态　/31
货币的数字化　/33
货币理论和应用　/37
经济学理论与实践在发达国家的应用　/43
经济学理论在中国的应用　/45
发展中国家的情况　/46
华盛顿共识解析　/47
数字货币支持可持续发展　/48
央行数字货币　/53

| 第三章 |

从双输到双赢

百年不遇大变局之双输　/62
谁动了奶酪？　/66
迈向更均衡的未来　/73
碳货币：通过数字创新开创可持续未来　/79
重塑丝绸之路：绿色愿景　/82
善治下的数字化转型　/87

| 第四章 |

可持续金融发展

碳汇对可持续金融的意义　/97
联合国可持续发展目标是空中楼阁吗？　/99
联合国可持续发展目标在发达和发展中国家的实施　/100
对联合国可持续发展目标实现的疑虑　/101

能源向可持续发展方向转型 /103
可持续资产与负债 /105
解锁环境价值的深层意义 /107

第五章

区块链与碳金融

数字世界中"无信任"的概念 /119
分布式信任及治理模式 /125
可持续数字金融的关键是普惠金融 /131
使用区块链的绿色金融 /139
关键在于创新 /144
展望未来 /146

第六章

碳储备货币系统

去中心化不等于去信任 /152
碳作为金融资产 /154
基于全球碳货币的尝试 /155
碳储备货币的技术基础 /160
中国的可再生能源政策 /162
以能源与低碳经济为基础的碳金融 /164
数字时代与碳金融 /165
分布式碳储备货币 /168

第七章

可持续国际合作

今天的和平机制备受挑战 /175

用今天的应用和影响塑造未来 /180

未来展望：驾驭风险，抓住机遇 /185

重塑公平的经济竞技场 /189

第八章

新布雷顿森林体系

《布雷顿森林协定》 /195

改革的尝试 /199

基于全球共识的公共货币 /203

碳储备数字货币体系 /210

迈向可持续的未来 /215

技术在环境保护中的革命性角色 /219

建立面向可持续未来的货币共识 /225

第九章

展望未来

碳储备货币的时代即将来临 /229

我们将何去何从？ /232

参考文献 /234

CHAPTER 1

| 第一章 |

大变局的大背景

对于一个大半辈子从事科学技术研究，并投身技术应用和转化的"企业科学家"来说，写一本关于未来全球货币、经济、金融及可持续发展的书，其中任何一个话题，都是一项艰巨的任务。即便是顶尖的经济学家、中央银行行长、财政部部长、具有全球影响力的资本家和企业家，也不一定有如此的想法和野心。这里野心并不是一个贬义词。另外，如此复杂的课题涉及政治、经济、历史、金融、科技、法律、治理等各个领域，也许都已超过某些大国的智库团队的能力，更不用说对于一个相对来说是外行的"企业科学家"。但是，在面临百年不遇大变局的当今世界，却迫切需要有人来关注、传播、研究、推进、尝试、商业化这样巨大的事业，哪怕只是很小的一部分，或者是很小的一步。正是基于这样的理念，加上我在过去几十年来一直将自己置身于之前完全没有经历过的领域，比如我大学本科学习的是火箭科学（rocket science），博士期间我转入计算机科学和人工智能（artifical intelligence，简称AI）专业。工作期间又转向互联网安全，以软件构架师身份参与了全球第一个数字身份项目直至帮助它成为国际标准。后来我在硅谷创业，成立了第一家央行数字货币公司，产品被全球央行广泛使用，成功地在国际电信联盟成立了央行数字货币焦点组，即第一个全球央行数字货币智库，并任主席。当时，国际清算银行、国际货币基金组织、世界银行、主要大国央行，以及金融科技公司中包括维萨（Visa）、万事达（Mastercard）、支付宝、微信支付等都参与了该组织。

今天，我与过去一直推进央行数字货币的朋友和同事们在"诺贝尔可持续发展基金会"下成立了"央行数字货币国际协作组织"，一起通过数字货币来推进可持续金融基础设施的建设。我觉得这项工作有其巨大的意义。我相信很多人也非常关注我们未来的世界，特别是在当前 AI、区块链、大数据、Web3 等技术大爆发时期。我们关注全球的货币体系基于怎样的理论，将衍生什么样的金融工具，对各国特别是发展中国家的经济将产生怎样的影响。写这本书也是为了教育我自己，弥补自己在政治、经济、金融等领域的不足，同时，也为对这个题目感兴趣的朋友们提供一些基本的概念、信息和想法，方便大家以后交流。庆幸的是，今天我们有 ChatGPT 及类似的工具，它能帮助我们对不了解的领域开展高效的学习和研究，通过使用这些工具，我们可以回答很多以前无法回答的问题。至于这本书，我希望它能提供一种关于数字货币作为一个新的金融工具是如何为我们将来的可持续发展做出贡献的解释。

  1944年，布雷顿森林会议召开。这次具有历史意义的会议深刻影响并改变了世界，特别是在经济和金融领域。然而，当前全球化趋势减弱，欧洲、中东，甚至东亚地区的地缘冲突不断加剧，这给世界经济和金融稳定带来了新的挑战和不确定性。在此背景下，我们每个人都有责任深入思考人类当前面临的种种问题，分析其可能产生的后果和影响，并积极寻求解决方案。

  这需要我们跳出固有的思维模式，以开放、创新的态度审视问题，并在不同领域之间建立联系和协作。因为只有集思广益、群策群力，才能找到应对全球性挑战的有效途径，进而推动经济、金融和社会的可持续发展，为人类的未来创造更加美好的前景。

DIGITAL CURRENCY

引领数字革命

  2011年，正值数字化转型的高潮时期，一系列革命性技术的出现，如PayPal和比特币都引起了广泛关注。就在这个时候，我的生活轨迹也迎来了一次意料之外的巨变。经过多年在一家位列《财富》500强的美国公司中工作的历练，我对行业有了更深刻的理解。正是这份理解让我最终承担起了一家创新型企业的领航者的职责。我们承担着一个既宏大又精确的任务——为全球各国央行构建数字版的法定货币系统。这是一项数字化浪潮彻底改变金融与技术领域格局的举措。

  从一名在技术领域深耕的专家到成为数字货币领域的开拓者，我从硅谷出发，"骑行"至热情洋溢、数字革命正酣的中国大地。在这段探索未知领域的旅程中，我的视角逐渐从聚焦于技术的微观细节转变为从宏观层面关注由数字化脉搏强力驱动、日益定义新时代社会面貌的世界。

与此同时，随着对这场"数字化《奥德赛》"的深入参与，我开始意识到全球正面临着一个重大转折点——人类无节制的技术进步所带来的环境成本开始在全球范围内被清晰地审视和反思。我的环保意识的觉醒最初源自个人对食品安全的担忧，这种担忧最早是被蕾切尔·卡森的《寂静的春天》触发的。随着时间的推移，随着我个人职业生涯与数字技术的紧密交织，我的环保意识不仅仅停留在对个人健康的关注上，更是扩展到了支持和参与零碳运动上，进而响应全球日益增长的对于可持续发展和环境保护的需求。

中国的和谐社会理念深深吸引了我，它提倡的是一种整体性方法，这种方法在很多方面都超越了西方的直接性和简单性。这个理念逐渐成为我审视世界，特别是在可持续发展方面的一个重要视角。我开始认识到，我们不能将气候变化看作一个孤立的问题，而应该在追求人类的长期繁荣和地球的健康之间找到一个更加全面和平衡的解决方案。

这本书探讨了数字货币如何重新定义我们的金融基础设施，从而更好地满足社会的需求。作为一位专业的计算机科学家，我不仅深入研究了经济学、历史学和政治学，同时也开始观察传统经济理论在面对新兴的数字现实时显示出来的种种局限性。

某次，在与旧金山联邦储备银行的主席讨论我们的 CBDC（中央银行数字货币）技术时，我提出了一个设想：未来的经济流量或许可以像装了许多传感器的汽车一样，被实时地测量和监控。对方半开玩笑地提议我应该将这个想法记录下来，我们的话中隐含着一种观点：即使是工程师，也可能是经济学领域里的"伪装者"。

如今，在浙江大学国际商学院担任教师的我，经常与各界学者及决策者一起探讨如何将新兴的数字技术有效地整合进我们现有的经济体系中。这本书旨在提出一些关键性问题，例如数字货币如何能够提高金融系统的效率和透明度，以及它们如何服务于我们对可持续发展目标的追求？

这确实是一项充满挑战的事业，既有着巨大的潜力，也存在许多潜在的困难和矛盾。但是，恐惧从未成为我前进路上的障碍。当我与合伙人共同创立公司时，我几乎没有任何银行业务方面的经验——然而，就在今天，我们开发的解决方案已经被世界主要国家的央行采纳。这本书代表着我迈向未知领域的又一次大胆尝试，也是我面对新挑战时不畏艰难的又一次证明。

目前的货币理论过时了吗？

在当代经济环境下，货币理论的适用性和前瞻性成了一个值得深入探讨的问题。本书将对货币及其理论基础进行基本的描述和讨论，这些内容对于理解整本书的内容至关重要。一般而言，人们对商品货币理论、法定货币理论及加密货币理论等概念相对熟悉。然而，为了更加全面地把握货币的复杂性和多维性，我们必须深入了解经典货币理论、数量货币理论及现代货币理论等更为广泛的理论框架。这些理论不仅能够进一步拓宽我们对于货币在经济体系中角色、价值以及管理方式的认识，也为我们提供了一个更加丰富和细致的视角。

经典货币理论主要探讨了货币作为交换媒介、计价单位和价值储藏的基本功能。该理论强调货币在促进交易、衡量经济价值以及保持财富随时间稳定性方面的重要性。它认为，货币消除了物物交换中的低效率，极大地简化了交易过程。此外，经典货币理论还特别重视货币供应量对价格水平和通胀率的直接影响，强调管理货币供应的重要性。这一理论不仅为我们提供了理解货币在经济中的基础角色的基石，也是我们探索更为复杂的经济理论的起点。

数量货币理论通常通过交换方程（$MV=PQ$）来表述，其中 M 代表货币供应量，V 代表货币流通速度，P 代表价格水平，Q 代表商品和服务的总产出。根据该理论，假设货币流通速度和总产出保持不变，货币供应量的增加将直接导致价格水平成比例上升，进而引发通胀现象。数量货币理论着重指出了货币政策决策对通胀及总体价格水平可能造成的影响，并主张为了保持经济稳定，需要谨慎地管理货币供应量。

现代货币理论为我们提供了一个关于财政和货币政策的新视角。现代货币理论认为，那些拥有发行自己国家货币能力的主权国家在财政上并不受到与家庭或企业同样的限制，因为它们总能通过印制更多货币来偿还债务，只要这样做不引发通胀。这一理论挑战了传统上关于政府预算限制的看法——如果赤字投资能够用于实现充分就业和经济稳定，则不应视其为问题。现代货币理论引起了广泛的讨论和争议，特别是其对通胀控制、债务可持续性和财政政策方面的影响和意义。

通过将这些理论融入我们更广泛的讨论中，我们能够在关于货币的各种思想体系之间进行更为精细和深入的比较分析。经典货币理论为我们提供了一个坚实的基础，它通过明确定义货币在经济体系中扮演的核心功能角色，如作为交换媒介、计价单位和价值储存手段，为后续的理论研究提供了一个出发点。这些功能不仅是经济交易中不可或缺的要素，也是理解货币复杂性的关键。

在此基础之上，数量货币理论进一步通过量化方法，探讨了货币供应量与经济变量（例如通货膨胀率和价格水平）之间的关系。该理论提供了一种视角，分析货币供应量变化如何通过一系列机制影响到经济的各个方面，其中包括对货币政策在维护经济稳定中的重要作用进行了强调。这种理论视角使我们能够更好地理解和预测政策变动对经济的可能影响。

现代货币理论则从另一个角度出发，将重点转移到财政政策和主权货币发行国的特殊地位上。它对传统关于政府预算和债务管理的观点提出了挑战，认为在财政政策的制定和执行上存在比传统观点更大的灵活性。特别是在政府资金筹措和宏观经济目标实现方面，现代货币理论提供了新的思路和方案。

加密货币理论则给这场讨论增添了一抹现代色彩，它将技术作为一种基本元素，用于定义和保障那些非传统政府发行货币的价值。与早期的理论相比，加密货币理论着重强调去中心化、数字技术和市场力量作为货币价值的主要决定因素。

每种理论都从不同的角度给出了对货币在社会和经济中作用的独到见解。从经典货币理论强调的功能性，到数量货币理论关注的货币供应与经济指标之间的联系，从现代货币理论探讨的财政政策灵活性，到商品货币理论突出的内在价值；从法定货币理论强调的信任和法令基础，到加密货币理论倡导的技术创新和市场动态，这些理论的比较不仅彰显了它们之间独特的视角差异，也揭示了它们在塑造我们对货币认知过程中存在联系性和互补性。虽然某些理论之间可能存在看似矛盾的观点，但它们共同为我们提供了一个更加丰富和深入理解货币现象的框架。这些理论强调了管理一个经济体的货币系统所面临的复杂性，并突出显示了人们对于货币本质及其在经济生活中核心角色认识的不断演进。

数字货币带来新时代

在讨论数字货币给新时代带来的机遇和挑战之前，我们需要理解传统货币理论的适用性及其对经济发展的影响，包括数字货币理论在内的传统货币理论，在工业化时代乃至信息化时代的初期阶段都展现出了相对较好的适应性和有效性。在这一时期，绝大多数国家，尤其是发展中国家，它们的经济管理主要针对国内需求，仅在必要时与世界其他地区进行贸易往来。然而，东亚地区的经济体展现出了不同的发展模式。首先是日本，紧随其后的是韩国和新加坡，以及后来崛起的中国，这些国家外部贸易活跃，并因此经历了非常显著的经济增长。在全球化浪潮中，以美国为首的全球领导力推动了这一变革，尽管这可能对美国自身的制造业造成了一定损害，但同时却促进了其高科技和服务行业的巨大增长。

我们正处于一个剧烈变化的时代，世界格局正在转变为一个技术壁垒高耸、贸易障碍重重、联盟关系日趋碎片化的多极世界格局。与此同时，在数字时代的曙光下，无论是个人还是企业，都通过脸书（Facebook）、推特（Twitter）、抖音（TikTok）以及近期兴起的比特币、元宇宙和 AI 等数字技术手段取得了前所未有的紧密联系。面对未来可持续发展的世界，我们迫切需要构建一套全新的理论体系，包括对万物的全新认知以及对货币机制的重新定义。

回顾历史，当社会、经济、政治和技术领域发生剧烈变化时，我们可以从中吸取哪些教训呢？可能唯一具有全球性影响力的事件是两次世界大战，尤其是第二次世界大战。在货币领域，《布雷顿森林协定》是一个值得关注的重大协定。该协定是在二战结束前，由美国主导，同盟国意识到战争接近尾声，重建工作迫在眉睫时达成的。这表明对于货币和经济发展需要一个全新的架构。因此，我们将深入探讨《布雷顿森林协定》及其背后的成功故事及为何它在短短 30 年后就以一种不太光彩的方式突然终结。这些历史事件不仅为我们提供了宝贵的经验教训，也为我们在面对当下及未来经济发展挑战时提供了思考和借鉴。

在过去的几年中，尤其是在 AI 和可再生能源这两个领域，技术的飞速进步正在推动一场彻底改变我们生活方式、经济结构和社会价值观的革命。这场革命不仅承诺将对我们的日常生活产生深远的影响,更标志着一个全新时代的来临。这种快速且持续的创新驱动的技术浪潮,不仅在重塑我们目前的生活环境,还预示着一个未来的轮廓。在这个未来中,从日常生活的运作方式到全球的经济构架,再到社会基本价值观的塑造,都将经历翻天覆地的变化。

在这场变革的心脏地带,是 AI 技术和能源技术进步的深度融合。这种融合不仅带来了空前的效率提升和技术能力的飞跃,也为我们提供了解决能源需求、劳动市场转型以及企业价值重估等问题的新思路。特别是在环境、社会和治理(environmental, social and governance,简称 ESG)标准方面,这些技术创新将如何重新定义企业估值,成了一个值得深入探讨的课题。

此外,本书还将深入探讨这些技术创新背后的潜在风险和挑战。随着我们迈入被技术深度塑造的新时代,如何平衡技术所带来的巨大机遇与它们可能引发的挑战,成为我们必须面对的重要议题。从满足全球日益增长的能源需求,到应对劳动市场由于自动化和智能化而产生的转变,再到在环境保护、社会责任和治理透明度等方面对企业进行更加严格的评估,这些都是我们在迈向未来时必须考虑和解决的关键问题。

今天,站在新时代门槛上,我们不仅需要充分认识到这些技术给我们带来的广阔前景,更要深刻理解并准备好应对它们所带来的挑战。这意味着,在享受技术进步带来的便利和效率提升的同时,我们也需要积极寻找解决方案,以确保技术创新能够在不损害社会公平、环境可持续和经济稳定的前提下,为全人类带来真正的福祉。

能源范式的深刻转变

随着我们对未来的展望,我们将面临的一个最为重大的变革,无疑是我们的能源来源及其对全球经济和环境可持续性的深远影响。未来,我们可能会见证能源来源向核聚变、高效太阳能阵列、风能、波浪技术以及生物能源等可再生能源转变,这些转变将彻底改变人类获取和使用能源的方式。技术进步不仅有望使清洁能源更加普及,而且将大幅降低能源成本,甚至降至几乎可以忽略的水平。这场范式转变将带来深远的影响：显著减少碳排放量，有效缓解气候变化的不利影响，并通过促进绿色就业机会和产业的发展，为全球经济注入新的活力。

然而，实现这一转变并非毫无挑战。它要求我们在科研和基础设施建设上投入巨额资金，并且需要国际社会共同努力，逐步减少并最终摆脱对化石燃料的依赖。这一过程中，不仅需要政策制定者、企业界和科技界的紧密合作，还需要公众对这一转变的理解和支持。在这场能源革命中，我们既面临着前所未有的挑战，也需把握转变为更加可持续和韧性经济体系的独特机遇。这标志着在向可持续生活方式和经济发展模式迈进的关键时刻，每一个国家、社区乃至个人，都有一次深刻的范式转变和自我更新的机会。

在当今这个快速发展的时代，AI 和机器人技术的兴起是劳动力市场发展历程中的一个重要转折点。随着 ChatGPT 等先进技术展现出 AI 在执行从手工劳动到智力劳动各个方面的巨大潜力，我们对于人类工作的角色和价值的认识需重新评估。这些技术的突飞猛进不仅预示着工作效率的显著提升，还意味着我们能够以前所未有的精确度来完成复杂的任务。但是，这样的进步同时伴随着显著的挑战，特别是在就业领域，包括大量工作岗位可能会消失以及劳动者需要迅速适应不断变化的就业市场。

面对这样的转变，我们社会的教育体系也需要进行相应的调整，不仅要重新思考教育的目标和内容，更需要强调终身学习的重要性，以及培养能够与 AI 技术互补而非竞争的技能和素质。为了帮助个体顺利过渡到新的劳动环境，建立和完善社会安全网系统显得尤为关键，这包括提供必要的培训资源和支持服务，以确保每个人都能找到适应新时代需求的工作机会。

在未来劳动力市场持续演进的过程中，人类独有的创造力、情感智能以及适应变化的能力将被赋予更高的价值。这些不易被机器替代的特质，将成为人类在与 AI 共存共荣时代中保持竞争力和创新力的关键。因此，随着我们即将步入由机器承担大部分劳动任务的未来，对人类工作价值和目标的重新定义将是确保社会和谐与经济稳定的不可或缺的一环。我们需要深刻理解这一变革带来的影响，并积极寻找解决方案，以迈进一个更加公平、包容和可持续发展的社会。

企业可持续价值的再评估

我们正生活在一个数字化转型决定一切的时代，企业的价值不再仅仅根据其财务表现决定，而是通过其数字化足迹以及对社会整体福祉所做出的贡献来衡量。在这个背景下，数字孪生技术的出现——意味着从个体人类到企业机构，甚至包括无生命的物体，在数字世界中都能找到一个虚拟的等价物——为我们提供了全新的视角去理解和衡量一个企业在社会中所产生的影响力。这些数字化的复制品，具备以前所未有的精准度来模拟现实世界的能力，它们有望彻底颠覆传统的财务指标，为我们评估企业价值提供新的维度。特别地，当我们将重点放在 ESG 数据上时，一个企业在环境保护、承担社会责任以及实行道德治理方面的努力，将成为未来企业估值中不可或缺的一部分。

这种企业价值观念的转变，迫切要求我们建立一种新的评价体系，这一体系不仅要能够量化企业给环境和社会带来的积极或消极影响，还要能够反映出企业在促进可持续发展和社会公正方面所做出的努力。在数字技术和 AI 技术的帮助下，我们现在有能力即时地测量和追踪企业在这些方面的表现，这为我们提供了重新定义企业成功标准的可能性。我们正站在一个新的起点上，准备将企业的成功与其为实现一个更加可持续、更加公平的世界所做出的贡献紧密联系起来。随着这种新的企业价值观念逐渐成形，我们期待着企业能够在促进经济稳定和社会和谐方面发挥更大的作用。

我们正处于一个日益接近完全数字化的时代，在这个时代，企业的影响力和作用可以通过数字化手段实时地被量化和评估。这种变化预示着我们评价经济和社会贡献的方法将经历一场前所未有的转型。特别是 ESG 数据的使用。ESG 作为评估公司资产和负债的核心指标，标志着我们对企业价值认知的重大转变。在未来的情境下，评估一个企业的资产价值不仅仅基于其财务表现，更将基于该企业对环境保护、社会参与以及推动全球向着更加美好方向发展所做出的贡献。这包括其在环境保护上的努力，比如减少碳排放、实施可持续生产方式，以及其在社会上的积极参与，如支持社区发展、提高员工福祉等方面的活动。

与此同时，企业的负债也将被重新定义，不仅包括传统意义上的财务负债，还将包括其对环境和社会产生的负面影响，例如造成的环境污染、对社会造成的伤害或任何破坏社会和谐及稳定的行为。这种新的评估标准的采用，得益于 AI 和数字技术的快速发展，这些技术使得我们可以几乎实时地测量和评估一个公司的价值。

经济和社会测量方式的演变，将推动创建一个更加透明和负责任的商业环境。在这个环境中，企业被鼓励并且有责任追求对社会有益的积极贡献。这样做，不仅可以提升企业自身的品牌形象和市场竞争力，还能够促进全球经济向着更加可持续和公平的方向发展，从而为后代创造一个更加繁荣和谐的世界。

面对未来的挑战与机遇

在我们着眼于将被技术进步深刻影响的未来时，至关重要的是全面认识到这一演变过程中包含的双重特性——它既存在挑战也蕴藏着众多机遇。我们正面临着诸多挑战，包括但不限于适应新的能源范式、劳动力市场的根本性转变，以及在 ESG 标准指导下重新定义企业价值观的必要性。这些挑战中，有些是需要巨额初始投资的，有些则涉及在政策制定方面进行国际合作，还有一些可能会因为技术红利的不均等分配而加剧社会不平等。这种不均等分配如果得不到妥善处理，可能会导致资源富裕地区与欠发达地区之间的差距进一步扩大。

尽管如此，这些挑战同时也为我们带来了前所未有的发展机遇。特别是 AI 和数字技术的迅猛发展，为我们解决环境问题、促进社会公正以及实现经济全面包容提供了可行路径。通过负责任地开发和应用这些技术，我们不仅能够推动环境保护、实现社会公平和经济多元化，还能够确保一个可持续发展的未来。这要求我们每个人都必须承担起责任，共同致力于利用这些技术创造更大的社会价值，确保每个人都能够平等地享受到这场技术革命带来的益处。这样，我们才能确保全球经济和社会向着更加可持续、公平和包容的方向发展。

比特币在 2009 年诞生，它不仅仅是技术上的突破，更是对 2008 年金融危机的直接回应，那场危机暴露了传统金融体系内部的脆弱性和系统性风险，由于过度杠杆、不透明的金融工具和主要金融机构的惨败，公众对既定银行和金融行业产生了深深的不信任。比特币凭借其去中心化和摆脱任何中央权威控制的承诺，成为那些对传统金融体系失望者的希望之光。

比特币从一种鲜为人知的数字货币成长为金融领域的重要参与力量，这一过程深刻影响了公众对传统金融产品和银行业的看法。2008年的金融危机已经使复杂衍生产品名声受损。在此背景下，比特币以其直观、易懂且相对更安全的特性脱颖而出，成功引领了其他加密货币的涌现，每一种都带来了新的应用场景。这个不断增长的加密货币生态系统为投资者开辟了一个全新的投资领域，挑战着传统金融产品和机构长久以来的垄断地位。

面对加密货币的崛起，银行和金融行业不得不重新审视自身的定位。区块链技术——比特币等数字货币背后的基础架构——引起了传统金融实体极大的兴趣。许多传统金融机构开始探索并采纳这项技术，希望通过提高交易透明度、效率和安全性来增强自身竞争力。同时，加密货币的兴起也促使世界各国的中央银行开始探索甚至开发自己的数字货币。这些央行数字货币（CBDC）试图将加密货币的创新性与中央银行传统上所代表的稳定性和可靠性相结合。

然而，比特币及其相关加密货币面临的挑战并未因此减少。全球范围内加密货币的监管环境依然充满挑战和不确定性。政府和监管机构努力寻找平衡点，旨在制定能够保护消费者、维护金融稳定，同时又不抑制金融创新的法规。随着时间的推移，人们对加密货币相关风险的认识也在不断深化。

通往公共数字货币之路

比特币的诞生被广泛宣告为金融领域新纪元的开端。它从2008年全球金融危机的废墟之上崛起，向世界承诺了一个摆脱了传统银行体系种种缺陷的未来。这不仅仅是一个关于财富自由流动的梦想，更是一种全新的金融世界构想，资产所有者和受托管理者之间信息不平等的现象将成为历史，中央银行垄断货币发行的局面将被彻底打破。在这个愿景中，比特币凭借其去中心化的核心特性，成为对传统金融系统失去信心、对系统性失败感到绝望的人们的一线希望。

但是，随着时间的流逝，人们对比特币的看法和讨论发生了根本性的改变。最初被看作准备好挑战并可能取代既有金融体系的勇敢挑战者的比特币逐渐演变成了一个波动性极高的投机性资产，逐渐偏离了其最初的道路。这种演变或者说偏离，并非一夜之间发生的剧变，而是在几个关键因素作用下逐渐发生的。这些因素不仅改变了比特币在金融生态系统中预期扮演的角色，也对整个金融领域产生了深远影响。

在这场价值观和功能定位的巨变中，比特币固有的价格波动性无疑是一个重要因素。这一特性虽然吸引了大量寻求快速获利的交易者和投机者，但同时也严重削弱了比特币作为稳定的交换媒介或价值储存手段的功能。投机交易、市场情绪的不断变化，以及监管政策风向等因素驱动的价格波动，使得比特币成了一个虽然令人兴奋但极其不稳定的资产。

此外，比特币在迈向主流采纳过程中遇到的另一个重大障碍是与其可扩展性和交易成本相关的挑战。其核心技术——区块链——每秒只能处理有限数量的交易，这导致在需求高峰期网络容易出现拥堵。这种拥堵不仅导致交易费用上涨，还延长了交易确认时间，这些问题共同给比特币作为日常交易工具的实用性投下了阴影。与此同时，比特币开始越来越多地被视为类似黄金那样的资产——更多地作为价值储存而非现金的替代品。这种转变反映了人们对比特币功能和定位认识上的深刻变化，也暴露了数字货币在实现广泛应用前需要克服的诸多问题。

加密货币监管的复杂性进一步加大了比特币实现其愿景的难度。全球不同地区的法律环境差异巨大，这种波动性给比特币带来了额外的风险和不确定性，这不仅令潜在的用户和投资者望而却步，也使得比特币在尝试成为传统金融体系之外的可靠选择时面临重重障碍。因此，监管上的风暴不断地强化了外界对比特币作为一种投机性赌博工具而非稳定金融替代方案的看法。

虽然在最初，科技爱好者和一些具有创新精神的企业对比特币抱有极大热情，但比特币进入主流商业领域的过程却相当缓慢。市场的高波动性以及监管上的不明确性大大限制了比特币作为被广泛接受的支付工具的可能性，反而进一步巩固了其作为一种投机资产而非实际可用的金融工具的地位。

在比特币的发展史中，公众对其的认知——无论是理解还是误解——发挥了至关重要的作用。对众多人而言，比特币依然是一个未解之谜，它更多被看作一种投资渠道，而其潜在的金融革新能力却被忽视了。媒体上关于比特币价格剧烈波动和早期投资者积累财富的报道，往往忽视了比特币和区块链技术可能为社会带来的根本性好处。

尽管比特币在改造现有金融体系方面似乎尚未达到预期效果，但其对区块链技术时代的开启却是不争的事实。这种意外"遗产"促使各个行业开始探索区块链技术在提升透明度、效率和安全性方面的潜力，这种探索远远超越了加密货币领域的局限。

当我们回顾比特币至今的发展轨迹时，可以清晰地看到其影响已经远远超出了货币和金融领域的界限。虽然比特币可能还未能彻底颠覆传统金融系统或解决信息不对称和中央银行主导的问题，但它无疑已经激发了全球对未来货币的广泛讨论。比特币真正的"遗产"并不仅仅体现在它创造的财富上，更重要的是它引发了对区块链技术的广泛关注和深入探索，为可能到来的金融革命奠定了坚实基础。

我们坚信，这场潜在的金融革命需要依托于一个去中心化且无须信任的理念以及相应的数字基础设施，这些基础设施必须紧密结合现实世界中的经济资源与活动，以此来对全球经济及其金融基础设施产生实质性的影响，并最终触及人们的日常生活以及我们这个星球的未来。在当前由美国引领的世界秩序碎片化以及去全球化趋势愈发明显的背景下，形成一个有关我们经济活动的目标以及我们需要对这些活动施加哪些限制的新的全球共识变得尤为重要。这样的共识已经酝酿了近 30 年，它关乎气候变化及其对人类未来的深远影响，已成为一项全球性的共识。

就碳是否能成为全球货币供应的基础而言，这一议题不仅让人回想起黄金和石油曾经在全球经济中所扮演的角色，更是对我们正在发展中的金融系统与环境意识进行了一次引人深思的探讨。在历史长河中，各种商品和资源一直是塑造经济流动和结构的关键因素，它们各自携带着固有的价值和实际的用途，为货币政策提供了坚固的支撑点。曾经，黄金和石油凭借其稀缺性、广泛的需求，以及在技术发展和工业进步中所起到的决定性作用，成功地在全球经济体系中确立了它们独特的地位。这些资源不仅因其物理属性而被珍视，更因其在经济活动中所扮演的角色而成了价值的象征。

随着金融体系的不断完善和民众环境保护意识的不断进步，碳及其管理和减少碳排放量成为全球关注的焦点。将碳作为全球货币供应基础意味着将经济机制与环保目标紧密结合起来，这是向可持续性和生态平衡价值观转变的革命性思想。如果采纳碳作为货币基准，实质上是将货币价值与碳信用或碳排放许可权挂钩。

这一理念利用了与黄金和石油相似的稀缺性原则——将有限的排放权转变为一种商品，这样的货币体系可能会激励相关企业和个人减少碳排放。

总之，在探索将碳作为全球货币供应基础的过程中，我们不仅回顾了黄金和石油在经济发展史上所扮演的角色，同时也面临着如何将这一创新理念与当前紧迫的环境保护目标相结合的挑战。通过深入探讨和实践这一理念，我们有机会重新定义价值观念，并促进一个更加可持续和公平的世界经济体系的形成。

然而，向基于碳的货币供应体系过渡绝非易事，这一过程充满了挑战。最为关键的挑战之一就是必须建立一个全球认可、透明度高的碳信用度量和交易系统。这个系统不仅需要有足够的韧性来抵抗操纵和欺诈的风险，而且还必须具备高度的灵活性，能够随着对环境科学的深入理解和碳排放动态性的变化而适时调整。为了实现这一目标，国际社会需要共同努力，建立起一套公认的标准和协议，确保碳信用的度量和交易既公正又有效。

此外，从经济角度考虑，这种货币体系转变对不同国家和经济体的影响也是复杂多变的。具有不同碳效率水平和处于不同工业化发展阶段的国家可能会因此获得不同程度的利益或面临不利条件，这种差异可能会进一步加剧全球经济中已存在的不平等现象。例如，低碳排放或高碳效率的国家可能会在新体系下获得经济上的优势，而那些依赖高碳排放产业的国家则可能面临转型的压力和挑战。

在将碳作为全球货币供应基础的概念中，我们看到了社会价值观和环境互动方式的根本性转变。这不仅仅是一种象征意义上的改变，更是实际操作层面上对资源价值和环境保护重视程度的重大调整。这标志着人类从依赖以传统商品为货币基础的体系，转向一个更加重视地球健康和后代福祉的新体系。通过这种转变，我们可以更有效地将经济发展与环境保护相结合，从而促进可持续发展。

综上所述，以碳为基础的全球货币供应构想代表了对现有货币体系的根本性重塑，这一构想与当前对可持续性和气候行动的全球紧迫需求高度一致。面对这一转变所带来的种种挑战，需要跨国界的合作、创新解决方案以及对现有经济模式进行调整，全球社会需要共同努力。尽管道路充满曲折，但这样的转变有望为建设一个更加可持续、更加公平的世界经济体系铺平道路，为未来几代人创造一个更加绿色和包容的世界。

接受新观念：物理学进化的案例

人们的固有观念很难改变，主要因为这些观念通常根植于长期的文化、教育和社会经验中。然而，AI 的最新发展，尤其是 ChatGPT 等对话系统的普及，已经在一定程度上改变了人们对一些以前看似非常超前观念的看法。通过与 ChatGPT 等智能对话系统的互动，人们可以轻松地获得大量信息和知识。这种即时获取信息的能力使得人们能够更快地了解、评估并重新思考某些观念。此外，ChatGPT 能够提供来自不同背景、文化和专业领域的视角，这种多元化的视角挑战了人们的固有观念，促使他们考虑到以前可能未曾思考过的角度，从而产生和接受新的想法。这种交流并不限于获取信息，还包括对复杂问题的讨论和思考。在这个过程中，人们可以更深入地理解不同的观点，从而可能改变自己的看法。与 AI 进行对话时，人们可能会感觉到比与人类交流时更自由、更少受到阻碍。AI 不会因为自己的观点而给予对话者负面反馈，这种无偏见的环境鼓励人们探索和表达自己对某些话题的真实看法。

同理，要改变人类对于前述的关于货币的这种尽人皆知的基本观念是一件非常艰难且长期的工作，我们还可以通过历史上发生的类似观念改变，来评估人们接受这种基于数字货币的新的货币体系及金融基础设施的可能性。

牛顿物理学不仅仅描述了人们当时所认知的宇宙中所有事物的运动原理，它更是开启了对自然界运动规律深层次理解的大门。这一学说源自牛顿提出的著名第一定律——惯性定律。该定律阐述了物体保持其运动状态或静止状态直到外力迫使其改变这一状态的性质。它不仅描述了物体运动的基本定性特征，还揭示了物体保持平衡状态的内在原理。紧接着，牛顿通过其第二定律——加速度定律，进一步将运动的变化定量化，以 $F=ma$ 的形式表述，其中 F 代表力，m 代表质量，a 代表加速度。这一定律为理解和预测物体在外力作用下的运动提供了数学模型。

在牛顿之前，亚里士多德对运动有着不同的分类和理解。他将运动分为自然运动和非自然（或暴力）运动两种。自然运动是指无需外力即可发生的运动，这种运动朝向物体在宇宙中的"自然"位置。举例来说，亚里士多德认为，土和水会自然地向下移动至宇宙（地球）的中心，而空气和火则向上升。相反，非自然或暴力运动则是指外力作用于物体，使其偏离其自然位置的运动。当外力消失后，物体会恢复到其自然的静止状态。

从亚里士多德物理学到牛顿物理学的转换是一个缓慢而复杂的过程，涉及将近两千年的逐步发展、观察和由众多学者进行的精细调整。伽利略·伽利雷和约翰内斯·开普勒等人物对挑战亚里士多德物理学并为牛顿定律奠定基础做出了不可磨灭的贡献。通过伽利略对运动实验的探索以及开普勒对行星运动规律的发现，共同证明了物理定律具有数学性质，这一发现对牛顿后来提出的运动定律和万有引力定律产生了深远影响。

通过利用望远镜进行观察和精确测量的方法，结合这些测量结果的数字化处理，人们发现了如加速度定律 $F=ma$ 这样的定量关系。这种科学研究方法随后也被广泛应用于社会科学领域的探索之中。这就解释了为何会形成经典货币理论 $MV=PQ$ 的基础框架。由于缺乏对货币供应量、货币流通速度或商品价格和质量的精确测量，这一理论被称为经典货币"理论"而不是货币"法则"。尽管存在这样的局限性，该理论依然为政策制定者在面对实际经济情境时提供了一个理性决策的基础框架。

从牛顿物理学到量子物理学的演进，不仅仅是科学史上的一次飞跃，更是我们理解宇宙的方式经历了根本性变革的体现。从将宇宙视为庞大而精密的钟表机制运作的决定论和机械论视角，转向认同在最基本层面上由不确定性和概率主宰的世界观。这个过程并没有突兀发生，而是随着一系列颠覆性的发现逐步展开，这些发现挑战了传统的经典概念，并对其进行了扩展和深化。

经典物理学至19世纪为止，在解释宏观世界现象上取得了辉煌的成就。但是，随着科学家们对宇宙的极大尺度（如星系和宇宙本身）以及极小尺度（如原子和亚原子级别）的深入探索，他们开始遭遇到一些用经典力学无法解释的现象。例如，原子轨道的稳定性问题、光电效应及黑体辐射等，都是挑战经典物理学解释能力的命题。

20世纪初，牛顿物理学遭遇了首次重大挑战，这一挑战来自阿尔伯特·爱因斯坦提出的相对论。狭义相对论（1905年）成功地将麦克斯韦关于电磁学的方程与光速在所有惯性参考系中恒定这一原理相结合。它提出了诸如时间膨胀和长度收缩等革命性观点，颠覆了以时间和空间为绝对概念的传统看法，表明它们实际上是相对的。随后，广义相对论（1915年）在此基础上进一步发展，将引力纳入考虑，描述了由质量和能量引起的时空弯曲现象。这些理论通过如光线被引力弯曲等实证证据得到了验证。

与此同时，导致量子力学诞生的另一场科学革命也在默默展开。普朗克在解决黑体辐射问题（1900年）时提出了能量量子化的思想，即量子以离散的小包（能量）形式存在。紧接着，爱因斯坦对光电效应的解释（1905年）进一步强化了这种量子化观念，他提出光实际上是由称为光子的粒子量子化而成。这些开创性的思想和实验观察为量子力学——一种全新的物理学分支的建立奠定了基础，量子力学揭示了微观世界中粒子行为的奥秘，并彻底改变了我们对物质本质的认识。

量子力学的出现和发展，对我们理解现实世界的本质产生了革命性的影响。这一理论在微观层面上揭示了一种固有的不确定性，即在进行测量之前，微观粒子如电子和光子不存在于一个明确的状态中。这种现象表明，微观世界的本质是概率性的，与我们日常经验中的确定性世界大相径庭。这种概率性的本质不仅在科学上引起了广泛的关注，而且在哲学和认知领域也引发了深刻的讨论和辩论。爱因斯坦对量子力学的著名批评"上帝不会掷骰子"，恰恰体现了这种哲学上的困惑和挑战。然而，尽管存在争议，量子理论在解释和预测从微观粒子到宏观物理和化学现象方面展现出了前所未有的成功和精确度。

牛顿物理学到量子物理学的历史性转变不仅揭示了自然界运作的新原理，也暴露出已有科学理论中的一大缺陷，即缺乏一个能够将广义相对论描述的引力与量子机制无缝结合的统一理论。广义相对论解释了宏观尺度下的时空弯曲和重力现象，而量子力学则主宰着微观粒子的行为规律。两者之间的桥梁，如弦理论和圈量子引力等尝试，虽然取得了一定进展，但仍未能完全解决这一难题。这一领域的探索成为现代物理学追求的"圣杯"，旨在揭示自然界最根本层面上的统一原理。

从牛顿物理学到量子物理学的进程不仅是科学领域里程碑式的变革，更是人类对宇宙根本规律认识的巨大飞跃。这一转变意味着我们从一个看似由绝对规律和确定性主宰的宇宙观念，跨入了一个充满不确定性和概率性、每个观察行为都可能影响现实本身的全新视角。这一历史性的旅程不仅标志着科学领域内一系列创新和突破的连续性进展，更深刻地改变了人类对于自身以及整个宇宙所处位置和角色的认知和理解。我们从中学到，宇宙不是由简单的因果律构成的机械体系，而是一个充满奇迹、由观察者与被观察现象相互作用而不断塑造的复杂网络。

在当代宇宙学和物理学中，一个至关重要的事实是光速在我们的宇宙中被认为是一个恒定值，这一发现通过著名的等式 $E=MC^2$ 得到了体现。这个等式不仅深化了我们对量子世界本质的理解，也使得普通人能够理解并接受基于此理论的各种技术应用，例如全球定位系统（GPS）和半导体芯片等。这些技术的应用极大地改善了我们的日常生活，同时也证明了量子理论在实际应用中的巨大潜力和价值。

正如光速恒定原理引领了科技和理论的飞跃一样，我们的社会在能源技术领域也即将迎来革命性的进步。这些进步不限于如核聚变、大规模太阳能、风能这样的传统能源领域，还包括生物能等新兴领域。在这个过程中，个人、企业和国家对环境、社会福祉以及全球和平所做出的贡献或造成的阻碍都将成为评价标准。随着我们进入一个能够从清洁和可再生资源中廉价提取能源的新时代，传统的体力和脑力劳动将越来越多地被机器人和 AI 替代。同时，随着我们的世界在数字化转型的浪潮中逐步转变为数字孪生体，货币的定义和经济理论也将面临重新思考和重构的需求。

在这个充满勇气和创新的新世界里，地球及其资源——无论是地表上的资源还是来自宇宙的资源，如太阳能——以及地球上的环境，都将被视为一个需要人类共同努力保护和维护的系统。借助数字孪生技术，我们有能力模拟能源、生态系统及人类活动与环境之间的相互作用，这不仅有助于我们更好地理解这些相互作用如何塑造我们的世界，也为我们设计一个新的货币理论、经济体系和金融基础设施提供了可能，使得可持续发展不再是一个遥不可及的梦想。我们所追求的，是一个更加透明、公平高效、环境友好的全球"村庄"，它将是人类文明进步的重要标志。

CHAPTER 2

第二章

货币、金融、经济与可持续发展

货币、金融和经济之间的关系构成了现代社会运作的核心，这三者之间的相互作用既紧密又复杂。在经济活动中，货币扮演着不可或缺的角色，它不仅是交换商品和服务的媒介，也是价值的尺度、财富的储藏手段，以及延期支付的工具。货币的稳定性是经济增长的关键，因为它影响着通货膨胀率和人们的购买力。中央银行通过调整货币供应量来控制经济活动的水平，进而影响经济增长、就业率和物价水平。金融领域覆盖了与资金借贷、发行、交易、管理和投资等相关的所有事务。通过促进资金从资金过剩单位向资金赤字单位的转移，金融系统支持了经济活动的发展。高效的金融市场和机构促进了资源的优化配置，降低了交易成本并提高了生产效率，从而推动了经济增长。此外，金融市场的稳定性对于防止经济危机也非常重要。

货币政策是金融政策的重要组成部分，它通过控制货币供应量和利率来实现宏观经济目标，比如控制通胀、促进就业和保持经济增长。中央银行通过操作市场利率、调整银行准备金率或进行公开市场操作等多种手段来影响货币供应量。这些操作不仅影响银行贷款、消费者支出和企业投资，也直接作用于整体经济活动和金融市场的表现。

货币、金融和经济三者之间相互依赖、相互作用，共同构成了现代社会的基础。理解这些关系对于把握经济运行规律、制定有效政策以促进经济发展具有重要意义。货币政策和金融制度的设计与执行对于经济的稳定与增长起着至关重要的作用。

**DIGITAL
CURRENCY**

货币、金融、经济的概念

货币是一个看似简单的概念。它是一种交换媒介，一种人们交易商品和服务而不需要烦琐物物交换的方式。一个农民可以用他的作物换取货币，然后用这些钱来购买工具、衣物或者为家人购买食物。一位手艺人可以出售她的商品，并用所得的钱支付原材料和住所的费用。货币，以其最基本的形式充当着一个促进者的角色，提供一种使商品和服务的交换更加高效和方便的方式。

但货币的意义远不止于此。它是价值的象征，是我们赋予所渴望之物价值的代表。它是财富的储存手段，一种积累并为将来使用而保存我们劳动成果的方式。

在现代世界中，货币已经呈现出新的复杂性和精细化水平。它不再仅仅是一个物理对象，货币已变得越来越抽象和无形。数字货币、电子银行以及全球金融市场的兴起已经改变了我们对于货币的思考和使用方式，为个人、企业和政府等创造了新的机会和挑战。

金融在现代经济体系中占据着举足轻重的地位，它是维系现代经济生活血脉的核心系统。这一系统由各种金融机构、市场和金融工具构成，它们共同促进了整个社会中货币和信贷的有效流动。在这个系统中，银行、保险公司、投资公司以及其他种类的金融机构扮演着极其关键的角色。它们不仅是储蓄者与借款人之间的桥梁，还将投资者的资金引导到有潜力的企业和创新项目中，促进了经济资源的有效分配和利用。

当金融体系运作良好时，它能够成为推动经济增长和社会发展的强大动力。金融通过将个人和家庭的储蓄转化为对企业和项目的生产性投资，不仅促进了企业规模的扩大和就业机会的增加，还激发了市场创新和技术进步。此外，金融通过提供信贷服务，支持个人购房、创业或实现其他生活目标，极大地提高了社会成员的生活质量和幸福感。更为重要的是，金融通过确保资本在经济中得到高效配置，帮助将资源投入最能产生价值的领域，从而为社会带来经济增长和繁荣。

然而，金融系统的运作伴随着一定的风险和挑战。金融工具和市场机制虽然能够促进经济发展，但同样有可能引发投机性泡沫，导致市场过热甚至崩溃。过度的风险承担和投机行为不仅会增加金融市场的不稳定性，还可能导致财富和权力过度集中，加剧社会不平等。2008 年全球金融危机让人们看到了金融领域缺乏适当监管所带来的严重后果。这场危机不仅揭露了金融市场与实体经济之间脱节的问题，还暴露了金融创新与风险管理之间的紧张关系，强调了建立健全金融监管体系、维护金融稳定与促进经济健康发展之间平衡的重要性。

在这个由货币和金融构成的错综复杂的网络中心，蕴藏着经济的力量。经济代表了在特定社会内，所有商品和服务从生产到分配再到消费的全过程的总和。

它不仅是推动社会增长和繁荣的动力,也是全球数十亿人赖以就业和获得收入的基础。

经济的本质远非一种单一且统一的实体,它不是以一种可完全预测的方式运作。实际上,经济是一个极其复杂和充满活力的系统,它的形态和运作由无数的个体决策及其相互作用所塑造。无论是消费者的购买行为、企业对新设备的投资,还是政府实施的新政策,每一个行为都会对经济产生影响,这种影响像波纹一样向外扩散,为其他人带来新的机遇和挑战。

此外,经济与社会的广泛领域——包括政治和社会结构——有着深刻的相互联系。经济政策和决定不仅仅局限于经济领域本身,还深远地影响着从财富分配和权力结构到个人及社区健康福祉的各个方面,诸如经济不平等、贫困以及社会动荡等问题都深植于经济体系运作过程中。要解决这些问题,就需要对货币、金融与社会之间错综复杂的关系有一个深入的理解和认识。

进一步地,经济活动不仅反映了市场供求关系的基本规律,也体现了人类社会价值观和道德观念的影响。每一个经济行为,无论是消费者选择、投资者决策还是政府政策,都在某种程度上表达了对于什么是有价值的、什么是应当追求的共同理解。因此,经济不仅是一个财富创造和分配的场所,它也是人类文化和社会观念交汇、碰撞、融合的舞台。在这个舞台上,不同的利益群体通过市场机制和政策框架来争取自己的利益,同时也对经济系统本身产生影响,推动着社会进步与变革。

货币、金融、经济之间的动力学

在探索现代社会的动力学时,我们可以通过将货币、金融和经济分别比作汽油、引擎和汽车来形象地理解它们之间的相互作用及其如何推动社会前进。这个比喻不仅揭示了这三个要素的内在联系,还强调了它们在推动社会和经济发展中的关键作用。

首先,货币作为"汽油",为经济活动提供了必要的能量。就像汽油是驱动汽车前行的基本能源一样,货币是推动经济交易和增长的基础。它允许商品和服务的买卖，促进了劳动分工和市场交换的高效运行。没有货币，现代经济体系将无法运转，就如同没有汽油，汽车也无法启动一样。

金融作为"引擎"，即转化货币的能量，驱动经济的运转。金融系统通过银行、证券市场、保险公司等机构，管理和分配资金，优化资源配置，促进投资和消费。这一过程类似于汽车引擎将汽油的化学能转化为机械能，推动汽车前进。金融不仅确保了货币能量的有效转换，还通过信贷创造、资产定价等机制，维持经济活动的稳定和增长。

经济则相当于"汽车"本身，是一个复杂的系统，由众多相互依赖的组件组成，包括家庭、企业、政府等。经济体系整合了货币提供的能量和金融转化的动力，通过生产、分配和消费商品与服务来满足人们的需求。这个过程就像汽车行驶一样，不仅需要能源（货币）和动力转换系统（金融），还需要一个完善的机械系统（经济体系）来实现其功能。

这三者之间的相互作用是推动社会前进的关键。货币确保了经济活动可以顺畅进行；金融通过有效地分配资源，促进了经济的稳定与增长；而经济则是这一切发生的场所，它不断演变以适应新的挑战和机遇。就像汽车在不断行驶的过程中需要适时加油、维护引擎并进行必要的调整一样，社会也需要不断调整货币政策、金融监管和经济结构以促进持续发展。

然而，正如汽车行驶需要遵循交通规则以确保安全一样，货币、金融和经济之间的相互作用也需要在适当的政策和监管框架内进行，以防止过度投机、金融危机和经济泡沫等风险。只有在确保稳定性和可持续性的前提下，这三者才能有效地协同工作，推动社会向前发展。

总之，通过将货币、金融和经济比作汽油、引擎和汽车，我们不仅可以更清晰地理解它们各自的功能，还可以深入探讨它们如何共同作用来驱动社会进步。在这个过程中，平衡这三者之间的关系，确保它们协调发展是实现长期繁荣的关键。

在当今世界，除了货币、经济和金融领域内部的复杂相互作用之外，地缘政治的动态关系同样在深刻地影响着我们的未来走向。地缘政治的现状揭示了国际社会正面临一系列错综复杂的挑战和紧张局势。美国作为长期以来的全球霸主，不仅要应对日益加剧的内部分歧，还要面对国际秩序的快速变化。

欧洲联盟也正处在多重危机中，不仅要应对英国脱欧带来的长期影响，民粹主义运动的高涨和移民问题、经济复苏等挑战也正考验着其内部凝聚力和解决问题的能力。在全球格局变化中，俄罗斯通过一系列措施扩大其国际影响力。

中东地区的局势更是充满波折与不稳定性，叙利亚、也门和利比亚等地的冲突持续不休，伊朗和沙特阿拉伯之间的紧张关系也没有缓解迹象。尽管国际社会不断寻求和平解决方案，以色列与巴勒斯坦之间的冲突依旧没有实质性进展。

在这个充满不确定性的时代，各国更需要通过外交和对话来寻找共识，对坚持国际规范和加强国际机构合作的承诺显得尤为重要。这不仅是为了解决当前面临的问题，也是为了构建一个更加稳定、公正的国际秩序。

可持续发展时代的到来

在这个充满冲突和混乱的时代中，人类作为地球上已知唯一智能的生命形式，正面临着一个共同的、可能带来灾难性后果的挑战——气候变化。这种全球性的威胁要求我们超越国界和文化的分歧，共同应对。当全人类面对这样一个共同的敌人时，历史经验表明，人们有可能团结一致，共同抗击这一威胁。如果我们能够充分发挥智慧，不仅可以通过全球共识来解决我们面临的这一关键危机，而且还可以将这种团结的力量扩展到解决其他冲突上，以更加理性和和平的方式应对挑战。对抗气候变化的一个有效途径是通过实现碳中和来减少人类活动对地球环境的负面影响。

碳中和的目标不仅是环保的需要，它还能通过货币、经济和金融之间的复合作用促进深远的社会变革。面对紧迫的气候变化问题，向低碳经济的过渡已经成为全球各国政府、商界和公众的共同追求。实现这一目标，不仅需要我们改变能源消费模式，还需要在资源配置、资本流动以及对经济活动的价值评估等方面进行根本性的转变。在这个过程中，货币政策、经济结构调整以及金融市场的创新和适应将扮演至关重要的角色。通过这些领域的相互作用和协同努力，我们不仅可以有效应对气候变化带来的挑战，还能推动经济的可持续发展，为全人类创造一个更加绿色、健康和繁荣的未来。

在追求碳中和的过程中，最基础的一步是需要对资本进行大规模的重新配置，即从重大碳排放的产业中撤资，并将这些资本投向清洁能源以及其他低碳技术。

这一重大的投资转向不仅仅是金融领域的一次调整，它更是未来经济发展方向的一次根本性转变。通过这种转变，不仅可以促进可再生能源、能源效率提升以及可持续交通等领域的成长和繁荣，还可以在这些领域创造出大量新的就业机会，从而推动经济向更加绿色、低碳的方向发展。

为了有效促进这种资本的转移和投资模式的改变，政府和金融机构必须采取积极行动，制定各种激励措施和政策来鼓励社会各界对低碳技术的投资。这些措施可能包括实施碳定价机制——例如碳税和排放权交易制度，通过对碳排放进行定价，激励企业减少碳排放量，以减轻其对环境的影响。此外，政府还可以提供对清洁能源和其他低碳技术的补贴和财政支持，以减少初期投资成本，提高这些技术与传统化石燃料相比的竞争力，进而加速低碳技术的普及和应用。

同时，实现碳中和目标还需要我们重新思考和评估经济活动的价值。传统上，一个国家或地区的经济增长主要通过国内生产总值（GDP）来衡量，这一指标反映了该经济体内所有商品和服务产出的总价值。但这种衡量方式忽略了经济活动可能带来的环境损害和社会成本，特别是碳排放和其他污染形式所造成的长期影响。因此，追求碳中和不仅是一场技术和经济的革命，更是对我们评价经济增长和进步方式的一次深刻反思，要求我们将环境保护和社会福祉纳入经济决策的核心。

在当今社会，传统的经济增长衡量指标，如GDP已经不足以全面反映一个国家或地区的真实进步。因此，越来越多的学者和决策者开始探索更加全面的经济进步衡量方法，这些方法不仅考虑传统的经济增长因素，还包括环境可持续性和社会福祉等更广泛的因素。例如，"绿色GDP"这一概念试图通过调整传统的GDP计算方式，加入经济活动对环境造成的负面影响和正面贡献的考量，从而更准确地反映经济活动的真实成本和收益。"真实进步指标"（GPI）则更进一步，它不仅关注经济产出，还涵盖了收入分配的公平性、环境质量的变化以及社会稳定与凝聚力等重要因素。

采纳这些更为全面的经济进步衡量方法，可能会深刻改变我们对资本分配和经济活动价值的理解和评估。这种转变意味着，在考虑投资决策时，企业和投资者将不仅关注短期的经济回报，而且更加注重长期的环境可持续性和社会责任。这样的改变有可能促使资本流向那些对环境友好、能够促进社会公平与福祉的低碳项目和企业，从而推动经济朝着更加可持续和公平的方向发展。

在向低碳经济过渡的过程中，金融领域的作用尤为关键。金融机构和市场能够通过提供资金支持和投资优惠，加速清洁能源和低碳技术的研发及应用。随着全球环境保护意识的增强，可持续金融成为一个快速发展的领域。它旨在通过金融工具和市场机制，支持那些有助于实现可持续发展目标和低碳经济转型的项目和企业。这不仅有助于缓解气候变化带来的风险，也为投资者提供了新的增长机会，推动了金融市场的创新和发展。

可持续金融是指采用一系列金融工具和方法来支持环境友好型项目和活动的财务策略，这包括但不限于发行绿色债券来资助那些对环境有益的项目，以及实施 ESG 投资策略。后者不仅考虑公司的传统财务指标，还将公司在环境保护和社会责任方面的表现纳入考量。通过这种方式，可持续金融致力于将资本引流至低碳和可持续性高的项目和企业，从而在全球范围内加速向碳中和经济的过渡。

然而，实现这一目标面临着不少挑战。最主要的挑战之一来自既得利益固化的行业的抵抗，尤其是化石燃料行业。这些行业因长期依赖传统能源而形成利益链条，对于维持现状有着极大的动力。要想克服这种抵抗，不仅需要政府层面的政策支持和引导，还需要企业界和民间社会的积极参与，通过共同努力构建起强大的政治意愿和社会共识，推动经济结构的根本性转变。

此外，在向低碳经济过渡的过程中确保公正性和平等性，也是一个重要挑战。这意味着需要在过渡过程中平衡各方利益，特别是为那些以碳密集型产业为生计的工人和社区提供足够的支持和补偿，同时确保低碳经济转型能够为他们带来新的经济增长点和就业机会。这需要政府、企业和社会各界共同努力，确保低碳转型过程中的成本和收益能够在社会各阶层之间公平分担、分配。

尽管面临种种挑战，但追求碳中和仍然是一次历史性的机遇，它代表了建设一个更加可持续、公平和繁荣的未来的可能。通过有效地运用金融、经济和货币的力量，我们不仅可以推动全球经济向低碳、绿色转型，还可以为地球上的人类和其他生物创造一个更加宜居的环境。

在这一转型过程中，金融、经济与货币之间的紧密互动将发挥至关重要的作用。通过制定和实施一系列新的激励措施和政策来鼓励对低碳技术的投资，采纳新的经济进步衡量方法来更好地反映可持续性和社会福祉，并充分利用可持续发展的潜力，我们将能够为实现这一宏伟目标奠定坚实的基础。

货币的发展历史及未来

货币的替代历史反映了人类为了更有效地促进贸易和经济活动，不断地创新和改进着货币体系。从最早的物物交换到现代的电子货币，每一次变革都是对应时代需求的反映和解决方案。

在古代，物物交换是最初的交易形式，但它存在明显的局限性。因为这种交易方式要求双方恰好拥有对方需要的物品，这种"双重巧合"的要求使得交易变得复杂且效率低下。为了解决这一问题，人们引入了贝币作为交换媒介。贝币的使用大大简化了交易过程，因为它提供了一种统一和标准化的价值衡量方式，让人们能够更容易地买卖商品。

随着经济活动的增长和交易规模的扩大，纸币应运而生。与笨重的硬币相比，纸币轻便易携，能够支持更大额度的交易，同时也便于储存和运输。纸币的出现，进一步促进了贸易和经济活动的发展。

在黄金标准时期，货币价值与黄金挂钩，为货币体系提供了前所未有的稳定性和信心。人们相信他们手中的货币能够兑换成等值的黄金，这增强了货币的可靠性和全球贸易的信任度。

然而，随着时间的推移，世界转向了法定货币制度。这种制度下，货币的价值不再直接与任何实物资产挂钩，而是由政府信用支持。这给予政府更大的灵活性来管理货币供应和调控经济，但同时也带来了通货膨胀等风险。

电子货币的出现标志着一个新时代的开始。它通过数字化交易，使支付过程更快、更安全且更便捷，极大地减少了对实体现金的需求。电子货币不仅提高了交易效率，也为全球商业活动创造了新的可能。

加密货币如比特币等提供了一种全新的去中心化交易方式。这类货币通过复杂的加密技术确保交易的安全性和匿名性，尽管其价格波动较大，但它展示了货币技术发展的又一方向。

央行数字货币（CBDC）是对电子货币概念的进一步发展。它旨在结合央行信誉和新兴技术优势，以实现更高效、可靠和规范化的电子支付系统。尽管CBDC仍处于早期阶段，但其潜力巨大，可能会对未来货币体系产生深远影响。

总体而言，货币的发展历程展示了人类对于更高效、安全的交易方式不断追求的历史。从物物交换到央行数字货币，每一步变革都是对经济活动需求变化的响应。这一过程不仅仅是技术上的进步，更是社会经济发展和人类文明进步的见证。

上述的传统观点主要关注了货币形态如何随着时间的推移而发生变化，并指出这些变化带来了交易效率和便利性的显著提升。然而，我们必须深入探讨，是什么根本原因驱动了货币形态的这种演变？显然，通信技术的演进在这一过程中扮演了不可或缺的角色。

通信技术改变货币形态

自人类社会早期阶段以来，从简单的物物交换到现代复杂的数字货币系统，通信技术的每一次重大进步都直接影响了价值交换的方式和金融交易的执行。这些技术进步不仅仅改变了货币的形态，更重要的是，它们改变了人们理解和使用货币的方式。

在通信手段极为有限的古代社会，物物交换成为交易的基础。由于缺乏有效的通信工具，人们必须面对面地进行交易，直接交换各自需要的商品和服务。尽管这种方式在小社区内部可能相对有效，但它极大地受限于交易双方需求必须完全匹配，以及存在财富存储和转移的实际困难。

随着书写技术的发明和纸张使用的普及，人类的通信方式和货币系统都发生了革命性的变化。书写使得信息能够被记录下来并跨越时间和空间进行传递，这一创新极大地扩展了交易的可能性。商人们开始利用书面文件，如期票和汇票等，作为价值的代表。这些早期的纸质货币不仅简化了贸易流程，还为长距离贸易提供了可能，极大地促进了商业活动的发展和繁荣。

此外，随着时代的更迭，通信技术继续向前发展，从电报到电话，再到现代互联网和数字通信技术，每一步技术进步都为金融交易带来了新的突破。这些技术使得金融信息传递更为迅速和精确，进一步提高了交易效率和安全性。在今天，数字货币和区块链技术的出现正是通信技术演进对货币形态影响的最新例证。这些创新不仅为全球范围内的价值交换提供了新的可能性，也对整个金融体系的运作方式提出了挑战和改革。

随着纸币逐渐获得认可，它为现代银行系统的发展奠定了基础。银行开始发行自己的票据，这些票据由金银存款支持，可以根据需求兑换。这标志着货币性质的重大转变，因为它变得越来越抽象，并且依赖于对金融机构的信任。

19世纪，电报的引入进一步加快了金融交易的速度。有了瞬间跨越广阔距离传输信息的能力，企业能够更有效地协调运作，并快速响应市场条件的变化。这为全球金融市场的发展和国际贸易的兴起奠定了基础。

进入20世纪，计算机和数字通信技术的出现再次转变了金融格局。电子支付系统，如信用卡和电汇，使得资金能够快速且安全地移动，无需实体货币。这促进了电子商务的增长，并使企业能够触及全球客户。

互联网和移动通信技术在20世纪末和21世纪初的崛起，又一次改变了货币的形态。比特币等数字货币作为一种全新的货币类型出现，完全以电子形式存在。这些货币依赖复杂的加密算法和去中心化网络来确保其安全性和完整性。

智能手机和移动支付的广泛采用也改变了我们日常对待和使用金钱的方式。有了从手掌中进行支付、转账和管理财务的能力，金钱变得比以往任何时候都更加可获取和便利。

然而，货币的日益数字化也带来了新的挑战和风险。电子支付系统的安全性和金融数据的隐私成为人们关切的主要对象，因为有黑客和网络犯罪分子企图利用这些系统的漏洞。对于不受实物资产或政府保证支持的数字货币的长期稳定性和可持续性也存在疑问。

虽然存在这些挑战，但显然通信技术将继续在未来几年主导货币的演变。随着新技术的出现和消费者偏好的变化，我们可以预期我们将在价值交换领域和进行金融交易的方式上看到更多创新。

总之，货币的历史与通信技术的历史紧密相连。从早期的物物交换到今天的数字货币，每一次通信技术的进步都带来了货币形态和功能的相应变化。展望未来，通信技术与货币之间的关系将继续演变，为个人、企业乃至整个社会带来机遇与挑战。

货币的数字化

货币的数字化转型是全球金融史上一次划时代的巨变，它不仅革新了交易执行的方式，也重新定义了企业的运营逻辑及个人如何管理自己的财务。这场变革从 DigiCash 的先行尝试开始，它是数字货币早期的尝试之一，虽然最终未能广泛普及，但它为后来者铺平了道路。紧接着，PayPal 出现并迅速成为主流，标志着数字支付方式开始被广大消费者接受。PayPal 的成功不仅在于其便捷的支付功能，更在于它简化了跨境交易，使得全球电子商务得以迅速发展。

随后，在亚洲和非洲，支付宝和 M-Pesa 分别展现了数字支付在区域内的巨大潜力和成功。支付宝在中国市场的成功不仅仅是数字支付领域的胜利，更是如何利用技术整合金融服务于一体，提供更全面的生态系统服务给消费者的范例。而在非洲，M-Pesa 通过提供简单便捷的手机支付和转账服务，极大地拓宽了当地人民的金融服务获取途径，尤其是在银行服务不足的地区。

数字货币的兴起进一步推动了货币数字化转型的进程。比特币等加密货币的出现，不仅挑战了传统货币的概念，更引发了对金融体系中去中心化和安全性的深刻讨论。这些数字货币通过复杂的加密技术保障交易安全，同时去中心化的特性减少了对传统金融机构的依赖，展示了一种全新的价值交换方式。

这些关键里程碑展示了数字化转型如何深刻影响全球金融领域，每一个阶段都体现了技术如何推动金融服务创新，提高交易效率，增强用户体验，并开辟新的市场机会。随着技术的不断进步和消费者偏好的变化，我们可以预见，货币的数字化转型将继续深化，未来将会有更多创新技术和模式出现，进一步重塑我们理解和使用货币的方式。

数字货币的开创年代：DigiCash

在 20 世纪 80 年代末期，大卫·乔姆（David Chaum）创立了 DigiCash，这标志着数字货币时代的来临。DigiCash 不仅仅是数字货币领域的先锋，它还首次向全球展示了数字现金的概念。作为一位杰出的密码学家，乔姆构想了一个创新的系统，这个系统在保持与传统现金相似的隐私和安全特性的同时，也支持数字化交易带来的便捷性。DigiCash 采用的技术基于先进的密码学协议，它支持安全且匿名的交易，这一点在当时无疑是颠覆性的。

　　DigiCash 的技术创新为未来的支付系统提供了新的可能，展示了数字化技术处理货币交易的巨大潜力。然而，尽管 DigiCash 在技术上颇具前瞻性，它仍然遭遇了不小的挑战。在那个数字技术还未普及的时代，广泛接受这样一个抽象且先进的概念显得尤为困难。DigiCash 在试图赢得消费者和金融机构的信任与理解方面遇到了重重障碍。公众对这种新兴技术持怀疑态度，加之 DigiCash 在商业化推广和寻求合作伙伴方面的战略失策，最终导致其在 20 世纪 90 年代末期破产。

　　尽管 DigiCash 未能实现长期存续，但其背后的理念和技术贡献仍然具有深远意义。DigiCash 的经验教训对后来者来说是宝贵的财富，特别是在强调在线交易必须具备的安全性和匿名性方面。这些原则为后续数字货币和支付系统的发展奠定了基础，证明了在设计未来金融技术产品时，保护用户隐私和提供安全保障的重要性。DigiCash 虽然历史地位特殊，但它启发了一代又一代技术创新者不断探索如何利用数字技术重新定义货币和支付领域。

主流采纳的开端：PayPal

　　随着 21 世纪的到来，PayPal 应运而生，它提供了一个解决方案，针对的是长期以来少数人才能有效应对的挑战：安全、可信赖的在线支付方式。PayPal 的成立不仅仅是一个商业事件，更是货币数字化转型过程中的决定性时刻。它成功地提供了一个既便捷又对用户友好的平台，有效地解决了在线交易中消费者和商家之间的信任问题。通过与 eBay 这样的大型电子商务平台的紧密整合，PayPal 迅速崛起成为主流支付方式，这不仅证实了数字货币在电子商务中的可行性，也展示了其无缝和安全交易的能力。

　　自从成立以来，PayPal 始终站在数字支付革命的最前沿。它不断地适应新兴技术，拓展其在全球的服务范围，从而确保了其在不断变化且竞争日益激烈的市场中的领先地位。PayPal 之所以能够持续保持其市场地位，很大程度上归功于其不断创新的精神。例如，它引入了移动支付和点对点交易功能，这些功能不仅为用户带来了极大的便利，也加强了其市场竞争力。此外，PayPal 还通过不断优化用户体验和扩展支付功能，如支持跨货币交易等，进一步巩固了其市场地位。

PayPal 的历史不只是一段简单的生存史，更是一个关于如何在数字化时代不断进化和成长的故事。它不仅影响了数字货币的发展轨迹，也为支付技术在未来的发展奠定了坚实的基础。随着技术的不断进步和消费者偏好的变化，PayPal 展现了一个数字支付平台是如何通过创新和适应市场需求来繁荣发展。它的成功不仅为后来者提供了宝贵的经验和启示，也指明了数字支付领域未来创新和发展的方向。

亚洲推广数字支付的里程碑：支付宝

支付宝，这个在 2004 年由阿里巴巴集团推出的支付工具，不仅仅是数字支付技术在中国市场上的一次巨大飞跃，更标志着整个亚洲数字支付技术的一次革命性进步。支付宝的设计初衷是解决长期以来困扰在线交易的一个核心问题：信任缺失。通过提供一种独特的第三方担保服务——资金只在买家确认收到货物之后才会转给卖家，支付宝有效地建立了一个安全可靠的交易环境。这种创新的信任机制不仅彻底地改革了中国的电子商务环境，也极大地促进了在线购物的普及和安全性，为数以千万计的用户带来了全新的购物体验。

从其诞生之日起，支付宝的发展已经远远超出了最初作为一个简单在线支付工具的定位。今天的支付宝已经深深融入了中国人的日常生活中，其服务范围广泛，不仅包括了基本的水电缴费，还扩展到了财富管理、投资理财、保险、公共服务缴费等多个领域。支付宝的广泛应用和成功，充分证明了数字平台不只是简单地促进交易，更重要的是，它们能够深入社会经济生活的各个层面，构建一个能够满足消费者多样化需求和偏好的全面数字生态系统。支付宝之所以能够成为一个标杆性的成功案例，不仅因为它解决了在线交易中的信任问题，更因为它展示了如何通过本地化解决方案来应对数字金融领域中特定的挑战和用户需求，从而在区域市场上产生了深远的影响。支付宝的成功强调了数字化转型对于区域市场的深刻意义，也展示了适应本地市场需求的解决方案在推动数字金融发展中的巨大潜力。

移动货币革命的典范：M-Pesa

2007年，M-Pesa 在肯尼亚推出，它不仅仅是一项新技术的应用，更标志着全球尤其是新兴市场在货币数字化转型过程中迈出了关键一步。作为一个创新的基于手机的货币转账和微型融资工具，M-Pesa 很快就成为肯尼亚经济结构中不可或缺的一部分。它的成功归因于它在金融包容性方面所产生的巨大影响，它使以前没有机会使用传统银行服务的数以百万计的人现在能够享受到银行服务。

M-Pesa 能够迅速被广泛采用，并展现出移动技术在重塑金融服务领域潜力的原因，在于它极大地简化了人们的金融活动。用户仅通过自己的手机，就可以完成存款、取款、转账、支付商品和服务费用，以及访问信贷和储蓄产品等一系列金融操作。这种前所未有的便捷性和安全性，使得 M-Pesa 迅速成为肯尼亚乃至其他地区日常交易中不可或缺的工具，大幅度降低了人们对现金的依赖，推动了包容型数字经济的发展。

更为重要的是，M-Pesa 的成功案例提供了一个重要启示：即使在银行基础设施不发达的地区，通过创新的数字金融服务也可以实现金融包容性。其模式不仅在肯尼亚取得了成功，还被世界各地不同国家和地区采纳和模仿，每个地方都根据自身特色和需求进行了适当的调整。这些成功的复制案例进一步凸显了全球范围内对于易于获取、安全可靠的数字金融服务的普遍需求，尤其是在那些传统银行服务覆盖不到的地区。M-Pesa 不仅改变了人们处理金钱的方式，还促进了全球金融服务领域的创新和进步，为未来数字金融服务的发展提供了宝贵的经验。

货币理论和应用

货币理论是经济学中一个非常重要和基础的概念，它研究货币在经济活动中的性质、功能和作用。货币作为一种特殊的商品，在经济生活中扮演着至关重要的角色，它是交换媒介、记账单位，也是价值储存手段，对于促进经济活动的顺利进行具有不可替代的作用。纵观人类经济发展的历史，各种关于货币的理论试图从不同角度来解释货币在经济中的运行机制和内在规律。其中，经典货币理论作为一个重要的理论框架，对我们理解货币经济学产生了深远的影响，并在很长一段时间内主导了人们对货币的认识和研究。

本节将探讨经典货币理论的基本原理、产生的历史背景及其在不同经济环境中的具体应用，特别关注经典货币理论与南南国家经济发展的相关性。通过系统梳理和分析经典货币理论的内容，我们可以更好地把握货币在经济中的运行规律，同时，考察经典货币理论在南南国家的适用性，对于推动南南合作、促进共同发展也具有重要意义。

经典货币理论

经典货币理论，也被称为货币数量理论，主要源于 18 世纪和 19 世纪著名经济学家如大卫·休谟、约翰·斯图尔特·穆勒和欧文·费雪等人的经济学著作。该理论的核心观点是，货币的价值取决于其流通数量相对于其需求的比例。换句话说，在其他条件不变的情况下，货币供应量的增加将导致一般价格水平的同比例上升。这一理论揭示了货币供应量与物价水平之间的内在联系，为我们理解通货膨胀提供了一个基本的分析框架。

经典货币理论的关键方程是著名的费雪方程，其数学表达式为 $MV=PT$，其中 M 代表货币供应量，V 是货币流通速度（一个货币单位在给定时期内平均交易的次数），P 是平均价格水平，T 代表一定时期内经济中的总交易量。该方程形象地揭示了货币供应量与价格水平之间的直接关系，假设货币流通速度和总交易量保持不变，货币供应量的变动将引起价格水平的不同方向变化。费雪方程为货币政策的制定提供了重要的理论依据，是经典货币理论的精髓。

经典货币理论在19世纪末和20世纪初占据主导地位，这一时期正值金本位制盛行和世界经济相对稳定的阶段。在金本位制的框架下，各国货币供应量与其持有的黄金储备挂钩，货币发行受到黄金储备的约束，这对货币供应的无限扩张起到了天然的限制作用。同时，各国基于黄金储备确定本国货币与黄金之间的固定比价，并承诺以固定的比价自由兑换黄金。

第一次世界大战的爆发和随后金本位制的瓦解，标志着货币政策进入了一个全新的时代。在这个时期，各国政府开始前所未有地控制货币供应，将其作为筹集战争资金和刺激经济增长的重要工具。货币价值不再由实物商品如黄金担保，而是由政府法令所保证，这与经典货币理论的基本原则形成了鲜明的对比。这一转变对货币政策的运作方式产生了深远的影响，政府在管理经济和维护金融稳定方面扮演了更加积极的角色。

尽管货币政策的实践已经发生了重大变化，但经典货币理论在帮助理解各种经济背景下货币与价格的动态关系方面仍然具有重要的指导意义。无论是在发达经济体还是发展中经济体中，经典货币理论的基本原理都可以为分析货币现象提供有益的视角。然而，在应用这一理论时，我们需要充分考虑不同经济体所面临的具体挑战和特殊情况。发达经济体和发展中经济体在经济结构、金融市场发展程度以及货币政策传导机制等方面存在显著差异，这些差异都会影响经典货币理论的实际应用效果。

在发达经济体中，经典货币理论为央行制定和实施货币政策提供了重要的理论基础。央行，如美国联邦储备银行，通过调整利率水平和开展公开市场操作等手段，来影响货币供应量的变动，进而实现物价稳定和经济增长的目标。通过密切监测货币供应量的变化趋势以及其对通货膨胀率的影响，货币政策制定者可以及时调整政策取向，确保经济在长期内实现稳定和可持续的增长。同时，经典货币理论也为央行在应对经济冲击和金融危机时提供了重要的政策指引，有助于央行更好地履行维护金融稳定的职责。

在南南国家的背景下，经典货币理论的重要性被特别强调，它倡导维持一个稳定和可预测的货币环境。这些发展中国家面临着众多挑战，包括但不限于腐败问题、政府和机构的薄弱，以及外国直接投资的有限性。这些因素共同作用，可能严重阻碍经济的健康发展。根据经典货币理论的指导原则，实施一个稳定的货币政策能够为价格稳定提供坚实基础，同时鼓励国内储蓄和投资，从而有效地缓解上述问题。

然而，将经典货币理论应用于南南国家时，必须充分考虑到这些国家独特的经济结构和所面临的特殊挑战。举例来说，许多南南国家极度依赖自然资源出口，这使得它们对全球商品价格的波动极为敏感。除此之外，这些国家通常难以充分接触国际资本市场，技术转移的机会也相对有限，这些因素均可能成为它们经济多样化和实现可持续增长道路上的障碍。

面对这样的挑战，南南国家需要采取更为细致和考虑周全的货币政策策略，这些策略应当充分考虑各国特定的经济状况和发展目标。可能的措施包括但不限于：对关键产业进行针对性的支持、在基础设施和人力资本上进行投资，以及采取措施改善治理结构和减少腐败现象。

此外，通过区域合作和一体化，南南国家能够在资源共享、知识交流方面取得进展，同时为其商品和服务开辟更广阔的市场。通过协调一致的货币政策，促进区域内外的贸易和投资活动，这些国家能够共同营造一个更加稳定、有利于经济增长和发展的环境。区域合作不仅能增强单个国家的经济实力，还能通过集体行动提升整个区域在全球经济中的地位和影响力。因此，在全球化日益加深的今天，南南国家之间的合作与整合显得尤为重要，它们需要共同努力，以应对外部环境变化带来的挑战，并实现共同繁荣。

虽然经典货币理论提供了对货币和价格基本概念的理解，为我们分析货币经济学的现象和问题奠定了理论基础，但我们不能忽视其他理论框架的重要性。其中，商品货币理论是一个极为重要的观点，它特别强调了黄金、白银等物理商品作为货币价值基础的核心角色。这种理论认为，货币价值的稳定性需依托于这些具有固有价值的实物商品，这一观点在历史上对各种货币体系的发展产生了深远影响。商品货币理论不仅解释了为何某些物质会被用作货币，还揭示了货币背后的价值保证机制。

此外，该理论还强调了稳定和有形的货币支撑对于经济系统的重要性。通过确保货币有着坚实的物质基础，可以有效地锚定人们对未来价值的预期，从而在一定程度上避免由于货币供应过剩引发的通货膨胀问题。这种对于货币价值稳定性的追求，对于维持经济长期健康发展具有重要意义。通过分析和理解商品货理论，我们能够更深入地认识到，一个稳健的货币体系不仅需要合理的政策支持，还需要有实际物质价值的支撑。这种理论框架为我们提供了一个独特视角，以审视和评估当前以及历史上的各种货币制度，帮助我们理解货币的本质及其在经济活动中的作用。

现代货币理论

现代货币理论最近的流行似乎为政府主导的经济发展指出了一条新的道路。这一理论基于一些具有限制性的前提假设。现代货币理论的核心观点在于，那些拥有对自己货币完全控制权的国家，能够通过发行更多货币来资助其公共支出项目，前提是这种行为不会引发通货膨胀。该理论进一步强调，虽然政府能够在不受立即财政约束的情况下增加支出，但实际的限制因素是通货膨胀，尤其是在经济达到全面生产能力时更为显著。现代货币理论倡导实施如就业保障等政策，目的是为所有愿意工作的人提供就业机会，通过这种方式直接解决失业问题并稳定市场需求。然而，这样的假设可能仅适用于少数几个国家，特别是像美国、中国这样的大国，以及一些独立的工业化国家。

在货币主权方面，许多南南国家或者是由于货币挂钩或依赖外币而没有完全控制自己的货币的能力，或者是他们的货币并不被国际市场广泛信任。这些因素极大地限制了这些国家使用现代货币理论进行经济调控的能力。由于经济结构较不稳定，发展中国家面临的通货膨胀风险通常更高，因此，政府增加支出所带来的通胀影响是一个不容忽视的重要问题。在一个国家里，现代货币理论是否有效，很大程度上取决于其是否有能力控制本国经济。对于许多发展中国家来说，挑战不仅仅在于资源的未充分利用，更在于基础设施和生产能力本身就存在不足，这需要通过超越财政政策范畴的投资来解决。要有效地实施现代货币理论，需要有强有力的机构来管理经济、控制通胀，并确保增加的支出能够转化为生产性投资。目前，许多南南国家正致力于强化这些机构建设。然而，对于那些外债水平高且以外币计价的国家而言，现代货币理论并不适用。因为增加本币支出并不能帮其减轻外债负担，反而可能导致国际收支情况恶化。

现代货币理论在美国的场景

在美国，现代货币理论不仅获得了广泛的关注，而且在民主党执政期间成为热门的讨论话题。这一理论提供了一种全新的经济管理视角，特别强调了美国作为全球主要储备货币发行国的独特优势。现代货币理论对传统的财政政策、债务管理和货币融资方式提出了挑战，主张像美国这样拥有主权货币发行权的国家，并不受到一般家庭或企业面临的财务约束。通过这种理论视角，可以探索新的公共投资途径、就业计划和社会福利项目，同时对债务和通货膨胀的传统担忧进行重新评估和解读。

现代货币理论在美国的应用展现了其对财政政策特别是公共投资领域的独到见解。根据现代货币理论，政府有能力在不担心传统预算赤字问题的前提下，大幅增加对基础设施建设的投资。这种增加的投资不仅可以覆盖交通、能源和数字基础设施等领域，还能够促进生产力提升和经济增长。更重要的是，现代货币理论还提供了一套支持经济向绿色能源和技术积极转型的财政框架，这一点对于确保经济的可持续发展具有至关重要的意义。

除此之外，现代货币理论还鼓励通过政府支出来直接解决就业问题和促进社会福利，比如通过实施就业保障计划来为所有愿意工作的人提供就业机会，这不仅有助于缓解失业率，还能通过增加消费来稳定市场需求。此外，通过对教育、健康保障等社会项目的投资，现代货币理论认为可以进一步加强社会结构，提高公民的生活质量。这种对公共支出和社会福利重视的态度，在很大程度上挑战了传统上对财政紧缩和预算平衡的追求，提出了一种更加注重经济增长和社会福祉的替代方案。

现代货币理论为就业和社会福利的提升提供了显著的益处。这一理论强烈倡导实行就业保障计划，对所有愿意工作且有能力工作的人承诺向其提供稳定的就业机会，有效地解决了结构性失业和就业不足的广泛问题。通过这种方式，不仅为所有劳动者保障了足以维持生活的工资，还能在经济下行时期起到稳定经济的作用，为社会提供了一个重要的缓冲机制。此外，现代货币理论进一步建议，政府应该有更大的自由度来资助包括但不限于医疗保健和教育在内的各种社会福利项目，这些措施旨在降低社会不平等程度，提升人民的整体生活水平。

现代货币理论对于通货膨胀管理提出了更为细致和深入的观点。它承认通货膨胀可能成为政府增加支出的一个潜在限制因素，但同时指出，这种限制在很多情况下比传统经济模型所预测的要小得多。特别是在美国，这个拥有强大经济基础设施和广泛金融市场的国家，通过实施精准的财政政策手段来有效管理通货膨胀压力有着独特的优势。

在国家债务和财政赤字问题上，现代货币理论提出了重新评估的需要。它基于一个核心观点，即由于美国政府借款使用的是其自身货币，从技术上讲，违约风险实际上是不存在的。这一观点进一步暗示了对国家债务持有更加宽松态度的可能性的前提是能够有效控制通货膨胀。通过解决政府支出决策与赤字担忧，现代货币理论赋予政策制定者更大的灵活性，使他们能够更加专注于解决国家面临的紧迫问题而不必过分担忧融资渠道。

总而言之，现代货币理论为美国开辟了一条重新审视其经济战略的道路，将焦点集中在促进经济增长、提高就业率和改善社会福利上，而不是被赤字问题的传统框架所束缚。这种新的方法可能会改变我们在现代社会中衡量和实现经济成功的方式。

现代货币理论与中国的经济发展

过去几十年，中国经济快速崛起，从一个主要以农业为主的国家转变为全球工业大国的这一过程，得益于大规模的基础设施项目、城镇化进程以及出口导向型增长模式的支撑。然而，这种快速发展同时也伴随着政府债务水平的上升，特别是在地方政府层面。这引发了关于财政可持续性以及像现代货币理论这样的创新经济框架是否能提供解决方案的讨论。

现代货币理论认为，拥有货币主权的国家可以自由支出以动员未使用的经济资源，特别是劳动力。这种支出的主要限制是通货膨胀，而不是债务积累本身。现代货币理论建议，只要一个经济体可以生产商品，提供服务，它就可以通过支出来实现充分就业和推动经济增长，而不必然引发通货膨胀。

中国的情况为现代货币理论原则的应用提供了一个引人入胜的案例。中国的政府债务水平，尤其是地方政府债务水平，一直受到广泛关注。然而，尽管存在某些问题，中国仍然保持了强劲的增长率，并成为全球经济的中心参与者。这种经济现象引发了一个问题：中国的经济模式能否从现代货币理论的视角中获得启示？

首先，了解中国债务的性质很重要。大量地方政府债务是通过被称为地方政府融资平台（LGFVs）的工具累积的，这些平台被用来资助基础设施和房地产开发项目。这些投资对中国的城市化和经济发展至关重要，但也引发了关于过度杠杆和资产泡沫的担忧。

从现代货币理论的角度来看，中国尽管债务水平上升，但能够维持高投资水平并保持经济增长，这可以被视为该理论有效性的证据。现代货币理论的支持者可能会认为，中国有效地利用其财政政策动员资源并刺激发展，中央政府在货币管理方面的策略为防范潜在的金融风波提供了一定的保障。

然而，需要注意的是与理想的现代货币理论情景不同——中国面临着更为复杂的经济和货币环境。人民币虽然日益国际化，但在资本账户上并非完全可兑换。此外，控制通货膨胀仍是中国政府的优先事项，反映了中国政府对财政扩张的谨慎态度。

此外，现代货币理论在中国的有效性还将取决于政府管理通胀压力的能力，以及确保增加的支出转化为生产性投资而非资产泡沫或过度的消费者价格通胀。中央政府近期努力遏制过度债务增长和解决财务风险表明了对这些挑战的认识。

本质上，虽然中国的经济模式及其处理政府债务水平的方式似乎与现代货币理论的某些方面相符——特别是利用国家主导的投资推动增长——在借鉴现代货币理论原则时，需谨慎管理通胀风险并持续进行改革，以确保财政政策能支持经济的可持续发展。中国的经验强调了战略性政府支出在动员经济资源方面的潜在好处，但也突出了在一个具有自身独特挑战和限制的大型、快速发展经济体中应用现代货币理论所涉及的复杂性。

经济学理论与实践在发达国家的应用

在过去半个世纪中，经济理论在全球主要经济体——特别是美国、欧洲和中国的货币与财政政策中起到了至关重要的作用。面对日益复杂的全球经济挑战，政策制定者不断依赖各种经济模型和理论原则，以期促进经济增长和维持市场稳定，那么在这三个经济巨头中，经济理论是如何深刻影响他们各自的政策决策过程的呢？

在美国，货币政策的制定深受芝加哥经济学派的影响，该学派主张自由市场的重要性，并倡导限制政府的干预。作为美国的中央银行，联邦储备银行广泛运用了包括利率调整和量化宽松在内的一系列货币工具，以有效地管理通货膨胀问题并刺激经济增长。

20世纪70年代，美国经历了高通胀和经济增长缓慢并存的滞胀现象。芝加哥学派的重要人物、经济学家米尔顿·弗里德曼认为通货膨胀主要是由货币供应增长过快引起的。针对这一问题，时任联邦储备银行主席保罗·沃尔克采取了紧缩货币政策，通过提高利率来抑制通货膨胀。这一基于货币主义理论的策略成功降低了通货膨胀率，并为随后的一段时间内的经济稳定奠定了基础。

财政政策方面，美国同时受到了凯恩斯经济学和供给侧经济理论的影响。凯恩斯经济学由约翰·梅纳德·凯恩斯提出，主张政府在经济衰退期间通过增加支出和减税来刺激经济增长。2008年至2009年全球大衰退期间，使奥巴马政府采取了大规模财政刺激措施。

与此同时，20世纪80年代里根政府时期，供给侧经济学理论受到追捧，该理论强调通过减税和减少管制来激发投资和推动经济增长。里根政府的减税和放松管制措施深受拉弗曲线理论的影响，该理论认为降低税率能够通过刺激更多的经济活动而增加税收收入。

综上所述，无论是在货币政策还是财政政策领域，美国都展示了如何将复杂的经济理论应用于实际政策决策中，以应对各种经济挑战并推动国家经济发展。这些政策决策不仅对美国本土经济产生了深远影响，也对全球经济格局产生了重要影响。

在欧洲，货币政策的发展与构建有着密切的联系，特别是随着欧洲联盟（EU）的建立和欧元作为共同货币的推出，这些因素共同塑造了欧洲的货币政策框架。1998年成立的欧洲中央银行（ECB）承担了为欧元区国家制定和执行货币政策的重要职责，目标是维护价格稳定并促进经济增长。

2009年欧洲债务危机爆发，欧洲中央银行面临了前所未有的挑战。这场危机导致包括希腊、爱尔兰和葡萄牙在内的多个欧元区成员国的政府债务水平飙升，迫切需要欧盟和国际货币基金组织的财政支援。为了应对这些挑战，欧洲中央银行采取了一系列创新的货币政策措施，包括启动证券市场计划（SMP）和直接货币交易（OMT）计划等，这些措施旨在稳定金融市场，缓解经济压力，并帮助经济体恢复增长。

在财政政策领域，欧盟的策略也受到了财政纪律原则的深刻影响。这一原则强调成员国必须维护可持续的公共财政状况，以确保整个联盟的经济稳定与健康发展。1997年推出的《稳定与增长公约》（SGP）明确规定了成员国政府赤字和公共债务水平的上限。尽管这一公约旨在加强财政纪律并防止过度借贷，但其有效性一直存在争议。特别是在经济衰退时期，一些成员国便难以遵守公约设定的财政目标。

通过这些年来的实践和调整，欧洲在货币和财政政策方面积累了宝贵的经验。虽然面临诸多困难，但通过不断的努力和改革，欧盟和欧洲中央银行正试图寻找更有效的方法来促进经济增长、维护金融稳定，并确保经济的长期繁荣。这一过程反映了在复杂多变的全球经济环境中不断适应和创新的重要性。

经济学理论在中国的应用

中国的经济政策经历了从中央计划经济向更加市场导向体系的重大转变。在20世纪70年代末期，以邓小平为首的中国领导层启动了一系列经济改革措施。这一改革进程涵盖了多个方面，包括引入市场激励机制、对外开放吸引外资投入，以及逐步实施国有企业改革政策。这些措施旨在激发经济活力，促进国内市场的发展和国际交流。

中国人民银行（PBC）作为国家货币政策的执行机构，承担着维持汇率稳定和推动经济持续增长的双重任务。为了实现这些目标，中国人民银行采取了一系列货币政策工具，包括调整利率、修改存款准备金率以及执行公开市场操作等，有效地管理国内货币供应量和控制通胀水平。

在财政政策领域，中国政府高度重视通过政府投资和基础设施建设来推动国家经济增长的策略。为了刺激经济活动和提升国内市场需求，中国政府实施了众多大型基础设施项目，其中"一带一路"倡议作为一个标志性项目，不仅促进了中国与周边国家的经济合作，也为中国企业提供了海外发展的新机遇。

尽管如此，中国经济发展模式也遇到了一系列挑战，包括债务水平不断攀升、某些行业出现产能过剩的问题，以及对经济增长可持续性的担忧。面对这些挑战，近年来中国政府开始寻求经济结构的重新平衡，努力通过促进国内消费、优化产业结构、减少对外投资和出口的依赖度来实现经济的高质量发展。转型过程中，中国政府不断强调创新驱动和绿色发展的重要性，旨在建立更加均衡、可持续的经济增长模式。

发展中国家的情况

在过去的几十年里，经济理论对发展中国家在货币和财政政策方面产生了深远的影响。一方面，某些经济理论为这些国家指明了通往增长与稳定的道路，帮助他们实现了经济发展和社会进步；另一方面，也有一些理论导致了一系列未预见到的后果和严峻挑战，这些挑战不仅影响了经济的健康发展，还可能引起社会的不稳定。本书旨在深入分析经济理论如何影响发展中国家的政策制定过程及其带来的种种结果。

20世纪80年代和90年代，许多发展中国家为了从世界银行和国际货币基金组织获得贷款，被要求采纳结构调整计划（SAPs）。SAPs深受新古典经济理论的影响，强调自由市场的作用、贸易自由化以及财政纪律的必要性。根据SAPs的要求，这些国家需要进行一系列市场导向的改革，包括削减政府开支、将国有企业私有化、消除贸易壁垒等，目的是通过提高经济效率、吸引外资以及激发经济增长来实现长期的经济稳定。

然而，SAPs带来的结果并非全是正面的，尽管有部分国家实现了经济增长和财政效率的显著提升，但也有不少国家遭遇了负面影响。政府开支的大幅削减往往导致对医疗保健、教育等社会项目的投入减少，这种削减对贫困人口产生了极大的负面影响。同时，贸易自由化政策使得本国产业面临的外来竞争压力增大，进而导致失业率上升和经济稳定性下降。

此外，SAPs 的通用模式未能充分考虑到各个国家特有的经济、政治和社会背景。这种忽视差异性的做法逐渐引发了人们对新古典经济模型的批评，并促使人们认识到制定更加具有针对性、考虑到各国实际情况的政策的重要性。随着时间的推移，越来越多的声音呼吁，在制定经济政策时应更加关注国家特定环境和实际需求，才能实现真正意义上的可持续发展。

华盛顿共识解析

华盛顿共识，这一在 20 世纪 80 年代末由一系列经济政策构成的建议，对全球尤其是发展中国家的经济政策产生了深远的影响。这些政策建议深植于新古典经济理论之中，主张通过实施财政纪律、进行税收改革、推进贸易自由化以及加快私有化进程等措施，促进经济的快速增长和高效发展。

众多发展中国家基于对华盛顿共识的信任和期望，采纳了这一系列政策建议，希望能够借此加速国内经济的增长与发展。然而，随着时间的推移，这些国家中的许多人开始意识到实际结果并不尽如人意。特别是，过度强调财政纪律和紧缩的货币政策实践，往往导致政府在基础设施建设和社会福利项目上的投资大幅减少，这不仅短期内影响了经济的稳定增长，长期来看也对社会发展和人民生活质量产生了负面影响。同时，国有企业快速私有化，导致资源和财富被少数精英阶层控制，加剧了社会财富分配的不均和权力结构的失衡。

更为严重的是，一些国家在推广华盛顿共识过程中未充分考虑到特有的经济、社会和政治背景，也忽视了收入分配不平等、贫困问题的减轻以及制度建设等关键领域。这种一刀切的政策推广方式引起了广泛的批评和反思，越来越多的人开始呼吁更加全面、细致和包容性强的经济发展策略。

鉴于新古典经济理论所带来的局限性和挑战，部分发展中国家开始探索并采纳了更加多元化和具有针对性的货币及财政政策方案。这些新兴的政策方法更加注重根据各自国家的具体情况制定合适的政策，强调在促进经济增长的同时，也要重视减轻贫困、促进社会公平以及加强制度建设等方面的工作，以期达到更加持久和均衡的经济发展效果。

例如，一些国家为了应对贫困问题，实施了条件性现金转移计划。这类计划向贫困家庭提供经济援助，但是贫困家庭必须满足特定条件才能获得资金，如确保孩子能够定期上学和参加定期的健康检查。这种做法既促进了教育的普及，也提高了人们对健康的关注。在巴西和墨西哥等国家，这些计划已经取得了显著成效，不仅显著降低了贫困率，还在人力资本的培养方面取得了进步。

而在另一些国家，政府通过实施渐进税制和扩大社会福利计划来推动包容性增长和缩小收入差距。以南非为例，该国通过实行渐进税制和建立全面的社会保障体系来应对严重的不平等和贫困问题。这些政策旨在通过重新分配资源来减少社会经济差异，从而促进社会稳定和经济发展。

同时，还有一些发展中国家开始重视制度建设和良好的治理对于经济可持续增长的重要性。这包括加强公共财政管理，提升政府运作的透明度和问责机制，以及有效打击腐败行为。采取这些措施，旨在建立一个更加公平、透明的经济环境，为经济发展提供坚实的基础。

经济理论对发展中国家的货币和财政政策一直有比较深远的影响。新古典经济理论倡导的结构调整计划和华盛顿共识虽承诺带来快速增长和发展，但实际效果却良莠不齐，有时甚至产生了负面后果。因此，一些发展中国家开始探索替代方案，比如实施更符合本国实际情况的政策、重视减贫和制度建设等。这些新的方法已经在促进包容性增长和可持续发展方面展现出积极的前景。

鉴于此，未来经济理论的发展必须更加注重适应发展中国家面临的特殊挑战，这意味着需要采取更加精细化、针对具体情境的策略，充分考虑到影响经济结果的各种社会、政治和制度因素。通过借鉴过去的经验教训，发展中国家能够设计出更有助于可持续增长、有效减贫及改善民众生活水平的货币和财政政策。

数字货币支持可持续发展

人类社会的经济活动最初是以实物货币的形式进行的，这种形式基于一个简单的原则：谁拥有货物，谁就拥有财富。这种财富的转移，完全依赖于实物本身的交换。随着时间的推移，人们开始将贝壳、贵金属或纸币等形式作为货币，这些也都是实物货币的一种形式。不过，这类基于实物的货币并没有记录、注册或追踪其所有权的机制。进一步地，为了更好地管理非直接交换媒介，如贷款和信用等金融工具，人们开始使用记录簿或账本来记录所有权。

银行业的出现，标志着这一过程的进一步发展。银行家代表资产或货币的所有者，通过改变各种类型的账本来追求财务收益。为了满足社会的需要，人们发明了复杂的金融工具和产品。这种劳动分工和代理人代表所有者做出复杂财务决策的模式，虽然提高了效率，但也孕育了许多大大小小的犯罪机会。2008年的经济危机凸显了复杂银行业务，尤其是众多复杂衍生产品对社会经济健康构成的系统性风险。这场危机导致少数精英银行和个人可能对整个行业造成毁灭性打击，许多普通人的房屋、养老金和投资也随之灰飞烟灭。

数字货币的时代

随着从传统的移动和在线支付系统向实际的数字货币过渡，我们见证了货币数字化转型进程中的一次重大演变。这种转变不仅仅是技术上的跨越，更标志着我们对金融交易方式认知的根本变革。数字货币，这一由区块链技术所驱动的创新产物为我们提供了一种全新的交易方式——去中心化、安全且透明。这种方式摒弃了传统金融中介机构的参与，使得金融交易更加直接和高效。在这样的背景下，比特币、以太坊等加密货币的兴起，加之CBDC的深入探索，共同预示着我们正向一个更加开放和包容的全球金融体系迈进。

数字货币的崛起不仅有望彻底改变我们对货币未来的预期，还将为全球金融包容性的提升、交易效率的改进以及安全性的增强开辟新的可能性。通过利用区块链等先进技术，数字货币能够为广大未被传统银行系统覆盖的人群提供金融服务，进而促进经济的普惠性发展。同时，它们在提升交易速度和降低成本方面的潜力，也为全球贸易和个人支付带来了前所未有的便利。然而，正如任何一项颠覆性技术的发展过程都会面临挑战一样，数字货币领域也不例外。它引发了一系列监管问题，包括如何有效监管这些新兴货币以防止洗钱和资助恐怖主义等活动；市场波动性也是一个不容忽视的问题，加密货币价格的剧烈波动可能对投资者造成巨大损失；此外，尽管区块链技术本身具有较高的安全性，但数字货币交易过程中仍然存在被黑客攻击的风险。

总之，数字货币的演进不仅显示了金融领域中持续不断的创新精神，也反映了社会和经济体系在适应这些创新过程中所展现出的努力。随着技术的不断进步和应用场景的日益扩大，货币的数字化转型将继续深化，未来经济现实将被重塑。这一过程将为全球金融体系带来既充满挑战又充满机遇的新局面，我们在享受数字货币带来的便利和效率提升的同时，也要积极应对和解决伴随而来的各种问题和挑战。

比特币与区块链

比特币，这个名字在现代金融史上占据着独特而重要的地位，它不仅是第一个加密货币，也是迄今为止最知名的加密货币。这种革命性的数字货币是在 2008 年由一位或一群使用化名"中本聪"的匿名人士创造出来的。比特币的概念首次在一份名为《比特币：一种点对点的电子现金系统》的白皮书中向世界公开。这份白皮书详细阐述了一种全新的货币体系——一种去中心化的数字货币系统，它能够使得交易双方在没有银行或其他金融中介机构的情况下进行安全、迅速且成本低廉的交易。

比特币的诞生并非偶然，而是有着深刻的时代背景。它是在 2008 年全球金融危机的背景下应运而生的，这场危机深刻揭示了现有金融体系内在的不稳定性和脆弱性。传统的金融系统因其过度依赖中央化金融机构，如银行和政府，而显示出明显的弊端。全球性的金融动荡不仅摧毁了数以万计的财富，也使普通民众对传统金融体系产生了深深的不信任。在这样的背景下，比特币提出了一种全新的解决方案，即创建一种不依赖于任何中央权威、不易受到通货膨胀影响和政府干预的数字货币。通过采用区块链技术，比特币不仅保证了交易的透明度和安全性，也为全球金融体系提供了一个潜在的替代方案。

因此，比特币及其背后的区块链技术代表了对传统金融体系和货币理论的一次深刻挑战和创新。它不仅为人们提供了一种新的财富保存和交易手段，也为全球经济关系和金融体系的未来发展开辟了新的可能性。尽管比特币和其他加密货币面临着监管挑战、市场波动等问题，但它们所代表的数字货币革命无疑已经在全球范围内引发了深远的影响。

加密货币的优势

比特币这样的加密货币，相较于传统货币拥有几个经济方面的优势，其中最显著的优势是它们的去中心化特性。不同于由中央银行和政府控制的传统货币，加密货币不受相同层级的控制和操纵。这种去中心化使得加密货币更能抵抗通货膨胀和贬值，因为没有中央权威可以印制更多的货币或改变其价值。

加密货币的另一个经济优势是它们的全球性质。加密货币可用于世界任何地方的交易，无须进行货币兑换或支付跨境费用。这使得它们特别适用于国际贸易和汇款。

加密货币拥有一种与传统货币不同的独特货币系统。不同于由政府和中央银行支撑的传统货币，加密货币由其用户的信任和信心所支撑。加密货币的价值由市场需求和供应决定，而非由中央权威决定。

加密货币作为一种新兴的数字资产类别，最引人注目的货币属性之一便是其供应量的固定性。与传统货币不同，大多数加密货币，如广为人知的比特币，设定了一个最大供应量上限，这意味着一旦发行量达到预设的极限，就不会再有新的货币被创造出来。这种供应量的限制性设计有助于保持加密货币价值的稳定，避免了像法定货币那样因过量发行而导致的通货膨胀问题，也为加密货币提供了一种稀缺性，这种稀缺性是其价值得以维持和增长的关键因素。

此外，加密货币的可分割性也是其作为一种货币体系的极其重要的特点。不同于传统的纸币和硬币，加密货币能够被精确地分割成极小的单位，从而使得交易可以根据需要被精细地划分，这不仅提高了交易的灵活性，也大大降低了进入门槛，使得更多人能够轻松参与到加密货币的交易和持有中来。以比特币为例，它可以被分割到 0.00000001BTC，即一个"聪"。这样的设计使得即便是价值极高的比特币也能够被用于小额交易，极大地扩展了比特币等加密货币的应用场景和用户基础。这种高度的可分割性、配合其供应量的限制性、共同构成了加密货币独特而强大的货币体系特性。

加密货币的技术特点

加密货币的基础是区块链技术，这种技术代表了一种创新的记录手段——一种去中心化且分布式的账本系统，它能够记录网络上发生的每一笔交易。这个区块链是由众多计算机（也被称作节点）组成的网络所维护的，这些计算机或节点通过协同工作来验证和记录交易信息，确保交易的真实性和完整性得到保障。每个节点都参与到这一过程中，共同构成了一个强大而且透明的监督机制。

一方面，对于加密货币而言，它最引人注目的技术特性之一便是卓越的安全性。在区块链上进行的交易得到了密码学的强力保护，这种保护措施使得任何黑客攻击或篡改交易记录变得极其困难，几乎可以说是不可能实现的。每一笔交易在被记录到区块链上之前，都需要得到网络中多个节点的验证。这一验证过程确保了每笔交易的有效性，交易一旦被确认并记录，就无法被逆转或重复，从而保障了交易的安全性和不可篡改性。

另一方面，加密货币的匿名性同样是其技术特点中不可或缺的一部分。尽管区块链上的每一笔交易都是公开透明的，任何人都能够查阅，但是这种透明度并不意味着牺牲了参与交易双方的隐私。事实上，尽管交易记录本身对外公开，但参与交易的各方身份信息却是匿名的，这就大大增强了用户对于个人隐私和财务安全的信心。这种独特的匿名性特质，使得加密货币成为那些特别重视隐私保护，并希望自己的财务活动不被外界轻易窥探的用户的理想选择。通过这种方式，加密货币在保证交易透明度和安全性的同时，也兼顾了用户隐私保护的需求。

加密货币在与传统金融服务机构，如银行和信用卡公司的比较中，展现出了其独特的多项优势。这些优势中最为人们所称道的一点是加密货币在交易费用上的显著降低。传统金融服务在处理各种交易时，尤其是涉及国际转账和货币兑换的情况下，往往会收取相当高额的费用。相反，加密货币由于其去中心化的特性，能够大幅度降低这些交易成本，使得用户在进行交易时能够享受到更低廉的费用，从而在经济上更加实惠。

除了在费用上的优势之外，加密货币在交易速度方面也大大超越了传统金融服务。利用区块链技术，加密货币交易能够在几分钟之内得到确认和完成，而这一过程如果通过传统金融系统来执行，可能需要耗费数天乃至数周的时间。这种迅速的交易处理速度，对于那些需要进行快速支付和资金流转的企业来说，无疑是一个巨大的利好，它为商业活动提供了更高效的资金管理和支付解决方案。

此外，加密货币在金融包容性方面的优势也不容忽视。全球范围内，仍有大量人群因为各种原因而无法接触到传统银行服务，其中包括生活在偏远地区的人们，他们由于地理位置的限制，往往难以获得银行等金融机构的服务。加密货币的出现，为这些原本无法享受到传统银行服务的人提供了新的可能性。通过简单的网络连接，他们就能够参与到全球的金融活动中来，不仅提升了他们对金融资源的获取能力，也为他们带来了更多的经济机会和改善生活的可能。

央行数字货币

加密货币，被誉为"数字时代的罗宾汉"，挑战了长期以来由中央银行（政府）主导的传统金融体系和货币体系。这类货币的最大特点是它们不依赖于任何中心化的发行机构。面对加密货币的迅速崛起，全球各国的中央银行为了不落后于时代，纷纷开始研究和推出自己的央行数字货币（CBDC），其中一些项目甚至采用了加密货币的核心技术——区块链技术进行开发。

在探索 CBDC 和加密货币之间的区别之前，理解两者背后共享的技术基础是十分必要的。区块链技术，作为加密货币的根基，同样也被许多 CBDC 项目采纳。作为最广为人知的加密货币之一，比特币极大地促进了区块链技术的发展，并推动了我们今天所见的区块链技术的广泛应用。无论是 CBDC 还是加密货币，它们都通过使用密码学和区块链协议来验证交易的真实性，并控制新货币单位的产生。区块链技术通过构建一个分布式账本来实现这一点，该账本在一个点对点网络上记录所有交易，使得网络参与者能够在没有中央清算机构的情况下验证交易。

虽然 CBDC 和加密货币都利用了区块链技术，但由于 CBDC 本质上是中心化的，因此它们在目的和结构上有着根本的不同。中央银行数字货币是一种数字化的国家法定货币，由该国的中央银行负责发行和监管。通过这种方式，CBDC 旨在结合传统货币体系的稳定性与区块链技术的创新优势，为现代金融体系带来革新。这与比特币等去中心化加密货币形成鲜明对比，后者完全独立于任何中心化机构运作。尽管它们都基于区块链技术。

随着数字支付技术的迅猛发展以及加密货币在全球范围内的广泛流行，CBDC 已经成为金融科技领域的一个热门话题。它们被视为货币政策和交易方式数字化进程中的一次重要演变，CBDC 向我们展示了一个未来图景：数字支付不仅更加便捷、快速，还将更为安全。CBDC 主要分为两种类型：批发型和零售型。零售型 CBDC 主要面向普通大众，用于日常的购买交易，它们提供了一种既安全又得到政府背书的现金的数字化替代方案。这种创新性的货币工具最终有可能完全取代实体货币的使用，从而在传统金融体系中显著降低交易成本。与此同时，批发型 CBDC 则主要被银行和其他金融机构使用，其目的是简化大额支付流程，使支付操作更加迅速、自动化，并且更加节省成本。特别值得一提的是，CBDC 对于低收入群体尤其有利，尤其是对于那些需要进行跨境交易的个人而言。

尽管如此，推进 CBDC 的进程并不是一帆风顺的。其挑战包括但不限于隐私保护问题、可能对货币政策产生的影响、对商业银行业务可能产生的冲击、网络安全风险，以及实施 CBDC 所需的庞大技术基础设施建设。然而，尽管存在这些挑战，CBDC 的研究和探索活动已经成为一项全球性的运动。目前，已有超过 80 个国家——这些国家的经济总量占全球经济的 90% 以上——正在通过各种试点项目和研究计划积极探索 CBDC 的可行性和实用性。这份名单涵盖了包括中国、牙买加、澳大利亚和沙特阿拉伯在内的多个国家，这些国家的积极参与凸显了全球范围内对于这种变革性数字货币概念的浓厚兴趣和高度期待。

中国的数字人民币（e-CNY）案例

在全球数字金融的舞台上，中国以其在 CBDC 的实施方面所做的开创性工作,尤其是数字人民币(e-CNY)的推出,确立了领先地位。这不仅在数字货币和金融领域超越了美国,更标志着中国从传统的现金依赖金融系统向一个创新前沿的巨大转变,这种转变堪比一场突如其来的革命。

回顾过去,大约10年前,中国的金融环境还主要依赖于现金交易,那时技术进展缓慢,银行基础设施显得陈旧。但随着互联网时代的到来,数字支付平台迅速崛起,成为主流支付方式。如今,在中国,从日常购物到缴纳各类账单,几乎所有生活领域的支付活动都能通过手机应用轻松完成。智能手机的广泛使用甚至扩展到了社会的各个角落,以至于街头乞丐也通过手机上的二维码接受数字化捐款。这一数字化浪潮极大地推动了中国对CBDC的热情采纳和推广。

由中国人民银行(PBC)主导的数字货币电子支付系统(DCEP)通常称为e-CNY,与比特币等去中心化加密货币截然不同。比特币等加密货币在中央权威机构之外独立运作,而e-CNY则是由中国人民银行发行并完全受到监管的数字货币。中国对CBDC的兴趣背后是一个明确的目标:通过现代化支付系统和增强金融稳定性,推动金融体系的整体优化和进步。

e-CNY项目虽然几年前就已启动,但直到2020年,在多个中国城市开始的试点项目才引起了全球范围内的广泛关注。这些试点项目旨在作为试验基地,评估数字人民币在现行金融架构中的应用功能、市场接受度以及对整体金融体系可能产生的影响。这些试验的目标是逐步将实体现金部分替换为数字替代品,以简化和优化交易流程、降低交易成本,并提升整个货币系统运作的效率和效能。

e-CHY最引人注目的特色之一就是其创新性的双层结构设计。具体操作机制如下:中国人民银行首先向商业银行发行数字货币,然后这些商业银行再将其分配给普通公众。这种层级分发机制不仅确保了严格的监管控制,还有效地促进了数字货币在广大民众中的普及度和接受度,从而加强了整个金融系统的包容性和可访问性。

牙买加的数字货币探索之旅

牙买加的CBDC项目是我的初创公司电子货币公司第一个直接与央行签署

的从发行到流通、结算，以及安全、数据中心全面解决方案的第一个案例，也是国际货币基金作为成功案例推广的一个项目。

牙买加的金融生态还主要依赖于传统的现金和银行体系运作，这一点与世界上许多其他地区并无二致。然而，随着数字化时代的到来，牙买加银行（BOJ）开始寻求变革，他们思索着："为何我们不跟随时代潮流，拥抱数字货币的新趋势呢？"这种思考标志着牙买加在金融科技领域的进步。

牙买加 CBDC 项目的核心是什么呢？其实质是将牙买加的官方货币——牙买加元——引入数字时代。BOJ 正积极探索开发一种由中央银行监管和发行的牙买加元数字版本。这一举措不仅代表了技术进步，也反映了对现代金融体系需求的响应。

虽然牙买加在全球经济舞台上并未以其经济实力著称，但在全面推出零售 CBDC 方面，它却是全球为数不多的国家之一。尽管如此，该项目最初的采用率并不尽如人意，截至 2022 年仅有 19 万名客户参与，涉及交易总额为 3.57 亿美元。为了鼓励更多人采纳，牙买加财政部推出了针对商家和普通用户的各种激励计划。

在牙买加，政府推动 CBDC 项目的一个主要动力是提高金融包容性。考虑到相当一部分牙买加人口要么没有银行账户，要么很少与正规金融机构发生交易，金融包容性显得尤为重要。高额的银行服务费用、严格的"认识你的客户"（KYC）规定及对政府及金融机构长期积累下来的不信任感，都是阻碍广泛金融包容性实现的重要因素。

为了克服这些挑战，牙买加已采取措施提供免费的账户设置和使用服务，简化 KYC 程序，并通过自动取款机（ATM）提高服务可及性。然而，要实现对 CBDC 的广泛采纳，关键在于克服网络效应障碍，并在用户与商家之间建立起坚固的信任基础。尽管通过激励措施可以提供初步动力，但要想取得长期成功，必须在教育和技术投入方面下更多功夫。

全球视野下的央行数字货币

在全球金融体系中，央行数字货币的兴起引起了各个国际组织的广泛关注。特别是国际清算银行（BIS）对此表达了积极的看法，他们认为，CBDC 在跨境支付领域的应用，能够在很大程度上减少获取、储存及进行外币交易时所涉及的成本，但这一切都依赖于其设计和监管框架的有效性。在支付、金融及技术领域快速演变的当下，他们对CBDC的关注和兴趣达到了前所未有的高度。国际货币基金组织（IMF）虽然看好CBDC所带来的潜在益处，同时也不忘提醒人们注意管理与之相关的风险。

面对推广过程中遭遇的种种挑战，CBDC在全球范围内的接受率和采用率仍然呈现出稳定增长的态势。根据BIS的报告，目前已有93%的中央银行开始探索与数字货币相关的事务，这一数据充分显示了CBDC在全球金融体系中日益重要的地位。

为了进一步推动这一新兴事物的发展，BIS创新中心（BISIH）致力于开展技术研究、进行概念验证（POC）试验，并与世界各地的中央银行展开合作。这些努力旨在通过实践探索和技术创新，为全球金融体系中CBDC的实施和应用提供支持。与此同时，IMF表达了更为坚决的态度，他们认为数字货币最终有可能取代传统的实体现金。IMF强调，"现在不是放弃或回头的时刻"，这句话凸显了国际组织对于数字货币未来发展前景的坚定信念和支持。

CHAPTER 3

| 第三章 |

从双输到双赢

央行数字货币（CBDC）与加密货币在全球金融体系中扮演着不同的角色，它们之间存在显著的区别，但也有一些共同点。理解这些区别和一致性有助于我们更好地把握它们在未来金融体系中可能发挥的作用。

CBDC 是由国家中央银行发行和监管的，它代表着国家的信用和权威。它主要关注的是 M0，即流通中的现金和硬币，旨在提高支付系统的效率，降低交易成本并增强金融包容性，但 CBDC 在某种程度上局限于一个国家内部的定价单位和交换介质。这意味着它主要用于国内交易和支付，其跨境使用可能会受到限制。

相比之下，加密货币从诞生之初就是全球性的公共资产，具有去中心化的特点。加密货币不依赖于任何中央权威机构的发行或监管，而是通过区块链技术实现分布式账本记录。这使得加密货币交易、支付和结算不需要可信第三方的参与。加密货币的这些特性使其在理论上更适合作为未来全球金融基础设施的一部分。

尽管央行数字货币和加密货币在设计理念、监管框架、使用范围等方面存在显著差异，但它们也有一些共同之处。例如，两者都利用了数字技术来提升交易效率，都有潜力改善支付系统和降低交易成本。此外，随着技术的发展和政策环境的变化，央行数字货币和加密货币之间的界限可能会变得更加模糊。例如，某些国家可能会探索利用区块链技术发行 CBDC，以结合央行数字货币的稳定性和加密货币的技术优势。

总之，央行数字货币与加密货币在全球金融体系中各有其定位和作用。央行数字货币强调国家信用背书和监管安全性，适用于国内经济活动；加密货币凭借其去中心化和全球性特征，在跨境支付和全球金融交易中展现出独特优势。未来金融基础设施的构建可能需要这两种形式的数字货币相互补充，共同发展。

基于以上论述，未来基于数字货币的金融基础设施的建设需要全球在各方面达成共识。因此，全球合作，实现双赢的结局，将是推进上述理念的重要基础。

DIGITAL CURRENCY

百年不遇大变局之双输

慕尼黑安全会议近期的讨论集中在俄罗斯与乌克兰之间的冲突所引发的紧张局势以及冲突的进一步升级，这不仅展示了当前国际地缘政治格局的复杂性和多维性，而且也反映了世界政治舞台上的权力重新分配和竞争加剧的现实。这场讨论揭示了一个关键事实：随着全球力量结构的日益多极化，没有任何一个单一力量能够独霸天下。相反，全球影响力正逐渐分散至多个国家和地区性组织，这些行为体各自拥有不同的政治议程、经济利益和安全优先事项，从而形成了一个错综复杂的国际关系网。

具体而言，在气候变化问题上的分歧不仅凸显了保守势力与环保倡导者之间的激烈争论，还展现了在全球环境治理方面存在的合作与对立双重面貌。此外，中国与西方国家之间的互动动态，不仅涉及贸易和技术领域的竞争，也触及价值观和政治制度的根本差异，这进一步加剧了国际政治的不确定性和预测难度。与此同时，南南合作框架的加强以及七国集团（G7）内部的紧密而复杂的关系，都体现了在全球化时代背景下，国家和地区之间在追求共同发展与维护各自利益时不断变化的相互作用。

俄乌冲突不仅对当事国造成了深重的伤害，也对全球安全构成了威胁，更凸显了当下国际社会在处理此类危机时的局限性。值得庆幸的是，国际社会中越来越多的声音开始反思和警惕这种"两败俱伤"的局面，呼吁构建一个更加公正、合作的国际秩序。然而，尽管有这样的觉醒，但现有的国际体系和处理机制显然还未能有效应对这类冲突所带来的挑战，仍需国际社会共同努力，寻求创新的解决方案和合作路径。

全球冲突与合作

气候变化倡导者与保守势力之争在当今全球政治舞台上形成了一条显著的断层线，这场斗争深刻反映了急迫的环境问题与根深蒂固的经济利益之间的激烈冲突。气候变化倡导者，包括一些欧盟国家、受气候变化影响最大的发展中国家以及全球各地的环保组织和进步联盟，在国际舞台上积极呼吁采取切实有效的措施来减缓全球变暖的进程。他们强调必须立即行动，通过国际合作和创新科技的应用来保护我们的自然环境，确保地球的可持续发展。这些倡导者认为，只有通过减少温室气体排放、转向可再生能源和实施绿色经济政策，人类才能避免气候变化带来的最严重后果。

与此同时，保守势力，尤其是那些依赖化石燃料经济的工业化国家和主要石油生产国中的某些政治和商业领袖，对这种全面转变持怀疑态度。他们担心过快转型可能会对经济造成冲击，尤其是对能源、制造和交通等传统行业造成负面影响。因此，这一阵营往往反对那些可能影响经济增长和现有就业机会的严格的环境政策，他们主张保持现状或推行渐进式改革，以免给国家经济带来不稳定。

这种分歧不仅在一国国内政策制定过程中造成了僵局，也导致国际环境协议谈判遇到重大障碍。例如，在《巴黎协定》等国际气候变化协议的讨论和执行过程中，气候变化倡导者指责保守势力因过分重视短期经济利益而忽视了气候变化对人类社会和地球生态系统的长期危害。保守势力则批评环保倡导者提出的政策不切实际，可能导致经济下滑和社会不稳定。

在这场关乎人类未来的辩论中，显而易见的是，找到平衡经济发展与环境保护的方法成了一项紧迫的全球性挑战。只有通过建立更加包容和灵活的对话平台，鼓励各方参与，共同探索可行的解决方案和过渡策略，才能朝着减缓气候变化的目标迈出坚实的步伐。此外，提高公众意识，加强环境教育，以及借助科技创新推动低碳经济的发展，都是促进这一进程的关键因素。最终，只有通过合作和包容性的全球努力，才能在保障地球环境安全与推动经济繁荣之间找到一个平衡点，从而实现真正的可持续发展。

中国与西方的复杂关系

在当前多极化的世界格局中，中国与西方国家（特别是美国及其盟友）之间的动态关系是一个关键的方面。随着中国作为一个全球性力量的崛起，传统上由西方国家主导的国际事务局面受到了挑战，从而形成了一个竞争与合作并存，有时甚至是对抗的复杂关系网络。这种竞争不仅体现在直接的领域内，也延伸到了对发展中国家的影响中，其中中国的"一带一路"倡议与西方的替代性融资战略通过基础设施发展和投资竞相争夺影响力。

中国的"一带一路"倡议旨在通过建设一系列陆上和海上连接亚洲、欧洲及非洲的交通、能源和通信基础设施项目来增强区域连接性，进而促进经济增长。这一倡议得到了许多参与国的积极响应，因为它为这些国家提供了加强其基础设施和发展经济的机会。然而，西方国家质疑"一带一路"倡议的动机和影响，担心它可能会增加参与国的债务负担，也担心会扩大中国在全球的战略影响力。

作为回应，西方国家，特别是美国及其盟友推出了自己的投资计划和倡议，旨在为发展中国家提供融资的替代方案，以促进基础设施建设、技术发展和经济增长。

在科技领域，中西方之间的竞争尤为激烈。5G 技术、AI、量子计算和其他高科技领域成为国家竞争力的重要标志。西方国家对于中国科技公司的崛起表现出了越来越多的警惕，担心这些公司的技术产品可能会对它们的国家安全构成威胁。

军事方面，中国的军事现代化也引发了西方国家的关注。美国及其盟友在亚太地区加强了军事部署和联合演习，旨在抑制中国日益增长的军事影响力。

尽管存在竞争和对抗，中西方之间也存在合作的空间，特别是在全球性挑战如气候变化、国际贸易等领域。合作的成功不仅为解决这些挑战提供了方案，也为中西方关系未来的发展开辟了新的可能性。因此，尽管竞争态势明显，双方仍需寻找共同利益点，通过对话和合作处理分歧，共同推动构建更加稳定、公正的国际秩序。

南南合作与七国集团

在 2023 年举行的一次重点讨论信息和通信技术（ICT）问题的会议上，一位联合国高级官员与会员国一道向联合国大会第二委员会（经济与金融委员会）表达了对日益扩大的数字鸿沟的关切：发展中国家互联网技术的滞后使这些国家在技术进步竞赛中面临落后的重大风险。这种情况有可能阻碍这些国家在实现可持续发展目标方面取得进展，强调迫切需要全球共同努力，弥合这一鸿沟。

南南合作涉及全球南方国家之间的相互支持与协作，与传统的南北动态形成鲜明对比。在南北动态中，七国集团（代表世界上最大的、被国际货币基金组织称为发达经济体的一些国家）历来对全球经济政策和发展援助拥有重大影响力。南南合作旨在通过分享知识、技能和成功的经济与社会发展战略，增强发展中国家的自力更生能力。这一运动旨在平衡全球权力态势，七国集团提供的往往是有条件的援助，南南合作则提供一个替代方案。然而，由于南南合作面临协调、筹资和不同政治议程等挑战，其有效性和影响也在不断演变。

在辩论中，绝大多数发言者都表达了一种深感遗憾的情绪。他们指出，尽管世界科技在飞速进步，新技术不断涌现，但发达国家与发展中国家之间的数字鸿沟不仅未见缩小，反而呈现出日益扩大的趋势。这种现象引发了广泛关注，因为它预示着世界上最贫困的国家可能会永远错失参与第四次工业革命的机会。在这种背景下，南南合作显得尤为重要，它代表了发展中国家之间互帮互助的一种尝试，旨在共同面对挑战、减轻对发达国家的依赖。随着经济差距的不断扩大，这些国家越来越意识到，仅凭单个国家的努力难以实现可持续发展、经济多样化及科技的进步。因此，它们开始寻求通过南南合作这一平台，利用集体的智慧和资源，促进国家的发展。南南合作不仅促进了技术交流和经验分享，还增强了这些国家在全球经济和政治舞台上的声音，为它们争取到了更加公正的国际经济体系位置，以及更多的贸易和投资机会。

此外，南南合作也被视为绕过对发达国家传统依赖的一种方式。通过这种合作模式，发展中国家能够共同探索新的发展路径，加强自主性和独立性，从而减少对外援的依赖。这种合作关系还有助于提升参与国的政策制定和执行能力，通过互学互鉴，找到更适合自身国情的发展策略。

南南合作的意义不仅在于经济层面的互利共赢，更在于它体现了发展中国家之间的团结和自强不息的精神。在全球化的今天，这种合作模式提供了一种新的视角和解决方案，帮助发展中国家在面对全球挑战时能够拥有更多的选择和更大的话语权。它呼吁国际社会重视并采取措施缩小数字鸿沟，确保所有国家都能公平参与到全球科技进步和经济增长中，共同迎接一个更加繁荣、公正的未来。

谁动了奶酪？

当今的全球金融体系以美国的军事力量、美元和环球银行间金融电信协会（SWIFT）网络为基础。在这样的体系中，全球银行和资本市场蓬勃发展，享受着由这些金融基础设施带来的丰厚成果，其获利程度远远超过了对全球经济稳定和发展的贡献。这些成果在很大程度上加剧了全球财富的不平等分配，使得资本的流动和积累集中在少数发达国家和地区。全球银行和资本也从这些金融基础设施中受益，而发展中国家在决定自身经济和发展前景方面缺乏政治和经济发言权。

与此形成鲜明对比的是，许多发展中国家发现自己处于全球金融体系的边缘，这不仅仅是因为它们缺乏足够的经济规模或金融市场的深度，更重要的是它们在制定影响全球经济走向的重大政策和规则时缺乏足够的政治和经济影响力。这种缺乏影响力的现实，限制了这些国家在国际舞台上维护自己利益的能力，也削弱了它们在全球经济中提升自身地位的机会。然而，"你要么在桌子上，要么在菜单上"，如何避免成为菜单上任人鱼肉的食物，不让历史重现，也是发展中国家必须关注的问题。

这种全球金融体系内的不平衡，为经济领域的"奶酪战争"埋下了伏笔。在这场战争中，贸易不再仅仅是交换商品和服务，而成为各国争夺经济影响力、政治自主权乃至文化认同的战场。发展中国家在这场斗争中努力寻求更大的话语权和公正的国际经济秩序，希望通过增强自身的经济实力和国际合作来改变现有的不平等局面。

然而，要实现这一目标，发展中国家面临诸多挑战。一方面，需要克服内部的经济结构和政治体制问题，提升自身的经济竞争力；另一方面，也需要在国际舞台上展现团结，通过多边机构和南南合作等渠道增强彼此间的协作，共同争取更加公平合理的国际经济规则。此外，改革现有的国际金融体系，使之更加反映发展中国家的利益和需求，也是推动全球经济更加均衡发展的关键。

通过这些努力，发展中国家希望能够在全球经济中赢得更多的尊重和公平待遇，从而在未来的"奶酪战争"中不仅仅是旁观者或受害者，也能够作为平等的参与者共同享受全球化带来的成果。这不仅是对现有国际金融体系的挑战，也是对全球经济治理模式的一次重要调整和更新。

中美之间的贸易紧张关系是当前国际经济动态中最为显著的案例之一。中国迅速成长为全球经济的重要力量，不仅改写了长久以来由西方国家主导的全球经济版图，也挑战了过去几十年经济力量的传统平衡。这种变化引发了一系列的贸易争端，这些争端表面看似是有关关税设定和市场准入的技术问题，实际上却触及了更深层次的问题——在全球经济治理结构中谁将占据主导地位。

这些贸易冲突不仅仅是简单的经济竞争，它们反映了一个更为根本的全球经济权力重构过程。中国希望通过自身的经济实力和影响力，推动建立一个更加多元化和平衡的全球经济体系，从而确保自身以及其他发展中国家能够在这个体系中享有更公平的待遇和更大的发展机会。

中美贸易战在全球范围内引发了广泛的关注和反响。这场冲突凸显了全球经济治理需要适应新兴经济体崛起带来的变化，寻求新的平衡点。中国的快速发展，特别是在制造业、科技和金融领域的突出表现，挑战了美国及其盟友长期以来的经济和技术领先地位。这不仅迫使美国重新考虑其全球战略，也促使其他发达经济体重新评估与中国的经济和政治关系。

因此，中美之间的贸易紧张关系不只是两国之间的事务，它标志着全球经济力量结构正在发生深刻变化。在这个过程中，所有国家都需要考虑如何在新的全球经济格局中定位自己，以及如何在保护自身利益的同时，促进全球经济的稳定与发展。对于国际社会而言，如何处理中美经济竞争及其带来的挑战，将是未来几年乃至几十年国际经济和政治议程中的一个关键议题。

国际合作的关键热点

关税和贸易政策：美国对中国的商品征收关税的决定标志着双方贸易关系的紧张程度达到新高。美国政府声称这一行动是对中国不公平贸易行为和知识产权侵犯行为的回应。相应地，中国也对美国产品征收关税，作为应对措施。这种互相征税不仅影响了两国之间的贸易流通，也对全球供应链造成了冲击，波及从高科技产品到农产品等广泛行业，加剧了全球市场的不确定性和波动。

技术与安全：技术领域成为中美竞争的一个主要战场，美国对中国的技术巨头采取了一系列措施限制其在美国的业务。这些措施包括限制中国公司参与美国的电信网络建设、限制向中国出口关键技术等。与此同时，中国加大了在关键技术领域如半导体、AI等的投资，力图减少对外部技术的依赖，提升国内产业链的自主可控能力。

全球合作：中国的"一带一路"倡议是其扩大全球影响力的重要策略，旨在通过基础设施建设促进欧亚非大陆的经济一体化。美国及其盟友对此采取了竞争性的策略，通过提供另类的融资方案来扩大自己的地缘政治影响力，试图作为对中国影响力扩张的一种抗衡。这种策略竞争不仅体现在财务支持上，也体现在对于治理模式、经济发展理念的推广上。

中美之间在这些关键热点上的竞争和冲突，不仅关系到两国的未来，也深刻影响着全球经济和政治格局的变化。如何解决这些热点问题，找到合作与竞争的平衡点，是摆在两国乃至全球面前的重要挑战。随着国际局势的发展和全球经济的变化，中美双方如何应对这些挑战将决定未来世界的走向。

在全球经济这场盛宴中，"你要么在餐桌上，要么在菜单上"的谚语发人深省，它为发达国家和发展中国家之间激烈的"奶酪大战"提供了一个形象的框架。这场隐喻性的斗争不仅揭示了贸易争端的复杂性，还凸显了环境争议在全球化世界中的重要性。核心问题围绕着新兴经济体力图追赶传统强国的过程中所面临的挑战，以及在追求经济发展的同时如何平衡环境保护的紧迫议题，例如巴西热带雨林的开发就是一个典型案例。

新兴经济体在全球经济中寻求更大的话语权和影响力，试图通过增加对外贸易、吸引外国直接投资以及积极参与国际事务来加速自身的发展。然而，这一过程往往伴随着与发达国家在贸易政策、市场准入等方面的激烈竞争。这种竞争不仅表现为传统的关税和贸易壁垒，也涉及技术标准、知识产权保护等更加复杂的领域。

与此同时，环境管理和保护成为全球经济发展中的一个关键争议点。巴西热带雨林的开发问题便是环境保护与经济发展之间矛盾的一个缩影。一方面，巴西等国希望通过开发自然资源来推动经济增长，提升人民生活水平；另一方面，热带雨林是全球气候调节器和生物多样性宝库，保护热带雨林对于全球生态环境至关重要。如何在经济发展与环境保护之间找到平衡点，成为国际社会面临的一大挑战。

这些冲突和争议反映了在全球化时代，国家之间既互相依赖却又相互竞争的复杂关系。它们提示我们，无论是在贸易政策的设计上，还是在环境保护的实践中，都需要更加智慧和创造性的解决方案。这要求国际社会加强合作，寻找共赢的策略，而不是单方面追求自身利益。只有通过建立更加公正、开放的国际经济体系，以及制定有效的全球环境治理机制，全球经济这场盛宴上的每一位参与者才能确保自己不仅仅是菜单上的一道菜，而是能够共同坐在餐桌上，共享发展成果。

全球合作之生态环境

除了经济政治领域，环境保护的区域差异也呈现非常极端的分化，尤其是发达国家和发展中国家之间的差异。从联合国《2023年可持续发展目标报告》中，我们可以看到过去20年的农业扩张使得发展中国家的森林砍伐加剧，进一步威胁世界碳储存与生物多样性。对森林保护的巨大区域差异，揭示了当下国际合作体系难以帮助发展中国家解决发展与破坏之间的矛盾，这不仅阻碍了全球可持续发展目标的实现，也加剧了气候变暖危机。

在生态环境的系列争议中，巴西亚马孙热带雨林是其中的代表，这一点被巴西的右翼政府的极端言行放大，加剧了巴西与西方环境保护主义者、各国政府之间的分歧。巴西雨林的争议焦点凸显了全球环境管理中一系列复杂的挑战和权衡，这些问题不仅关系到巴西的国家发展，也触及了国际社会对于生态保护和经济发展之间平衡的广泛争论。

森林砍伐与发展：巴西作为一个发展中国家，面临着如何在推动经济发展与保护其丰富自然资源之间找到平衡的挑战。农业、采矿和伐木业在巴西经济中占有重要位置，但这些活动往往以牺牲雨林为代价，引发了生物多样性丧失和气候变化等环境问题。国际社会，尤其是发达国家，强调雨林在维持生物多样性和全球气候稳定中的关键作用，主张对巴西雨林进行严格保护。

主权与全球责任：巴西政府强调其对自然资源的主权，认为应由巴西自己决定如何利用其雨林资源。与此同时，国际社会则从全球环境责任的角度出发，强调雨林对于地球生态系统健康的重要性，认为保护雨林是全人类的共同责任。这种紧张关系揭示了国家利益与全球环境管理责任之间的冲突，对于如何在尊重国家主权的同时实现全球环境保护目标，国际社会仍在探索有效的解决方案。

国际合作与冲突：在解决巴西雨林保护问题的过程中，合作与冲突并存。一方面，国际协议和经济激励措施被用来促进雨林保护和可持续利用；另一方面，资金支持、保护优先事项以及保护与发展战略之间的分歧常常导致合作进展缓慢。外交谈判在解决这些问题中发挥着关键作用，但也面临着重大挑战。

巴西雨林的争议焦点不仅是巴西的国内问题，也是全球面临的共同挑战的缩影。它要求国际社会找到创新的合作模式和机制，以实现在保护全球公共环境资产和促进各国经济发展之间的平衡。未来，如何有效整合国际资源、协调不同利益主体的目标，并落实有效的保护措施，是保护巴西雨林这一全球宝贵资源的关键。

"奶酪大战"已经从简单的贸易竞争升级为更为复杂和多维的全球挑战，特别是在环境保护这一关键领域。巴西热带雨林的情况就是这种全球性冲突的一个突出例子，它展示了发达国家和发展中国家在如何管理和保护地球上最重要的生态宝藏方面的根本分歧。

一方面，发达国家在环境保护组织、全球公民以及广泛社会运动的推动下，强烈呼吁采取更加严格的措施来保护雨林。他们指出，热带雨林在维持生物多样性、调节全球气候以及存储二氧化碳方面发挥着不可替代的作用。这些国家和组织通常会推动国际合作项目、提供资金支持，甚至倡议在国际贸易中加入环境保护的标准和条款，以确保雨林得到有效保护。

另一方面，包括巴西在内的发展中国家面临着经济发展的压力。对于这些国家而言，热带雨林不仅是全球生态系统的重要组成部分，也是国家经济发展和人民生计改善的关键资源。因此，他们强调国家主权，认为应由各自国家来决定如何利用自己的自然资源。这些国家往往通过农业扩张、采矿和伐木等活动促进经济增长，这与国际社会的保护要求产生了冲突。

这种冲突不仅反映了经济发展与环境保护之间的张力，也突显了全球治理中权力和责任分配的问题。发展中国家常常指责发达国家在历史上通过过度利用自然资源实现了自己的工业化和经济增长，而现在却要求发展中国家在没有相同发展机会的情况下承担环境保护的责任。

解决这一全球性问题需要国际社会创新思路，共同努力，从而找到一种既能满足发展中国家经济发展需求，又能有效保护全球生态环境的可持续发展路径。这可能包括提供技术支持、建立公平的国际贸易体系、实施经济补偿机制以及推动国际法律和政策的改革等。通过这些努力，也许能够实现经济发展与环境保护的和谐共存，保护好地球这个人类共同的家园。

这一争议确实揭示了经济增长与环境可持续性之间的复杂联系，尤其对于发展中国家而言，这种联系更是充满挑战。雨林作为地球上最重要的生态宝库之一，拥有丰富的生物多样性和巨大的碳吸存能力，对于维持全球气候稳定和生态平衡至关重要。然而，对于围绕着这些雨林的国家，尤其是那些经济发展水平相对较低的国家来说，雨林同样代表着促进经济发展、改善民众生活水平的重要资源。

全球社会中相互竞争的利益和需求加剧了这项任务的复杂性。发达国家和国际社会要求严格保护雨林，强调其全球环境价值，而发展中国家则寻求保障自身的经济发展权利和提高人民生活水平。这种情况下，如何协调国内发展需求与国际环境责任之间的矛盾，成为一个重大挑战。

解决这一挑战需要国际社会共同努力，通过对话和合作，寻找既能满足发展中国家经济增长需求，又能保证环境可持续性的解决方案。可能的方案包括提供技术和财务支持，帮助发展中国家建立和实施更加可持续的发展策略；通过国际合作项目和资金援助，鼓励和支持雨林保护和恢复计划；建立全球性的环境管理框架和机制，促进各国在保护全球环境方面的合作和共识。只有通过国际社会的共同努力和对发展与环境双重需求的全面考虑，才能实现真正的全球可持续发展。

世界多极化和全球力量对比的平衡

中国提出的"百年未有之大变局"是对当前国际政治经济格局深刻变化的总结与反思。这一表述不仅体现了中国的战略思考，也反映了中国对全球格局变化的敏感洞察和积极应对姿态。

21世纪以来，随着全球化的深入发展，经济全球化和区域一体化不断推进，新兴经济体的崛起开始改变传统的国际力量结构，全球经济和政治格局出现了显著的多极化趋势。中国在积极参与全球环境保护、应对气候变化、全球公共卫生等国际问题的解决时展现了负责任大国的形象。通过这些举措，中国希望构建更加公正合理的国际秩序，推动建立人类命运共同体。

中国对"百年未有之大变局"的论述和应对策略引发了国际社会的广泛关注和讨论。一方面，世界各国对中国的快速发展和日益增长的国际影响力表示关注，许多国家和地区希望通过加强与中国的合作，共同应对全球挑战，促进世界和平与发展。另一方面，中国的崛起也引起了一些国家的忧虑和战略调整，特别是在经济、科技、安全等领域的竞争日趋激烈。

正如《人民日报》等中国国家媒体以及英国广播公司（BBC）和《纽约时报》等全球平台的文章所指出的，这一"机遇"指的是技术、经济和地缘政治变化的独特交汇。这一观点源于对世界快速多极化、西方霸权相对衰落以及数字和AI驱动的经济格局到来的观察。

正如新华社和《中国日报》的许多文章所强调的那样，中国积极推动技术创新和数字经济，这充分体现了中国对抓住这一机遇的重视。中国在5G、人工智能和绿色能源等领域取得了长足进步。此外，中国国际电视台（CGTN）和《南华早报》等媒体广泛报道的"一带一路"倡议体现了中国重塑全球贸易和基础设施网络的雄心。

然而，从各种分析中可以看出，这种机遇论并非没有遇到挑战和批评。《经济学人》和《外交事务》等刊物对快速工业化对环境的影响、以债务为动力的增长的可持续性以及中国外交政策进行了批判性讨论。在如此快速的变化中，促进经济增长与维护社会稳定之间的微妙平衡是中国前进道路的辩论中反复出现的主题。

迈向更均衡的未来

在展望均衡的未来时，至关重要的是采纳一种能够融合所有国家的愿望和关切的愿景，尤其是当我们正站在一个十字路口时，中国的显著增长及其重新定义全球治理和技术领导地位的雄心壮志正体现了这一点。中国常把这一关键时刻形容为"百年未有之大变局"，它为塑造一个更加包容、更加公平的全球格局提供了独一无二的机会。从温和的角度来看，必须认识到这一时刻对中国的潜力和隐患。中国引领技术和全球治理的雄心壮志可以推动国际社会的进步，尤其是在减缓气候变化和数字基础设施发展方面。然而，在追求这些目标的过程中，也必须考虑公平竞争、环境管理与和平共处的原则，以避免加剧全球局势紧张和不平等。

为了实现这一目标，需要各国加强对话和合作，建立更加公正和平等的国际规则。这包括在世界贸易组织（WTO）等多边机构内改革现有的国际贸易和投资规则，以反映新兴市场和发展中国家的利益和关切。同时，加强全球环境和气候治理，确保所有国家都能在减少碳排放和应对气候变化方面发挥作用，而不是仅仅由少数国家承担重担。

此外，促进技术转移和知识共享，特别是向低收入国家的转变和共享，将有助于缩小全球数字鸿沟，推动全球范围内的包容性增长。国际社会还需要共同努力，通过外交和平解决国际争端，避免地缘政治竞争升级为冲突。

在"百年未有之大变局"中，世界面临着重塑全球治理结构、推动技术进步和应对环境挑战的共同任务。通过各国的合作和对公正原则的共同尊重，我们有可能共同迈向一个更加平衡、更加公正、更加繁荣的未来。

中国将当前时代描述为"百年未有之大变局"，确实反映出了其对国家崛起和在全球秩序中塑造领导角色的坚定信念和战略考量。这种信念不仅基于中国过去几十年在经济发展、科技创新和国际影响力方面取得的巨大成就，也缘于全球化深化、多极化趋势加强和国际体系演变为中国提供了前所未有的战略机遇。

然而，实现这些雄心壮志，并为全球进步作出贡献，要求中国在处理经济增长、环境保护和地缘政治复杂性方面展现极大的谨慎和智慧。经济上，中国需要继续推动高质量发展。环境上，中国已成为全球应对气候变化的关键力量，但仍需加大力度减少污染、提升能源效率，并推动绿色低碳技术的创新和应用。地缘政治上，中国在扩大国际影响力的同时，需要在维护国家利益与促进全球公共利益之间找到平衡，处理好与其他大国的关系，尤其是在亚太地区的战略竞争。中国的发展轨迹将对 21 世纪的全球化进程产生深远影响。作为世界第二大经济体，中国在全球治理、国际贸易、气候变化和技术革新等领域的作用越来越重要。中国如何平衡国内发展需求与全球责任，将对全球经济的稳定与增长、国际关系的和谐与合作以及全球环境的可持续性产生重大影响。

在这一"百年未有之大变局"的关键时刻，国际社会需要加强对话、扩大合作、互相尊重，共同应对全球性挑战。中国的成功不仅取决于自身的努力，也依赖于与全球伙伴的合作。通过共建"人类命运共同体"，推动构建更加公正合理的国际秩序，中国和世界其他国家可以共享和平与发展的成果。因此，面对"百年未有之大变局"，采取反思和温和的态度，平衡发展与公平、环境可持续性以及全球和谐之间的关系，对于中国和全球来说都至关重要。这不仅是中国实现自身长远发展目标的关键，也是构建 21 世纪更加美好世界的基石。

中国在减缓气候变化和发展数字基础设施等关键领域追求领先地位，为推动全球进步提供了独特的机遇。例如，中国对可再生能源技术的大量投资使其在太阳能和风能生产领域处于全球领先地位，为全球应对气候变化做出了贡献。这包括在项目规划和执行过程中进行充分的环境评估，确保项目的可持续性，以及通过透明和包容的合作机制，确保所有利益相关方的声音都得到听取和尊重。此外，中国的全球倡议也需要在促进经济发展的同时，注意避免造成债务负担过重、环境破坏和地缘政治紧张等问题。通过与国际伙伴合作，共享经验和最佳实践，中国可以在确保自身发展利益的同时，为全球可持续发展和进步作出更大贡献。

气候变化合作的双赢

总的来说，中国在气候变化和数字基础设施方面的领先地位，为全球提供了宝贵的机遇和经验。通过积极应对挑战，遵循国际合作的原则和标准，中国有望在推动全球绿色发展和数字化转型中发挥更加积极和建设性的作用。

当然，实现这些雄心壮志充满了复杂性。国际社会对可能违反公平竞争和环境管理原则的做法表示担忧，尤其是在确保公平竞争、环境管理以及社会和经济的可持续发展方面。国际社会的关切反映了一个核心问题：在追求科技进步和经济增长的同时，如何保证这些发展努力不会牺牲全球的公平原则和生态完整性。

例如，对不公平贸易做法的指控和大型基础设施项目对环境的影响一直是审查的主题。这些问题凸显了在促进创新、经济增长与确保这些发展不以牺牲全球公平、生态完整性为代价之间必须达成的微妙平衡。这就要求世界找到创新、增长与环境保护、公平交易之间的平衡点。这需要国际社会共同努力，通过制定和执行全球性的规则和标准来实现。例如，在贸易领域，世界贸易组织（WTO）等多边机构可以发挥关键作用，通过推动公平和透明的贸易实践，减少不公平贸易做法。在环境保护方面，全球气候协议如《巴黎协定》提供了一个框架，旨在减少温室气体排放并促进可持续发展，但需要各国共同遵守和执行。

将包容性、公平性和可持续性作为全球发展的核心原则，不仅有助于缓解国际社会的担忧，还可以创造一个更加繁荣和平的未来。包容性意味着确保全球化的成果能够惠及所有国家和社会各阶层的人民；公平性强调在国际贸易、技术转移和环境保护等领域内实现公正对待；可持续性则是确保经济增长不以牺牲环境为代价，为后代留下一个生态健康的地球。

在我的观点中，21世纪的决定性叙事之一将是国际社会如何共同重塑全球秩序，建设一个每个国家都能繁荣发展的世界。这不仅需要政府、国际组织、企业和民间社会的共同努力，也需要每个国家内部的政策调整和创新。通过对话、合作和相互尊重，国际社会可以共同应对全球挑战，实现共同繁荣。

虽然道路充满挑战，但通过国际合作和共同承诺，以及包容性、公平性和可持续性原则，以及新技术的应用与推广，对旧有结构的重塑和更新，我们有机会共同创造一个更加繁荣和平的未来。这将是对当前和未来几代人的责任和承诺，标志着我们共同努力塑造一个更加公正和可持续的全球秩序的开始。

在数字时代重新定义价值

在数字时代，价值的定义正在经历一场革命性的转变，这场变革中，ESG 标准提供了一种全新的视角，使得组织和国家的绩效评估不再仅仅基于财务数据，而是开始全面考虑其对环境的影响、社会责任和治理质量（见图 3-1）。

向以环境、社会和治理为中心的会计实践转变，标志着全球舞台上衡量价值和成功的方式发生了深刻变化。与忽视环境影响和社会公平的传统财务指标不同，环境、社会和治理标准为一个组织或国家的绩效提供了一个更全面的视角，将其生态足迹、社会责任和治理实践考虑在内。这种方法不仅鼓励企业和政府采取可持续和合乎道德的行为，还满足了投资者、消费者和公民在面对气候变化和社会差距时对提高透明度和问责制的日益增长的需求。

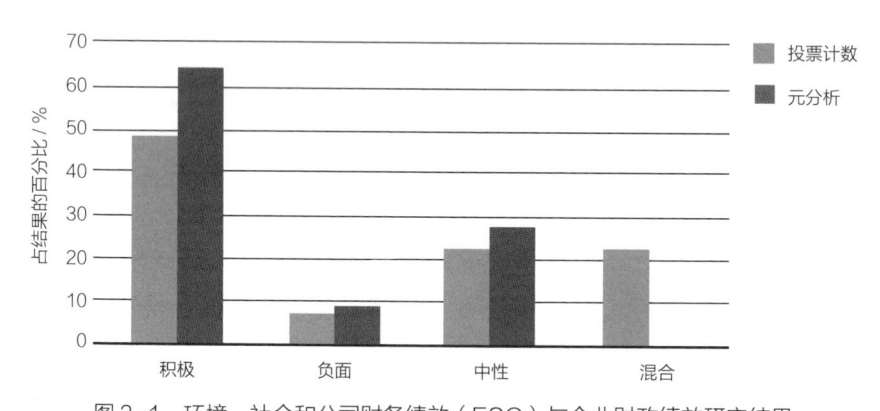

图 3-1 环境、社会和公司财务绩效（ESG）与企业财政绩效研究结果

来源：《ESG 与财务绩效：来自 2000 多项实证研究的综合证据》，2015 年 12 月 15 日。

因此，将环境、社会和治理标准作为全球会计准则的一个组成部分，对于在新数字技术的推动下促进更加可持续和公平的世界经济至关重要。数字技术的发展也为 ESG 的实施提供了强大工具。大数据和 AI 等技术能够帮助组织更有效地追踪和报告其 ESG 表现,同时,通过区块链等技术增强透明度和可追溯性。此外,数字平台也为公众提供了监督企业和政府行为、参与社会责任讨论的渠道。

ESG 标准的重要性

环境责任:随着全球气候变化对经济和社会的影响日益显著,组织的环境责任成为其价值的一个重要组成部分。从减少温室气体排放到保护生物多样性,企业和国家如何管理其生态足迹,对其长期成功至关重要。

社会公正:社会公正问题,如工作场所的多样性与包容性、公平薪酬和劳动条件,以及对社区的贡献,也越来越受到重视。组织在这些领域的表现,影响着其品牌形象、消费者信任和员工满意度。

治理透明:良好的治理实践,包括透明度、问责制和利益相关方参与,是维护组织长期稳定和避免风险的关键。在数字化推动信息流通速度加快的今天,治理的重要性愈发突出。

在区块链、数字金融和数字货币等数字技术不断进步的推动下,一个可能会重新定义全球会计架构——从传统的货币体系转向强调 ESG 标准的体系出现了。这种转变超越了传统的衡量标准,为新的金融体系和会计结构引入了一个以 ESG 为评判标准、以数字化为框架的整体框架。这意味着未来对经济活动的评估将不仅以财务结果为基础,还将以其对地球、社会和公司治理的影响为基础。这一转变的重要性无论如何强调都不为过,因为它代表着向可持续发展的范式转变,响应了全球对气候变化和社会不平等采取行动的呼吁。

一个以环境、社会和公司治理为重点的全球数字化会计和金融体系预示着这样一个未来:国家和企业的成功与否,将以其对环境的管理、对社会福利的贡献以及治理结构的完整性来衡量。在数字化为透明度、可追溯性和效率提供前所未有的能力的时代,这种方法尤为重要。例如,区块链技术可以提供防篡改分类账,准确跟踪和报告环境、社会和治理标准,从而实现以前无法实现的问责水平。同样,数字金融和货币可以绕过传统的金融中介,降低交易成本,促进资金直接分配给可衡量环境、社会和治理成果的可持续项目。

将 ESG 标准纳入全球会计和金融体系，确实预示着一种全新的衡量成功的方式。这种方式超越了传统的以财务指标为中心的评估，转而强调可持续性、公平和治理的重要性。在数字化技术——尤其是区块链、数字金融和货币——提供的透明度、可追溯性和效率的支持下，这种转变尤为显著和可行。

技术的推动作用

区块链技术：通过提供不可篡改的分类账本，区块链技术可以准确地追踪和报告企业在环境保护、社会责任和良好治理方面的表现。这种技术的应用促进了数据的真实性和透明度，使得企业的 ESG 表现能够被准确记录和公开披露，从而增加了企业对社会和环境责任的问责性。

数字金融和货币：通过绕过传统金融中介，数字金融和货币有潜力降低交易成本，提高资金的流动性和可获取性。这意味着更多的资金可以直接流向那些在环境、社会和治理方面有明确成效的可持续项目，促进这些领域的发展。

重塑成功的标准：在这种全球数字化会计和金融体系中，国家和企业的成功将更多地以其对社会福利的贡献、环境的管理和治理结构的完整性为衡量标准。这不仅激励企业和政府优先考虑可持续发展、公平和有效治理，也促使资源向能够为地球及其居民带来长期利益的项目和计划重新分配。

与投资者和消费者需求的一致性：这种转变与市场需求相一致。越来越多的投资者和消费者倾向于支持那些负责任并采取可持续做法的企业。通过实现 ESG 标准的高度透明度和可追溯性，有助于增强投资者和消费者的信任，推动绿色和社会债券及投资的增长。

促进全球可持续发展：纳入 ESG 标准的全球会计和金融体系，对于实现联合国可持续发展目标具有重要意义。它提供了一个框架，通过促进环境保护、社会福利和良好治理，共同推进全球的可持续发展。

然而，过渡到以 ESG 为核心的新全球数字金融和会计体系并非毫无挑战。这一转变要求在全球范围内就 ESG 指标的标准化达成共识，建立完善的监管框架，并普及数字技术以支撑这一复杂且多维的报告体系。此外，教育各方利益相关者认识到 ESG 数据的价值并能够解读这些信息也至关重要，以确保 ESG 信息的使用不仅仅停留在达成合规要求的层面，而是能够真正促进基于充分信息的决策制定。

在全球共同努力应对气候变化和社会不平等这两大挑战的背景下，借助数字技术创新，采纳以环境、社会和公司治理为重点的会计实践极有可能在推动经济平衡和可持续发展方面发挥关键作用，惠及全球社会所有利益相关者。这种变革不仅体现了价值观的演进，也是应对当前时代紧迫挑战的必然选择。在这一过程中，衡量经济成就的标准将转向其对社会福祉的贡献，而非仅仅基于所创造的财富量度。

碳货币：通过数字创新开创可持续未来

在探索解决全球气候变化的创新途径中，碳基货币的提议显现出一种颇具前瞻性的思维方式，特别是在全球金融体系日益数字化的当下。这种模式，最初由环境经济学家所提出，并得到区块链等先进数字金融技术的有力支持，意图通过将货币价值与碳排放直接关联起来，从而激励各经济实体在减少碳足迹方面采取积极行动。例如，基于区块链技术的碳交易平台，如碳交易所或国际商业机器公司（IBM）与能源区块链实验室的合作项目，通过确保碳信用交易的安全性和透明度，成功地展示了数字技术在推动环境金融倡议中的实践潜力。

全球各地的学者和政策制定者正在积极探讨碳基货币体系的理论基础，这反映出社会对于探索能够缓解气候变化影响的替代经济模式兴趣的增长。国际货币基金组织对碳定价及其对财政政策可能产生的影响进行了深入探讨，这暗示了将环境成本整合进全球金融结构中所蕴含的深远可能性。同时，瑞典和欧盟碳排放交易体系（EU ETS）等的实践，向世界展示了通过碳定价机制影响经济决策的可行性。

在实现碳基货币概念的过程中，区块链等数字技术发挥了不可或缺的作用。区块链的去中心化特质允许对碳排放进行精确跟踪和报告，而无须传统的中介机构，从而降低了交易成本，并提高了市场的活跃度。这种数字基础设施的支持，使得可以创建一个动态的、反应灵敏的碳市场，在这个市场中，碳的价值及其衍生的货币价值由实时供需关系决定，真实地反映了经济活动对环境的实际影响。

尽管这一转型充满挑战，包括建立一个全球认可的碳排放量评估标准、将新的货币体系与现有金融基础设施融合，以及保证不同经济利益和环境承诺的国家之间的合作，这一体系的成功实施还将依赖于数字技术的广泛采用，以及管理碳信用额度发行和交易的完善监管框架的建立。

从根本上说，以碳为基础的货币提供了一种将经济发展与环境保护紧密结合的前瞻性愿景。通过将碳排放作为金融交易的一个核心考量因素，它旨在弥合经济增长与环境可持续性之间的差距。虽然将这一概念付诸实践的操作复杂性很高，需要全球共同的努力，但对碳基货币的持续探索标志着全球金融体系向真正考虑地球生态限制转变的关键一步。随着全球越来越多地依赖数字解决方案来应对最紧迫的挑战，将碳价值纳入货币体系可能成为实现可持续发展道路上的一个重大里程碑。

用数字货币技术改造全球金融

在当今全球经济与政治格局迅速演变的大背景下，数字货币技术已成为推动金融交易和国际贸易根本变革的重要力量。区块链技术，作为这场变革的尖兵，以其在交易执行中所展现的前所未有的安全性、透明度和效率，重新定义了数字账本的概念。加密货币，如比特币和以太坊等，不仅挑战了传统银行体系的地位，更为跨越历史障碍，探索金融创新解决方案提供了坚实的道路。

其中，央行数字货币（CBDC）的兴起尤为引人瞩目，它代表了数字货币技术在实践中的显著进展。从中国推出的数字货币电子支付（DCEP）到瑞典的电子克朗，再到巴哈马的沙元，这些前沿项目展现了各国在探索数字货币领域的领导地位。这些受到中央银行支持的数字货币预示着构建一个更安全、成本更低、更具包容性金融体系的可能性。特别是中国的 DCEP 项目，其旨在提升农村地区的金融包容性，标志着向金融服务全民化迈出的重要一步。

此外，区块链技术在数字货币领域的应用，促成了智能合约的发展——一旦预定条件得到满足便自动执行的合约机制，从根本上消除了对传统中介的依赖。这项创新技术对国际贸易的潜在影响巨大，智能合约通过简化跨境交易流程、降低成本和提高效率，为全球商业活动带来了革命性的变革。世界贸易组织探索利用区块链技术来提升贸易融资的透明度和速度，这一尝试可能会彻底重塑国际商业的未来。

数字货币技术还显示出促进经济恢复和可持续性发展的巨大潜力。通过运用加密货币和基于区块链的平台，各企业和国家可以更加高效地融入全球经济，确保其金融交易免受欺诈和网络攻击的侵扰。例如，WePower 等平台实现了绿色能源代币的交易，激励了对可持续能源项目的投资，展示了区块链技术在支持环境可持续性方面的应用。

尽管如此，将数字货币技术全面融入全球金融体系仍面临众多挑战。监管障碍、数字安全担忧，以及提升公众对数字货币知识的普及需求构成了数字货币被广泛采纳的主要障碍。此外，特定加密货币挖矿的高能耗问题也对其环境可持续性提出了挑战。

总体来看，数字货币技术代表了全球金融革新的未来方向，其不仅有助于提升经济的透明度和包容性，还为实现可持续发展目标提供了新途径。随着技术的进一步发展和国际社会合作的深化，数字货币有望引领全球经济进入一个更加繁荣、公平和可持续的新时代。

绿色能源和人工智能时代的南南合作

在这个标志性的数字化时代，全球正转向可持续发展的新轨迹，南南合作框架因此站在了可能重新定义全球发展模式的历史关键点上。特别是在绿色能源和 AI 的快速进步推动下，为全球南方国家提供了穿越传统发展壁垒、迈向创新与可持续增长未来的独特机遇。这些国家通过将绿色能源解决方案和先进的 AI 技术整合进其经济体系，不仅能有效应对迫在眉睫的环境问题，还能促进经济多样化、提升能源安全，并扩大人民群众获取清洁且经济的能源的机会。

非洲可再生能源倡议（AREI）便是这种新兴潜力的一个显著案例，该倡议致力于利用非洲大陆丰富的可再生能源资源，以确保清洁能源的广泛普及。结合 AI 在优化能源分配和消费方面的潜力，AREI 有望彻底转变非洲的能源景观，使之成为全球可持续发展的典范。同样，在拉丁美洲，如 Enel 集团在巴西所运行的太阳能发电厂等项目，通过 AI 预测发电量并优化电站运行，彰显了绿色能源与高科技在促进经济及环境可持续性方面的协同效应。

此外，南南合作下的项目，如印度—巴西—南非（IBSA）三边合作正在积极探索结合区块链技术和数字货币来促进可再生能源项目的贸易和投资，体现了新技术与绿色倡议相结合的广泛益处。这些跨国合作项目凸显了南南合作不仅作为分享知识、技术和最佳实践的平台，而且作为促进全球经济更加包容性和可持续性的有力机制。

尽管这些进展令人鼓舞，但实现这些机遇仍需面对基础设施建设、资金筹集和技术转让等方面的挑战。确保全球南方国家平等获得先进技术、建立 AI 和绿色技术能力以及保障必要的投资，需要全球南方国家内部及与国际伙伴间的紧密合作与协同努力。借助数字化转型推进国际合作创新，通过采用区块链技术来建立新型交易网络，成为当前的紧迫任务。如果能够向以碳排放为核心的货币体系成功转型，那么绿色能源及 AI 技术也将有望通过数字平台在全球范围内得到推广和应用。

综上所述，绿色能源和 AI 技术的兴起为南南合作带来了重大发展机遇，证明了新兴技术在塑造一个可持续未来方面的巨大潜力。通过充分利用这些技术进步，全球南方国家不仅能有效应对环境和经济挑战，还有机会定位自身为全球可持续发展变革的先锋。虽然这一进程充满了挑战，但同样为数字时代的发展路径提供了独一无二的机遇，预示着通过创新和可持续性推动进步与繁荣的未来正在到来。

重塑丝绸之路：绿色愿景

"一带一路"倡议自 2013 年由中国提出以来，已经成为推动亚洲、非洲和欧洲之间互联互通与合作的全球性发展战略。这一宏大的计划旨在通过陆地和海上的贸易路线网络加强区域经济一体化，促进共建"一带一路"国家的经济增长和发展。然而，随着这一倡议的推进，它所带来的环境影响和项目的可持续性问题也受到了广泛关注。为了应对这些挑战，参与国和组织正在共同努力，将绿色发展原则整合进"一带一路"倡议之中，展现了一种确保基础设施建设增长与环境保护相协调的坚定承诺。

巴基斯坦的奎德－阿扎姆太阳能园区便是这种绿色发展理念在"一带一路"框架下的具体体现。作为该倡议框架内较广泛能源合作项目的一部分，该太阳能园区不仅代表了对可再生能源技术的重大投资，也体现了向更加可持续的发展模式转变的决心。这一项目不仅彰显了"一带一路"倡议在环境保护方面的潜在积极作用，也向合作伙伴国展示了可再生能源在推动能源行业发展中的重要价值。

在绿色金融方面，"一带一路"倡议同样致力于推动绿色债券的发行，旨在资助周边国家的环保型项目。中国工商银行的绿色债券发行就是一个明显的例子，这些债券专门投向非洲的可再生能源项目，展现了"一带一路"倡议是如何借助金融工具支持可持续基础设施项目的发展的。这种资金流向绿色项目的做法，不仅确保了对环境友好型项目的资助，也代表了在"一带一路"倡议范围内可持续投资趋势的发展。

将可再生能源项目和绿色债券融资结合起来，"一带一路"倡议在可持续发展领域的努力有明显的进展。这些行动展现了一种主动积极的态度，旨在最大限度地减少基础设施建设项目对环境的不良影响，并展示了该倡议如何与全球气候变化应对目标保持一致。在"一带一路"项目中强调可再生能源的使用和可持续融资机制，为国际基础设施建设树立了新的标杆。它推广了一种在促进经济增长的同时兼顾环境保护的发展模式，为未来的全球发展提供了可贵的借鉴。

顶层设计

转向"一带一路"倡议内的绿色发展，尽管蕴含着广泛的可能性和积极影响，但这一进程同样面临诸多挑战。"一带一路"倡议下的项目覆盖了广泛的地区和领域，这导致在实现可持续发展方面存在差异化的执行情况，可能使得某些区域或项目在环境可持续性方面的成效不如预期。此外，项目透明度和债务可持续性的问题继续引发关注，这些因素可能会影响到绿色项目长期实施的可行性。西方国家对倡议的持续质疑，特别是关于其可能导致发展中国家陷入债务困境的担忧，进一步增加了"一带一路"倡议在国际合作方面的挑战。

尽管如此，面对这些挑战，"一带一路"倡议提供了一系列促进环境可持续性和经济增长的独特机遇。通过加强国际合作与知识共享，尤其在可持续实践方面，可以显著提升"一带一路"倡议对绿色发展的推动力。此外，通过持续将绿色能源和金融作为优先发展方向，"一带一路"倡议不仅能够为全球采用更加可持续的发展模式树立榜样，而且还能鼓励更多国家参与到构建一个新的、更加可持续的国际合作模式中来。

为了克服现有挑战并最大限度地发挥这些机遇的作用，将新技术整合到国际合作中成为关键。这不仅能帮助解决传统合作模式的局限问题，还能促进利益最大化和潜在风险的最小化。数字化转型的拥抱，以及对公平、透明和合作的承诺，能够推动国际社会向一个真正反映我们相互依赖的世界的合作体系迈进，在促进全球和平与繁荣的同时增强国家间的信任和伙伴关系。

总而言之，"一带一路"倡议向绿色发展的转型是将环境可持续性融入全球基础设施项目的关键一步。随着倡议的持续深化，对绿色技术和金融的聚焦为推动各大洲的可持续发展铺平了广阔道路。然而，要实现这一宏伟愿景，就必须持续强化环境原则的应用，并与所有利益相关方进行全面合作。这样，"一带一路"倡议不仅将成为促进经济增长的强大引擎，也将成为推动全球可持续发展的光辉典范。

协调全球战略：来自中国古典棋类运动的启示

中国的象棋和围棋不仅仅是深受人们喜爱的传统游戏，它们还蕴含了深邃的战略智慧，为我们理解竞争与合作的复杂性提供了独到的视角。这些游戏在其战略的实施中，既展现了冲突的直接性，也体现了协调与平衡的微妙性，为我们在全球化背景下处理国际关系提供了启示。

中国象棋的游戏目标是直接消灭对手的主要棋子，或通过策略布局使对方陷入无法动弹的境地，这反映出了传统国际关系中的零和思维。在这种思维框架下，国家间的互动被视为一场为了争夺有限资源而进行的零和游戏，一方的胜利往往建立在对方的损失之上。这种模式强调了力量和直接对抗的重要性，类似于冷战时期美苏之间的竞争关系，国家之间为了维护或提升自身地位而采取的直接对抗策略。

然而，围棋提供了一种不同的战略视角。它不仅仅关注于直接的对抗和胜利，更强调对整体局势的洞察、长期收益的积累和战略资源的精明分配。围棋的胜利来自通过细微的优势积累而控制更广阔领土的能力，而非彻底击溃对手。这种思维方式启示我们，在处理国际事务时，追求长期和可持续的成功比短期胜利更为重要，通过建立合作关系、共同发展经济和增强软实力来取得影响力，可能比公开冲突更为有效。

面对全球化的挑战和机遇，"一带一路"倡议的实施和绿色发展的推进，以及在国际关系中的各种复杂互动，我们可以从中国象棋和围棋中学到的不仅是对抗和竞争的策略，更是如何在多变的国际舞台上寻求平衡、建立合作关系，并实现共赢的智慧。这需要各国超越传统的零和思维，采用更加灵活、综合和长远的战略规划，以实现真正意义上的全球共同发展与繁荣。在这个过程中，合作、对话和共识构建将是关键，而新兴的数字技术、绿色金融工具以及创新的国际合作模式，将为实现这一目标提供重要支撑。

围棋的策略和哲学，通过强调在一个多极世界中不同国家的共存、竞争与合作，提供了一个独特的视角，帮助我们理解国际关系的复杂性。这种思想框架突出了实现共享体系中各方共赢的可能性，认识到追求绝对主导地位既不现实也不是最终目标。在这个框架下，国家之间的互动超越了零和博弈，转向了寻求共同增长和分享成功的双赢策略。这种理念对于应对需要国际合作和集体行动的全球性挑战，如气候变化、恐怖主义和流行病等，显得尤为重要。

《巴黎协定》就是这种围棋精神的体现，它聚集了全球各国共同应对气候变化的决心。通过这一协定，各国承认了他们共同的命运，并致力于通过自主贡献来减缓全球变暖的影响。这一全球性合作的成功例证展现了如何通过国际协作达到互利共赢的共同目标，标志着从单边竞争向多边合作的转变。

同时，中国的"一带一路"倡议，尽管在其战略意图上引发了争议，但若从围棋的视角审视，它试图通过推动基础设施发展和加强经济伙伴关系，开创一种新的国际合作模式。这一倡议的核心在于寻求战略竞争与合作精神之间的平衡，展示了如何建立一个更加紧密相连、互利共赢的全球网络的潜力。通过正确的平衡，这样的国际倡议不仅能促进经济增长和发展，还能在全球范围内促进和平与稳定。

围棋所提供的战略思维和哲学启示，为我们在处理日益复杂的全球关系时提供了宝贵的视角和方法。在追求经济增长、环境可持续性和国际和平的道路上，围棋教给我们的不仅仅是策略上的智慧，更重要的是寻找平衡、促进合作和实现共赢的价值观。正是这种思维方式，将指导国际社会更好地应对全球挑战，推动建设一个更加和谐、可持续发展的未来。

围棋所蕴含的哲学与战略思维提供了一种独特的视角，帮助我们理解在构建更加健康、公平的国际合作体系时如何实现战略定位和渐进收益，同时关注于更广泛的长期目标。这种思维方式鼓励我们超越传统对抗的思维模式，如中国象棋中的直接竞争，转而采取一种更加全面和相互关联的方法来应对全球性挑战。

在 21 世纪这个复杂多变的时代，古老棋艺中的智慧为世界领导人提供了重要的启示，即超越零和游戏的局限。围棋启发下的相互尊重、战略耐心以及合作参与的理念，为构建一个虽存在竞争但不以竞争为主导的全球体系奠定了基础。在这样的体系中，全球领导者可以优先考虑实现共同繁荣和集体安全，从而将"双赢"的理念从抽象的愿望转化为具体的现实。

通过接受围棋的这些原则，我们可以在国际舞台上推动更加均衡的力量分布，鼓励各国在追求自身利益的同时，也考虑到全球共同的福祉。这种方法促使国家在制定政策时采取更加审慎、长远的视角，考虑其行动对全球社会和环境的影响。

进一步来说，围棋的战略思维促进了对全球共同挑战如气候变化、贫困、疾病和不平等问题的集体响应。强调合作而非对立，国际社会可以更有效地利用资源，共同应对这些挑战，实现可持续发展目标。

最终，从围棋中汲取的智慧可以指导我们在全球化的时代中寻找新的合作模式，这些模式不仅能够处理国与国之间的关系，也能够处理人类与自然的关系。通过相互尊重和合作参与，我们有可能共同创造一个更加和谐、可持续的全球社会，其中"双赢"的目标不再是遥不可及的理想，而是可以实现的现实。

善治下的数字化转型

M-Pesa 的发展轨迹始于一个由英国国际发展部和沃达丰慈善机构资助的试点项目，该项目本来的目标是创建一个便捷的平台，允许小额信贷借款人通过手机接收和偿还贷款。然而，这项服务迅速超越了其最初的设想，演变成为一种深受欢迎的移动银行工具。利用手机普及的优势，M-Pesa 允许用户仅通过简单的短信就能完成存款、取款、转账以及支付各类商品和服务的费用。

苏里和杰克在 2016 年《科学》杂志上发表的一项研究，着重强调了 M-Pesa 对肯尼亚经济产生的深远影响。这项研究发现，使用 M-Pesa 的家庭中有 19.4 万户（占肯尼亚家庭总数的 2%）成功摆脱了贫困的困境，其中对女性户主家庭的正面影响尤为显著。M-Pesa 还促进了小企业主增加储蓄和投资于自己的企业，进而推动了经济的增长和发展。

在肯尼亚取得显著成功之后，M-Pesa 迅速扩展到其他国家，包括坦桑尼亚、阿富汗、南非和印度等，每个国家都根据其本地需求和监管环境对 M-Pesa 的模式进行了相应的调整。在这些国家中，M-Pesa 努力复制其在肯尼亚的成功，旨在为广大群众提供便利的金融服务，尤其是那些传统银行服务未能充分覆盖的人群。

尽管 M-Pesa 取得了令人瞩目的成就，但其发展过程中也遇到了不少挑战。包括监管障碍、与传统银行系统的互操作性问题，以及为满足客户日益变化的需求而不断创新的必要性等。此外，M-Pesa 的成功还凸显了在部署数字金融服务时深入了解当地市场的重要性，以及利用移动技术促进金融普惠的巨大潜力。

综合来看，M-Pesa 代表了数字技术在促进金融包容性和经济赋权方面的革命性力量。其在移动银行领域的创新不仅彻底改变了肯尼亚乃至全球的金融格局，也为全球范围内的类似倡议提供了宝贵的参考。随着数字技术的持续发展，M-Pesa 的经验为我们展示了这些技术在解决长期存在的金融服务障碍和推动社会经济发展方面的巨大潜力。

特别值得一提的是，根据世界银行的数据，肯尼亚的金融普惠率——在金融机构拥有账户的成年人比例——从 2006 年的 26% 激增至 2019 年的 82%。M-Pesa 在这一变革中发挥了核心作用，其易用性、广泛的可及性和便捷性，使得无数之前无法接触到正规金融体系的肯尼亚人首次拥有了银行账户。这一成就不仅在肯尼亚内部产生了广泛的影响，也在全球范围内被视为推动金融普惠的典范。随着更多国家和地区探索利用数字技术解决金融服务不平等的问题，M-Pesa 的经历提供了一个关于如何利用创新技术促进经济包容性和增长的启示。

通过数字化实现普惠金融

电子货币的兴起代表了一场金融普惠领域的革命，这场革命发挥了移动技术的力量，特别是为那些金融基础设施不足的地区提供了创新的银行服务方案。在诸如菲律宾等国家，大量人群未能获取传统银行服务，电子货币的引入不仅使个人能够使用移动设备进行日常金融活动，如转账、购物和储蓄，更通过这些活动利用移动分钟数作为一种货币单位。这一创新方案不仅减轻了传统银行对于基础设施的依赖，还大幅降低了管理货币供应（M0）的成本。正如世界银行在其《2020 年数字金融服务报告》中讨论的，将电子货币纳入中央银行的监管体系，不仅可以增强交易的安全性和信任度，还能将这些服务纳入正规经济体系，使消费者和企业双方均受益。

随着电子货币和央行数字货币（CBDC）的概念在全球范围内的推广，一个关于金融包容性、经济稳定和货币政策实施的新时代正在到来。位于这场变革前沿的电子货币公司在数字法定货币技术的开发方面发挥着至关重要的作用，它可以赋能各国中央银行同时发行传统纸币和安全的数字货币。这一创新潜力可彻底改变金融交易的格局，从而确保交易的安全性、效率和可访问性。

电子货币的核心价值在于，它是一种数字化的国家法定货币形式，允许用户通过移动设备进行金融操作的存储、管理和交易。这种模式摆脱了传统的实体银行网点、ATM 机乃至网上银行的依赖，成为服务不足人群和偏远地区的理想选择。电子货币的一大创新在于其将移动通信手机充值分钟数或数据视为货币，从而使未拥有银行账户的人群得以参与到广泛的数字经济中来。

电子货币公司作为数字货币领域的领航者，提供了一系列的先进技术解决方案，支持中央银行能够安全地发行和流通数字法定货币。这家公司旨在解决数字经济中的关键挑战，即为发展中国家创造出一种既安全又稳定、广受市场接受的数字货币形式。

例如，菲律宾等国家的先行探索已经证明了电子货币解决方案的有效性和潜力。在这些地区，个人可以用它来进行日常支付、转账，甚至获取小额贷款。这种金融模式不仅实现了金融服务的广泛普及，而且促进了更具包容性的经济环境。

与此同时，电子货币区别于其他数字金融解决方案的一个关键点在于其直接受到中央银行的监管。这样的监管确保了电子货币交易遵循与传统金融活动相同的监管标准，从而为用户提供了与政府发行货币同等的安全性和信任度。通过这种方式，中央银行能够更精确地监控货币供应量，有效预防洗钱和欺诈等潜在问题。

电子货币的实施不仅有助于中央银行更有效地扩展其货币政策到未曾拥有银行账户的广大人群，还通过监督电子货币的发行和流通，直接影响基层经济活动。这样的直接影响增强了中央银行在控制通货膨胀和促进经济增长方面的能力。

电子货币的广泛应用虽然具有变革性潜力，但其普及过程中仍然面临诸多挑战，例如确保不同服务提供商之间的互操作性、提升潜在用户的数字素养，以及建立健全的网络安全措施以防范数字欺诈等。

未来，电子货币的持续发展将依赖于政府、移动运营商、金融机构之间的密切合作，共同努力扩大服务范围、加强安全措施并提升用户教育。随着数字技术的不断进步，电子货币正成为推动金融创新和普惠的先锋，展现了一个人人都能享受数字经济益处的光明未来。

绿色债券：为可持续未来融资

绿色债券的出现和增长，标志着数字转型在推动可持续发展领域所发挥的重要作用，它通过创新的融资机制为环保项目提供了必要的资金支持。这种债券的设计初衷是资助那些能够带来环境效益的新项目和现有项目，展现数字金融与实现可持续发展目标之间的完美结合。斐济在 2017 年发行的首个新兴市场绿色债券便是一个突出的例子。通过这一举措，斐济成功为其气候适应和可再生能源项目筹集到了 5000 万美元，为其他发展中国家树立了典范。这一进展在世界银行的支持下取得，并在 2017 年联合国气候变化大会上被强调，突出了数字金融工具在调动资源以资助环境可持续发展项目方面的关键角色，是确保资金流向支持低碳和气候适应性发展的一条途径。

自从世界银行在2008年首次发行绿色债券以来，绿色债券市场的迅猛增长反映了市场对于可持续投资机会的强烈追求，以及投资者对环境管理问题的日益重视。气候债券倡议组织发布的数据显示，全球绿色债券的发行量在最近几年达到了历史新高，这凸显了绿色债券在促进经济向低碳转型过程中发挥的重要作用。

此外，绿色债券不仅为环保项目的实施提供了资金，还推动了金融市场的创新和多样化。通过投资绿色债券，投资者能够直接参与到对抗气候变化的行动中来，在追求财务回报的同时，也为社会贡献了价值。绿色债券的成功也鼓励了更多的市场参与者在其投资决策中考虑环境因素，从而推动了整个金融行业向更加可持续和负责任的投资方向转型。

随着全球对气候变化的认识加深和对可持续发展目标的集体追求，绿色债券作为一种创新金融工具的重要性将继续凸显。它不仅能够为关键的环保项目提供资金，还能促进经济增长。未来，我们可以预见，随着技术的进步和市场的成熟，绿色债券和其他绿色金融工具将在全球范围普及。

斐济在气候适应能力和可再生能源项目上的成功不仅向全球传递了一个明确的信息，即绿色债券是一个有效的资金筹集工具，还展示了其在各种经济环境下的广泛适用性和巨大潜力，为其他发展中国家和新兴市场提供了可行的模板。

自世界银行于2008年首次发行绿色债券以来，其市场规模呈指数级增长，这一增长不仅标志着市场对可持续投资模式的渴望，也反映了投资者对环境保护的重视。据气候债券倡议组织统计，近年来全球绿色债券的发行量实现了突破性增长。

绿色债券为政府、企业等实施可持续发展项目提供了一种信誉良好且目标明确的投资渠道。通过这种融资方式，投资者可以直接参与到保护环境、减少碳排放和提高气候变化适应能力的项目中。值得一提的是，绿色债券通常要求发行人就资金的使用情况及项目的成果进行详细报告，这增加了资金使用的透明度和问责性。

随着绿色债券市场的迅速发展，亟须制定统一的"绿色"项目标准，以及建立相应的机制来核实和监测所资助项目对环境的影响。为此，绿色债券发行原则的制定和第三方认证计划的实施成了确保绿色债券市场健康成长的重要措施。采取这一措施有助于提高投资者的信心,增强市场的完整性和吸引力。

随着全球对可持续发展和气候变化行动的重视程度日益增加,绿色债券在全球经济中的作用更加不容小觑。市场对绿色债券结构的创新、投资者群体的扩大,均表明绿色债券前景光明。将数字技术与绿色债券的发行、交易过程相结合,将进一步提高其吸引力。

数字引领的新时代

就像联合国《2023年可持续发展目标报告》所呈现的那样,SDGs基于2023年的数据,按设定标准对17个目标的进展进行评估,结果显示多达50%以上的具体目标进展缓慢、不充分,30%的具体目标甚至出现停滞或倒退(见图3-2)。这表明,在传统的框架和策略中,我们已定的目标协同发展愿景很难实现。

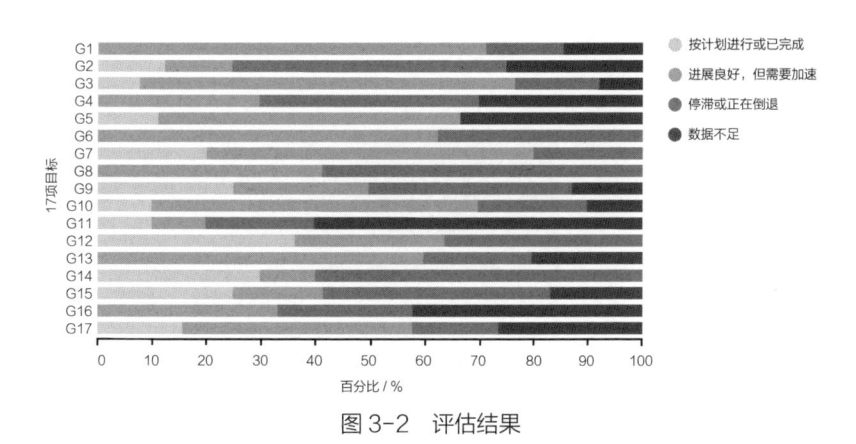

图 3-2 评估结果

但数字科技有望帮助世界解决这一问题。得益于基础设施不断完善、国际技术与教育合作深入开展、开源社区的兴起等有利因素,数字科技在帮助可持续发展方面的创新应用正在不断涌现,为解决发展中地区的种种棘手问题带来全新的契机。例如,肯尼亚移动支付系统 M-Pesa,以及加密数字货币(CBDC 等)、绿色债券等创新举措,生动诠释了数字解决方案在破解金融和发展瓶颈、促进包容性经济和可持续发展进程中所蕴含的巨大潜能。

M-Pesa 通过简单的手机短信功能,为肯尼亚及其他非洲国家数以百万计的无银行账户人口提供了低成本、高效、安全的小额支付和转账渠道,极大提高了金融服务的可及性,有力推动了当地的经济和社会发展。加密数字货币则借助区块链等分布式账本技术,构建了一种去中心化、开放透明的新型价值转移体系,为全球范围内的资金流动注入创新动力,有助于突破传统金融体制的局限性。

与此同时,绿色债券的兴起则为应对气候变化挑战、发展清洁能源和环保基础设施提供了一种新型融资渠道。其背后的创新性担保机制和信息披露标准,有利于吸引更多社会资本投入可再生能源、污染防治等可持续发展领域,为全球可持续发展议程贡献了重要力量。

然而,在借力数字化潮流造福人类的征程上,我们同样面临着一些棘手的阻力和挑战,诸如数字鸿沟、网络安全隐患、数字扫盲等,都是制约数字红利释放的重要因素,需要全球范围内的协调行动予以积极应对(见图3-3)。同时,如何在确保新型数字系统公平性和安全性的同时,充分激发其创新活力,也值得深入探讨。

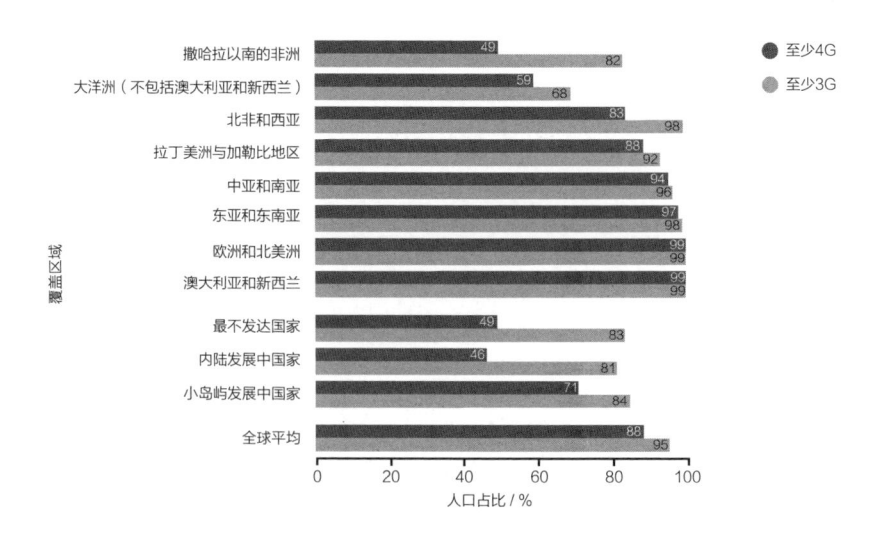

覆盖区域	至少4G	至少3G
撒哈拉以南的非洲	49	82
大洋洲(不包括澳大利亚和新西兰)	59	68
北非和西亚	83	98
拉丁美洲与加勒比地区	88	92
中亚和南亚	94	96
东亚和东南亚	97	98
欧洲和北美洲	99	99
澳大利亚和新西兰	99	99
最不发达国家	49	83
内陆发展中国家	46	81
小岛屿发展中国家	71	84
全球平均	88	95

图 3-3 2022 年全球移动网络覆盖人口占比

总的来说，数字化进程为促进包容性增长和可持续发展注入了前所未有的动力，特别是在传统金融和基础设施领域相对落后的地区。通过持续创新数字应用模式，全球化的征程必将进一步加快。而要真正实现共同发展的理想，需要全球各利益攸关方共同的智慧和努力。我们的当务之急，是消除发展的"数字鸿沟"，充分释放数字科技的变革潜能，谱写数字时代的包容性、公平性和可持续性新篇章。

Chapter 4

| 第四章 |

可持续金融发展

第四章　可持续金融发展　97

可持续金融不仅仅是一种金融模式，它更代表了对未来的一种承诺和责任感。不同于传统金融模式主要关注短期财务回报，可持续金融强调在追求经济效益的同时，更加注重ESG标准。这种金融模式覆盖了广泛的金融服务范畴，包括但不限于投资、银行业务和保险等，旨在通过金融工具和服务促进经济的长期繁荣，并产生正面的环境效应。

可持续金融的核心是支持那些能够直接对抗气候变化、推动可再生能源发展、保护生物多样性、促进可持续农业和其他环保活动的项目。这些项目不仅有助于构建一个更加有韧性的气候系统，还能够为社会带来更多的福祉。通过整合ESG因素进入财务决策流程，可持续金融力图确保投资不仅仅追求经济回报，更能够对环境和社会产生长期的正面影响。

此外，这种创新的金融方法强调透明度和责任感，要求投资者、银行和保险公司等金融机构在做出投资决策时，充分考虑其对环境和社会的潜在影响。这种方法不仅有助于推动全球经济向低碳、可持续发展方向转型，也为投资者提供了参与构建更美好世界的机会。

总而言之，可持续金融是一种全新的金融思维方式，它要求我们在追求财务利益的同时，不忘对地球和未来世代的责任。通过促进对环境友好型项目的投资，可持续金融为实现全球可持续发展目标提供了强有力的支撑。

DIGITAL CURRENCY

碳汇对可持续金融的意义

碳信用是可持续金融体系中的一个关键组成部分，它通过为温室气体排放量的减少提供量化的衡量方法，从而发挥着至关重要的作用。这些信用代表了排放特定量的二氧化碳或其他温室气体的权利。碳信用背后的理念既简单又具有深远的影响力：企业、政府或其他机构如果能够减少它们的碳排放量，那么它们就可以将未使用的碳信用出售给那些排放量超过配额的实体。这种以市场为驱动的策略通过给予减排行动以金钱价值，有效地激发了减少碳排放的动力。

碳信用制度的一个突出实施例子是欧盟碳排放交易体系（EU ETS），它是全球首个重要的碳市场。EU ETS通过对参与系统的实体允许排放的温室气体总量设定上限，成功地推动了覆盖行业的碳排放量降低。在发展中国家，诸如清洁发展机制（CDM）这样的机制也使得这些国家能够从碳信用市场中受益，CDM鼓励了那些对可持续发展有益的减排项目。这些实例凸显了碳信用在促进全球走向一个更加可持续、低碳未来的努力中的作用和效用。

通过这种方式，碳信用不仅为减少全球温室气体排放提供了一种有效机制，而且还促进了全球范围内对可持续发展项目的投资。随着全球对气候变化应对措施需求的增加，碳信用市场预计将继续扩大，为实现全球减排目标提供支持。此外，碳信用还有助于建立一个更加透明和公平的全球碳市场，使所有参与者都能在减少温室气体排放方面发挥作用。通过这种方式，碳信用成为连接经济增长与环境保护之间的桥梁，证明了经济激励措施在解决全球环境问题中的有效性。

在可持续性金融工具的领域中，绿色债券无疑是一颗耀眼的明星，它专门设计用来为那些能够带来环境效益的项目募集资金。这类债券的发行主体包括政府、金融机构以及各大公司，它们的发行不仅仅是一种资金筹集行为，更是对气候变化行动和推进环境可持续性的一种积极承诺。绿色债券所筹集的资金，被严格限定用于一系列环保项目，如发展可再生能源、污染控制与预防、可持续的水资源管理以及生物多样性的保护等重要领域。

绿色债券市场上的一个标志性事件是苹果公司在2016年成功发行了价值15亿美元的绿色债券。这一举措主要目的是资助该公司在全球范围内进行的可再生能源和提高能源效率的项目。这次发行不仅证明了绿色债券作为一种金融工具在吸引对可持续性项目投资方面的巨大潜力，也展示了企业界在推动环境可持续性方面所承担的积极角色。除了绿色债券之外，金融行业还见证了其他类型的可持续性金融工具的兴起和发展，比如那些将贷款成本与可持续性绩效目标挂钩的可持续性关联贷款，以及那些根据发行方实现既定可持续性目标的程度来调整利率的可持续性关联债券。这些创新的金融工具共同构建了一个强大且多元化的框架，为全球范围内的可持续发展项目提供了必要的资金支持，进一步推动了全球迈向更加绿色和可持续的未来。

联合国可持续发展目标是空中楼阁吗？

联合国可持续发展目标（SDGs）代表了一个全球性的行动呼吁，即在2030年结束贫困、保护地球，并确保所有人享受和平与繁荣。这些目标作为2030年可持续发展议程的一部分，由联合国于2015年确立，旨在作为"实现所有人更好、更可持续未来的蓝图"。这17个相互关联的目标覆盖了广泛的社会和经济发展问题，包括贫困、饥饿、健康、教育、气候变化、性别平等、水资源、卫生设施、能源、环境和社会正义等。SDGs背后的雄心是解决我们面临的紧迫全球问题，强调社会、经济和环境可持续性的交织性。

联合国可持续发展目标有17个，每个目标都针对全球挑战和可持续性的关键方面。包括：

（1）消除贫困：根除一切形式的贫困。

（2）零饥饿：结束饥饿，实现粮食安全和营养改善。

（3）健康与福祉：确保所有人的健康生活。

（4）优质教育：提供包容和公平的优质教育。

（5）性别平等：实现性别平等，赋权所有女性和女孩。

（6）清洁水和卫生设施：确保水和卫生设施的可用性和可持续管理。

（7）负担得起的清洁能源：确保获得负担得起的、可靠的、现代化的能源。

（8）体面工作和经济增长：促进持续性、包容性的经济增长，为所有人提供体面工作。

（9）产业、创新和基础设施：建设有韧性的基础设施，促进包容和可持续的工业化并培育创新。

（10）减少不平等：减少国内外不平等。

（11）可持续城市和社区：使城市和人类社区包容、安全、有韧性和可持续。

（12）负责任的消费和生产：确保可持续的消费和生产模式。

（13）气候行动：采取紧急行动应对气候变化及其影响。

（14）水下生活：保护和可持续利用海洋、海域和海洋资源。

（15）陆地生活：保护、恢复和促进陆地生态系统的可持续利用。

（16）和平、正义和强大机构：促进社会可持续发展、和平与包容。

（17）目标伙伴关系：振兴全球伙伴关系以促进可持续发展。

每个目标都包含了具体的目标和指标来指导进展并衡量成功，认识到结束贫困必须与改善健康和教育、减少不平等以及促进经济增长的策略并行不悖——同时应对气候变化并努力保护我们的海洋和森林。

每个目标的设定都非常具体，不仅包括了旨在指导进展的具体目标，还有用于衡量成功的明确指标。这种设计深刻体现了一个核心理念：要想有效地结束贫困，就必须采取多管齐下的策略。这些策略不仅要能够改善人们的健康状况和教育水平，还要能够减少社会不平等、促进经济的持续增长。此外，这一过程中还必须重视环境保护，积极应对气候变化的挑战，保护我们宝贵的海洋资源和森林资源。通过这样全面而综合的努力，我们才能朝着实现联合国可持续发展目标迈出坚实的步伐，构建一个更加公平、健康和繁荣的世界。

联合国可持续发展目标在发达和发展中国家的实施

在发达国家，SDG 的实施策略通常依赖于现有的基础设施、前沿技术和充裕的财政资源。诸如德国、瑞典和加拿大等国家，已经将 SDGs 融入他们的国家战略、政策制定和具体的实施计划之中。以德国为例，该国政府制定了一项全面性战略，使得国家政策与 SDGs 相互对齐，专注于推动可持续的经济实践、努力减少社会不平等以及加强环境保护。这些国家之所以能够有效地推进 SDGs 的实施，很大程度上得益于它们已经建立的机构框架和政策体系，这为适应和达成 SDGs 的各项目标提供了有力支持。

尽管如此，即使是在发达国家，也面临着一系列挑战，其中包括确保政治意愿的坚定、保持政策之间的高度连贯性以及确保各方面包容性参与的问题。在追求经济增长的同时维持环境可持续性的平衡，是一项极具挑战性的任务。这不仅要求我们在不牺牲社会公平的前提下，持续创新绿色技术，还要求我们在发展经济的过程中充分考虑生态保护和资源合理利用。此外，发达国家在推动全球伙伴关系方面起着至关重要的作用，他们不仅向发展中国家提供技术支持和财务援助，帮助这些国家实现 SDGs，而且还需要跨越国界，与全球各方携手合作，共同应对全球性挑战。这种跨国界的合作精神和承诺,对于全球可持续发展目标的实现至关重要。

在实施 SDGs 的过程中,发展中国家面临着一系列特有的挑战和机遇。例如,印度、卢旺达和巴西等国家虽然在资源有限、基础设施不完善以及社会经济差异等方面遇到了诸多困难,但它们仍然在积极采取措施,努力朝着实现 SDGs 的目标前进。特别是卢旺达,该国将 SDGs 的第 6 条——确保所有人都能获得清洁的饮用水和卫生设施——作为其发展战略的核心,通过依托社区的参与和政府的主导性计划,取得了显著的成就。

这些发展中国家在推进经济发展的同时,还必须面对解决可持续性问题的复杂挑战。他们普遍缺乏足够的财政资源、先进的技术基础设施以及强有力的机构支撑,这些因素都可能成为实现 SDGs 进程中的障碍。除此之外,债务拖累、贸易限制以及对气候变化的高度敏感等外部压力,进一步增加了他们推进可持续发展目标的复杂度。面对这些挑战,发展中国家却展现出了不屈不挠的精神和创新能力,他们通过建立国际伙伴关系、吸引国际援助以及组织基层社会动员等方式来推动 SDGs 的实施。这不仅凸显了可持续发展的全球性特征,也突出了为实现这些普遍性目标所必需的国际合作重要性。

尤其值得一提的是,这些发展中国家在追求 SDGs 过程中所表现出的积极性和创造性,为全球可持续发展提供了宝贵经验和启示。他们通过适应本国实际情况而采取的多样化策略和方法,不仅加强了自身在全球可持续发展议程中的参与度,也为其他国家提供了可借鉴的范例。因此,尽管存在诸多挑战,发展中国家在实现 SDGs 方面取得的进步不仅对本国民众的福祉产生了直接影响,也为全球可持续发展目标的实现贡献了力量。这种跨国界、跨文化的合作精神和努力,再次证明了在全球化时代中,各国之间相互依存、共同合作是实现共同繁荣与可持续发展的关键。

对联合国可持续发展目标实现的疑虑

尽管联合国可持续发展目标(SDGs)被广泛视为一项崇高且必不可少的追求,其旨在解决全球最紧迫的问题,包括贫困、不平等、气候变化等,但其可实现性在专家、政策制定者和活动家之间仍然存在广泛的争议。一些批评者指出了多个方面的挑战，这些挑战让人们对这些目标能否在 2030 年的最后期限之前被全球性地实现持有怀疑态度。这些挑战不仅包括目标自身的规模和雄心壮志，它们还涉及从根本上消除贫困、实现全球气候行动等广泛和相互关联的问题。在全球范围内协调努力、确保持续的资金支持以及在多样化的政府体系和复杂的地缘政治格局中达成政治共识的复杂性，使得实现这些目标变得更加困难。

此外，气候变化、经济不平等以及全球性大流行病等问题，为实现这些目标带来了额外的重大压力。一些怀疑论者认为，如果不对全球治理结构、经济体系以及社会范式进行根本性的改变，那么 SDGs 可能仅仅停留在理想层面，难以真正实现。然而，还有许多支持者坚信，尽管挑战存在，SDGs 仍然为全球行动和倡议提供了一个至关重要的框架。它们推动了政策的转变，激发了创新，促进了国际合作。面对全球性的挑战，各国和各界必须携手合作，共同探索和实施有效策略，确保可持续发展目标不仅仅是遥不可及的梦想。

随着全球对可持续发展目标的重视程度不断提升，可持续金融作为推动这些目标实现的重要工具，其采纳率正在稳步增长。然而，尽管存在积极的发展趋势，该行业仍面临一系列挑战，这些挑战可能会影响其在促进环境变革方面的潜力。首先，与传统投资市场相比，可持续投资市场的规模相对较小，这限制了其吸引更广泛主流投资者的能力。其次，不同国家和地区的监管框架差异显著，这为希望在全球范围内投资或发行可持续金融产品的投资者和机构创造了复杂且多变的环境。

尽管面临这些挑战，可持续金融领域所蕴含的机遇却是巨大且多样的。对于投资者而言，通过可持续金融，他们不仅能追求财务收益，还能确保其投资带来积极的环境与社会效益，实现财富增值与社会责任的双重目标。对于致力于可持续性实践的公司来说，可持续金融提供了接触到专门用于支持这些实践的日益增长的资本池的机会。绿色债券、碳信用及其他可持续金融工具在资助那些旨在应对气候变化、推广可再生能源使用和支持自然保护项目方面发挥着至关重要的作用，它们不仅有助于减少温室气体排放、保护生物多样性，还能推动向低碳经济的转型。通过这些工具，可持续金融正在为实现全球可持续性议程贡献自己的力量，展现出其作为现代金融体系中不可或缺的一部分的价值和意义。

金融系统是现代经济的基石，对于推进经济增长和促进社会发展具有不可或缺的作用。传统的金融体系，尽管在促进短期经济增长方面取得了显著成效，但往往忽视了长期的可持续性目标，这种做法不仅加剧了环境恶化，还加深了社会不公平现象。

面对这些日益严峻的挑战，可持续金融作为一种新兴概念应时而生，旨在解决传统金融模式中存在的问题。通过将金融活动与可持续性原则紧密结合，可持续金融致力于在确保经济增长的同时，不牺牲环境保护和社会福祉，从而实现真正的长期可持续发展。

能源向可持续发展方向转型

能源是经济活动中的关键组成部分，同时也是全球温室气体排放的主要来源之一。因此，实现经济向可持续模式的转型，关键在于改变当前我们生产和消费能源的方式。这一转型不仅涉及从依赖化石燃料（尤其是石油）为主要能源向广泛应用绿色、可再生能源的根本性转变，也意味着我们必须在技术、政策以及社会行为等多个层面上进行深刻调整。这种从以石油为主导的经济体向基于绿色能源的可持续系统的转变，无疑是工业化历史上最为深远的变革之一。石油在过去几个世纪中对全球经济各个部门产生深远影响，当前能源行业正在向使用可再生能源过渡，在这一变革过程中技术创新扮演了关键角色。以绿色能源为基础，我们完全可以建立一个全新的可持续数字金融基础设施，这种基础设施旨在支持和加速全球向可持续发展目标迈进的步伐。

在当前全球金融体系中，可持续能源的作用日益凸显，它是推动可持续金融发展的关键力量。随着世界对环境保护和气候变化的认识加深，从依赖石油到发展清洁、可再生能源的转变已成为当务之急。石油，作为工业时代的重要推手，无疑在塑造现代社会方面起到了决定性作用。其发现及后续的大规模开采，不仅彻底改革了交通、制造业和农业，还极大地促进了全球经济的增长，显著提升了人类的生产效率和移动性。特别是石油动力车辆的普及，彻底改变了陆地和海上的运输方式，大幅度降低了对传统动力机械如动物力和蒸汽力的依赖。这种技术革命不仅极大地促进了全球贸易的发展，也深刻地改变了城市的面貌和人们的生活水平。

除了在交通运输领域的广泛应用外，石油及其衍生物在其他方面也展现出了巨大的影响力。例如，石油衍生的塑料和合成材料极大地减轻了农业对于提供各类商品原材料的压力。这些轻便、耐用且多功能的新材料，从包装材料到电子产品，都在根本上改变了消费者的购买习惯和工业生产流程。此外，石油还通过化学肥料的形式，为人类食品生产带来了革命性的进步。这些基于石油产品的化学肥料极大地提高了农作物的产量，有效支撑了世界不断增长的人口需求。这一重大突破不仅解决了食品短缺问题，也推动了人口增长和城市化进程。

然而，尽管石油及其衍生产品为人类社会的巨大进步带来了便利，但长期以来对其过度依赖所导致的环境污染和气候变化问题也日益凸显。面对这些环境挑战，全球经济体需要经历一场前所未有的转型。这场转型应从根本上改变我们获取和使用能源的方式，以实现经济活动的可持续性。这不仅意味着要大力发展和利用清洁能源资源，如太阳能、风能等可再生能源，同时也需要在金融领域内部进行结构调整和创新，以支持这一转型。可持续金融的发展将为这一转型提供必要的资金支持和政策指导，通过引导资本流向更加环保和可持续的项目和企业，共同推动全球经济实现更加绿色、健康、和谐的发展。

在当今世界，随着全球对于减少碳排放和提高能源效率的需求日益增长，可再生能源的开发和应用成为一个热门话题。太阳能、风能和波浪能等可再生能源资源，因其无穷无尽且对环境友好的特性，正逐渐成为能源转型进程中的主力军。与依赖石油等传统能源相比，这些可再生能源丰富、清洁，几乎是取之不尽用之不竭的。在电力生成、储存和分配方面的技术创新和进步，使得这些可再生能源能够更有效地被整合进现代能源网格中，为实现绿色低碳的能源体系提供了可能。

特别是储能技术的发展，为可再生能源的广泛应用提供了关键支持。储能电池作为这一技术变革中的重要组成部分，其在电动车辆、家庭和工厂等多个领域的应用，极大地增强了能源系统的灵活性和稳定性。这些电池能够在可再生能源生产高峰时期储存过剩的电力，然后在需求高峰或生产低谷期间释放这些电力，有效解决了可再生能源供应的间歇性问题。

此外，AI技术的引入也为智能电网的建设和优化提供了强大动力。AI算法通过实时分析海量数据，不仅可以优化能源的分配和消费，确保系统的高效运行和可靠性，还能够预测未来的能源需求模式，及时识别系统潜在的脆弱性，并在问题发生之前提出维护或升级的建议。这样的智能基础设施为可再生能源的无缝整合提供了坚实基础，进一步推动了整个社会向可持续发展的目标迈进。

转向可再生能源并非仅仅是为了环境保护，它还意味着对现有金融基础设施的重新思考和建设。可再生能源产业的分散化特征，以及与之相伴随的分布式存储系统和智能电网技术，与数字金融技术和区块链的发展理念不谋而合。区块链技术的应用不仅可以为新型数字金融基础设施的构建提供技术支撑，使其更加透明、安全和高效，还可以促进绿色经济交易的发展，包括可再生能源信用交易和可持续项目资金支持等方面。更重要的是，它赋予了消费者更多权利，使他们可以直接参与到能源市场中来，无论是将自家太阳能板产生的过剩电力出售给市场，还是参与到需求响应计划中去。

可持续资产与负债

我们正处于一个由传统石油经济向以可再生能源为主导的新经济体系转变的历史关头。这一转变背后的驱动力是对环境可持续性的追求，以及在能源生成、储存和分配方面取得的技术突破。随着我们走向这个更加可持续、高效、透明和包容性强的未来，将绿色能源与数字金融技术相结合，将为全球经济带来前所未有的机遇。虽然这一转型之路充满挑战，但它所带来的益处——一个更加健康的地球和更加公平正义的社会——是无法用语言衡量的。正在进行中的这场转型不仅标志着人类工业时代对石油依赖的彻底告别，同时也预示着一个充满创新、可持续性和韧性特质的新时代的来临。

可持续性资产负债表是一个创新的概念，旨在衡量和展示一个国家、工业部门、全球贸易乃至个人的可持续性表现。这种度量方式要求我们采用一种量化的方法来汇总和评估这些经济活动的产出及其对环境和社会的影响。传统上，公司的财务资产负债表主要关注财务状态，而"可持续性资产负债表"则提出了一种全新的评估框架，它不仅关注财务因素，还包括了公司在ESG方面的表现。

这个概念的扩展非常广泛，它不仅适用于各种类型的公司，还应该被组织机构、政府部门甚至个人采纳。正如我们计算 GDP 一样，可持续性资产负债表应该为所有国家编制并进行比较分析。对于公司而言，拥有一份可持续性资产负债表有多个明显的好处，这些好处同样适用于其他各方。

公司绩效的全面视角：传统财务报告往往只能反映公司绩效的一部分，而通过纳入环境、社会和治理因素，可持续性资产负债表提供了一个更为全面的公司影响和潜在长期价值评估。这种全面视角有助于揭示公司在可持续发展方面的真实表现。

应对全球挑战：面对气候变化、社会不平等和资源枯竭等全球性可持续发展挑战，可持续性资产负债表能够帮助公司量化其对这些问题的贡献，并展示其致力于成为解决方案一部分的承诺。这不仅有助于公司自身的可持续发展，也为全球面临的挑战提供了解决方案。

满足利益相关者期望：当下，投资者、客户、员工和社区等利益相关者对公司的环境和社会影响提出了更高要求。通过可持续性资产负债表，公司能够以一种透明的方式向这些利益相关者报告其可持续性表现，从而建立信任并增强其品牌价值。

风险管理：环境、社会和治理因素可能给公司运营和声誉带来重大风险。定期评估和报告这些因素有助于公司更好地识别和管理与可持续性相关的风险，例如供应链中断、法规变化或消费者需求反弹。

长期价值创造：将可持续性作为优先考虑事项的公司往往更能实现长期成功。这些公司在应对市场条件变化和社会期望时表现出更强的创新能力、适应性和韧性。可持续性资产负债表可以帮助公司追踪其在创造长期价值方面的进步，并向外界传达这一进展。

明智的决策制定：对于包括投资者、高管和政策制定者在内的决策者来说，可持续性资产负债表提供了宝贵的信息。它们可以利用这些信息来评估公司的可持续性表现，在行业内进行比较，并在资源分配和政策制定上做出更加明智的决策。

推动积极变革：通过突出公司在可持续性方面的表现，可持续性资产负债表可以激励公司改善其环境、社会和治理实践。这不仅有助于推动积极的变革，而且对实现一个更加可持续和公平的经济体系至关重要。

总之，可持续性资产负债表是衡量、管理和传达公司及其他实体可持续性表现的关键工具。它基于一个越来越被认可的观念：企业价值不应仅通过其财务表现来评估，还应通过其对环境、社会和治理影响的贡献来衡量。通过采纳这种更全面的企业绩效评估方法，企业不仅能更好地满足利益相关者的期待，还能为构建一个更加可持续的未来做出积极贡献。

解锁环境价值的深层意义

在当前的经济发展模式中，可持续金融的概念引起了广泛关注，它标志着经济格局中一次深刻的变革，这种变革将金融增长与环境保护紧密相连。面对全球社会当前遭遇的一系列前所未有的环境挑战，如气候变化加剧、自然资源日益枯竭等，开发和推广旨在促进可持续发展的财务机制显得尤为迫切。本书详细探索了碳信用制度以及绿色债券等创新金融工具的作用和重要性，这些工具在推动我们走向一个更加健康、绿色的未来过程中扮演了不可或缺的角色。

这些金融机制不仅有助于促进环境保护的实际行动，还通过为企业和个人提供经济激励，为经济发展注入了新动力。例如，碳信用机制允许企业通过减少排放来获得可交易的信用，而绿色债券则为投资者提供了一个支持环境友好项目的渠道。通过这些机制，我们能够在确保经济增长的同时，也为地球的可持续发展做出贡献。

在构建一个财务成功与生态平衡和谐共存的未来方面，这些金融工具展现了巨大的潜力。它们不仅体现了金融界对环境问题日益增长的关注和责任感，也为全球经济提供了一条向可持续性转型的明确路径。随着这些机制的不断完善和普及，我们有理由相信，一个更绿色、更公平、更可持续的世界不再是遥不可及的梦想。

碳权益代币化详解案例

碳权益代币化是指将碳信用通过技术手段转化为区块链平台上的数字代币的一种创新过程。这一过程不仅融合了碳抵消项目带来的环境好处，还利用了区块链技术的透明度、安全性和高效性，从而为碳交易市场带来了革命性的变革。碳权益代币化主要涉及以下几个方面的关键点。

数字化的碳信用表示：每一个碳代币都具体代表了一定量的二氧化碳排放量已经通过某种方式被抵消或避免，这种抵消可能是通过重新植林、生产可再生能源或执行其他减少碳排放的倡议来实现的。这种方式使得碳信用的管理和交易变得更加方便和准确。

区块链技术的应用：区块链技术的引入保证了每一个碳信用都是唯一的、可追踪的，并且避免了重复计算的可能性。区块链提供了一个完全透明且不可篡改的交易账本，所有与碳相关的交易都可以在这个账本上被清晰地记录和追踪。

提高可追踪性和市场流动性：通过将碳信用代币化，使其能够在各种数字平台上轻松交易，极大地提高了碳市场的流动性。这种流动性的提升有助于更有效地定价和为买卖双方提供更好的市场接入。

增加市场可访问性和民主化程度：代币化使得小型投资者或公司也能够参与到以往由大型企业主导的碳市场中，这种市场的民主化为更广泛的群体参与到碳抵消努力中提供了可能。

适应合规与自愿市场需求：碳权益代币既可以应用于合规市场，满足法律对公司减排的要求，也可以应用于自愿市场，满足企业出于社会责任等动机进行自愿减排的需求。

智能合约的运用：利用智能合约技术可以自动化处理碳代币的发行、转移等一系列流程，大大减少了传统碳信用交易所需的行政工作量和相关成本。

综上所述，碳权益代币化通过利用区块链技术，不仅增强了全球范围内碳抵消努力的有效性和透明度，还大幅提升了市场参与度。Moss Amazonia 的 CO_2 代币项目便将这一概念付诸实践。

碳储备项目案例：亚马孙热带雨林

亚马孙林业项目在碳信用项目背景下的重要性是多方面的，对环境保护和对抗气候变化至关重要（见表4-1）。以下是突出其重要性的关键点：

表4-1 2015年世界三大热带雨林盆地区森林面积最大的十个国家

国家	森林面积/千公顷	占陆地面积百分比/%	占全球森林面积百分比/%
俄罗斯联邦	814931	50	20
巴西	493538	59	12
加拿大	347069	38	9
美国	310095	34	8
中国	208321	22	5
刚果民主共和国	152578	67	4
澳大利亚	124751	16	3
印度尼西亚	91010	53	2
秘鲁	73973	58	2
印度	70682	24	2
总计	2686948		67

碳固存：亚马孙热带雨林在从大气中吸收二氧化碳（CO_2）方面发挥着至关重要的作用，充当了一个重要的碳汇。虽然亚马孙热带雨林作为一个成熟的森林，夜间通过呼吸作用释放CO_2，但这些林业项目的总体目标是保护其生物质中储存的大量CO_2库存。这是通过预防森林砍伐，从而维持森林吸收CO_2的能力来实现的。

生物多样性保护：亚马孙林业项目有助于保护该地区丰富的生物多样性。通过预防森林砍伐，这些项目有助于保护无数物种的栖息地，其中一些是特有物种并且处于极度濒危状态。这种生物多样性不仅对

生态平衡很重要，也是全球遗产的一部分。

可持续发展：这些项目通常旨在促进当地社区的可持续发展。通过与森林保护和管理相关的活动产生收入和就业机会，它们为砍伐森林和不可持续土地使用提供了可行的经济替代方案。

全球气候调节：亚马孙热带雨林在通过其对气流和洋流的影响调节全球气候方面的作用。通过保护大片森林，碳信用项目有助于维持这一自然调节机制，这对全球范围内缓解气候变化影响至关重要。

巴西的经济潜力：这些项目为巴西带来了重大经济潜力。凭借亚马孙热带雨林的广阔面积，该国每年可以认证大量的碳信用，转化为流入环境项目的数十亿美元。这不仅增加了巴西的GDP，还使其成为环境保护和气候变化缓解领域的领导者。

Moss Amazonia 是一家专注于环境金融技术领域的开曼群岛有限公司。它主要参与在以太坊区块链上创建和销售 CO_2 代币。这些代币代表已在 Verra 注册处注册的验证碳单位（VCUs）。Moss Amazonia 围绕利用区块链技术提供了一个透明高效的碳信用交易平台，重点是为碳信用市场的零售和机构参与者提供可访问路径。

该公司通过几个附属实体运营，包括 Terra Vista LTDA（一家巴西有限责任公司）、LIRDES S/A（一家根据乌拉圭法律成立的公司，也称为 Moss Uruguay）、MOSS CO_2 Capital Investment Company Holding（一家英属维尔京群岛公司）和 MOSS CO_2 Capital LLC（一家开曼群岛公司）。Moss Amazonia 直接或间接拥有这些实体，每个实体在支持 Moss Amazonia 运营中扮演特定角色。例如，Moss Uruguay 和 Terra Vista LTDA 分别提供辅助和注册服务，而 MOSS CO_2 Capital LLC 作为 CO_2 代币所代表的碳信用的实际拥有者。

Moss Amazonia 的业务围绕促进个人和公司在碳信用交易中的交易，旨在简化通过其平台购买碳信用的过程。这包括一旦 Verra 注册处发行相应 VCUs 后立即发行 CO_2 代币，确保每个代币都有真正的碳信用支持。

运营模型包括发行 CO_2 代币的详细过程，从通知 CO_2 资本公司可用 VCUs 库存到客户在其数字钱包中接收 CO_2 代币的最后步骤。这个过程包括各个阶段，包括对客户进行 KYC/AML（了解你的客户/反洗钱）清查、提交和执行购买订单、支付和发行代币。此外，Moss Amazonia 允许在第三方之间转让 CO_2 代币，每次转让都代表对底层 VCUs 所有权的转移。

Moss Amazonia 的 CO_2 代币倡议采用了一种通过区块链技术来解决碳排放问题的创新方法。这个项目的目的是通过数字化的方式，使碳信用的购买、销售和退役过程更加透明和高效。为了深入了解 Moss Amazonia 的 CO_2 代币如何在市场中独树一帜，我们将从以下几个维度进行深入分析：

基于区块链的碳信用：Moss Amazonia 采用以太坊区块链技术发行和管理 CO_2 代币，这一点与市场上其他一些环境项目使用区块链技术类似。区块链技术的应用确保了碳信用交易过程的透明度、安全性和可追踪性，这对于提升市场参与者的信任度至关重要。与此同时，Moss Amazonia 的实践也展示了区块链技术在环境保护领域应用的广泛潜力。

碳信用的代币化：Moss Amazonia 通过将经验证的碳单位（VCUs）代币化，使得碳信用变得更易于交易和管理。这种代币化过程不仅提高了碳市场的流动性，而且通过在 Verra 注册处注册 VCUs，确保了碳信用的质量和可靠性。这一策略不仅体现了 Moss Amazonia 对高标准碳信用的承诺，也可能是其区别于市场上其他解决方案的一个关键因素。

环境影响：Moss Amazonia 致力于通过促进碳信用的购买、销售和退役来减缓气候变化，这与整个市场减少碳排放的目标相一致。不同之处在于，Moss Amazonia 可能更专注于通过具有高度透明度和可追踪性的区块链技术来实现这一目标，而其他解决方案可能专注于服务特定行业、地理区域或项目类型。

市场可访问性：通过简化购买碳信用的过程，Moss Amazonia 旨在为零售和机构参与者提供更便捷的路径来参与碳市场。这种对市场准入民主化的追求与其他平台相似，但 Moss Amazonia 在用户体验、便利性和特定功能方面（例如 CO_2 代币的"即时"发行）可能展现了独特的优势，这些优势在不同平台之间可能有显著差异。

监管合规性和安全性：Moss Amazonia 对美国法律合规性进行了全面考虑，包括根据《统一商法典》和各种联邦、州法规的考虑。这种对法律和监管合规性的深入关注，可能是其区别于其他可能缺乏全面法律框架或在具有不同监管标准的司法管辖区运营的解决方案的一个重要因素。

生态系统和合作伙伴关系：Moss Amazonia 通过与几个关联实体（Terra Vista LTDA、LIRDES S/A、MOSS CO_2 Capital Investment Company Holding，和 MOSS CO_2 Capital LLC）建立合作伙伴关系，为项目提供支持、注册和管理服务，构建了一个强大的生态系统。这种结构不仅促进了项目的运营和可扩展性，也增强了实现环境目标的有效性，这可能是其区别于其他解决方案的一个显著特点。

综上所述，Moss Amazonia 通过其独特的运营模式、对高标准碳信用的承诺、全面的监管合规性考虑以及强大的生态系统和合作伙伴关系，在市场上脱颖而出。其对 Verra 注册处上注册的 VCUs 的特别关注、详尽的运营流程，以及对法律和监管框架的深入分析，都是其成为市场上一个值得关注的解决方案的主要原因。

碳汇作为 REITs 的案例

作为房地产投资信托基金（REITs）的碳信用方案在近几年逐渐成为市场上的一种创新模式，这种模式试图将环境可持续性的概念与房地产投资紧密结合。通过这种方式，REITs 的金融结构被用来支持那些能够产生碳信用的项目，例如重新造林、发展可再生能源项目以及各种保护性质的努力。这样的融合不仅促进了对环境友好型项目的资金支持，也为 REITs 开辟了新的投资渠道和收益来源。

碳信用本质上是一种可以在市场上交易的证书或许可，它代表了排放一定量的二氧化碳或其他温室气体的权利。通过将这些碳信用整合进 REITs，投资者可以创建一个既能从房地产投资中获得稳定收益，同时又能对环境可持续性做出积极贡献的金融产品。这种模式不仅增加了投资组合的多样性，还提升了投资者的社会责任感。

在实施过程中，将碳信用纳入 REITs 需要识别那些具有高碳封存潜力的土地或物业，或者那些适合开展减排项目的地点。通过在这些地点实施项目，可以生成碳信用，进而在碳交易市场上出售，为 REITs 带来额外的收益。这种模式让投资者有机会同时接触到房地产市场和日益增长的碳信用市场，从而在两个领域内都寻求回报。

从财务角度考虑，这种结合碳信用和 REITs 的方法为投资者提供了双重好处：一方面，他们可以从 REITs 持有的商业、住宅或农业物业中获得稳定分红；另一方面，通过出售生成的碳信用，可以获得额外的收入来源，这可能会增强整体投资回报率。这种策略的多元化特性使得这类 REITs 对于那些寻求可持续发展和环保投资机会的投资者而言特别有吸引力。

监管因素在确保碳信用打包 REITs 方案的可行性和成功性上扮演着至关重要的角色。这些金融工具处于房地产法规、环境保护法规以及金融市场监管规则的交会点。在多数法律管辖区内，产生和销售碳信用需要经过严格的验证和认证过程，以确保所声称的环境效益是真实可靠、可度量的。同时，作为公开交易的实体，REITs 还需遵循包括透明度要求在内的证券法规，尤其是那些与其环境项目及其对财务表现相关的规定。

随着环境法规不断演变，这些方案可能受益于旨在鼓励绿色投资的政策激励，或者可能受到碳定价机制变化的影响。因此，在这一创新金融领域取得成功，需要精心研究复杂的监管环境。总体而言，将碳信用打包进 REITs 提供了一种结合投资回报与环境责任的先进方法。通过资助那些能够产生碳信用的项目，投资者不仅能够从房地产市场获得收益，同时也能对抗气候变化，做出自己的贡献。尽管这类方案需要在项目选择、管理碳信用生成、销售过程以及遵守复杂监管要求方面进行精心规划和执行，但随着可持续投资趋势的持续增长，碳信用打包 REITs 有望在推动房地产行业向更绿色、更可持续发展方向演变中发挥关键作用。

BIS 创新中心和绿色债券项目的深入探索

在全球范围内推动可持续性项目的努力中，国际清算银行创新中心（BIS Innovation Hub）发起的绿色债券项目，无疑是其中最引人注目的试点项目之一。这个项目不仅标志着金融领域对环境可持续性支持的重大进步，同时也展示了金融创新如何与环境保护目标相结合。此外，创新中心还广泛探索了在央行数字货币（CBDC）、中小企业（SMEs）融资等多个领域的创新方案，展现了金融科技在促进经济可持续发展方面的巨大潜力。

对 CBDC 的探索是为了深入理解 CBDC 对中央银行可能带来的各种潜在利益与风险，特别是在提升支付系统效率和金融包容性方面的作用。CBDC 通过促进更加直接和高效的金融交易，有望显著减少与传统银行操作和纸质货币相关的碳排放，从而为实现全球可持续性目标做出贡献。这种数字货币的发展不仅能够优化现有的支付体系，还能够为金融服务提供更广泛的覆盖，特别是在发展中国家和偏远地区。

在绿色债券方面，BIS 创新中心正致力于研究如何利用区块链等前沿数字技术来发行和管理绿色债券。这类债券作为一种专门用来资助环境保护项目的金融工具，其通过提高资金使用的透明度和信任度，有望极大地降低投资者对于绿色项目投资的门槛。这不仅能够吸引更多的投资进入环保领域，也为全球应对气候变化提供了更加充裕的资金支持。

此外，BIS 创新中心的横向影响项目着眼于通过数字创新来减少金融服务业对环境的影响，从而推动经济的可持续增长。这些项目通过突破数字金融可能性的界限，不仅为金融科技领域带来了革命性的变化，也使得这些创新技术能够惠及更广泛的群体，特别是那些发展中国家的用户。

总而言之，BIS 创新中心在上述领域内的深入工作，无疑展现了数字金融如何成为解决全球气候变化挑战的强大工具。通过提高金融系统的效率、透明度和包容性，这些先进的计划正为构建一个更加可持续和具有弹性的全球金融生态系统铺平道路。

Liberty Consortium 为 Project Genesis 开发的原型在自动化、透明度和效率方面提供了多个潜在好处，这对于绿色金融领域的发展尤其重要。这些好处不仅包括提高了债券发行和管理的效率，还包括增强了市场透明度和参与度。详细来说：

  自动化债券发行系统：该原型通过自动化债券发行系统极大地提高了过程效率，减少了对人工干预的依赖。这种自动化不仅简化了债券发行过程，还优化了债券的整个生命周期管理，包括自动化的优惠券支付和赎回过程。这样不仅为发行人和投资者提供了更加顺畅、无缝的体验，同时也显著降低了运营成本和管理复杂性。

促进直接二级市场交易：通过利用先进的底层账本基础设施，该原型使得零售投资者之间可以直接进行二级市场交易，极大地提高了交易的可访问性和便利性。这不仅可能提高资产的流动性，还为投资者提供了更多的机会来买卖他们持有的资产，从而活跃市场。

提供实时市场见解：该原型通过基于应用的移动访问方式，为发行人提供了对投资者行为和市场活动的实时见解。这一特性使得发行人能够更深入地理解市场动态，更加精准地根据投资者偏好和需求定制未来的债券产品。

支持小额债券发行：通过支持以较小面额发行债券，该原型使得更广泛的投资者群体能够轻松参与到绿色金融中来。这种对获取途径的民主化不仅可以吸引更多的资本流向环保项目，还能够促进绿色金融市场的整体增长和发展。

降低交易成本：该原型通过简化债券发行和交易流程，并利用区块链技术直接处理发行人和投资者之间的交易，显著降低了与之相关的交易成本。区块链技术的应用实现了交易的即时结算，有效降低了结算风险，提高了债券市场的整体效率。

改善绿色债券流动性：通过促进二级市场交易的便利性，该原型有望提高绿色债券的流动性，使其对更广泛的投资者更具吸引力。这种流动性的提升不仅有助于加强绿色债券的市场参与度，还能够鼓励更多的投资者将资金投入环保项目中，从而推动绿色金融领域的持续发展和壮大。

CHAPTER 5

| 第五章 |

区块链与碳金融

区块链技术,由于其与比特币及其他加密货币的紧密联系,一直被誉为数字货币领域之外的一次重大范式转变。它的应用范围已经扩展到了身份验证、治理结构、安全保障以及可持续发展等多个关键领域,这不仅展示了区块链技术的广泛适用性和巨大潜力,也预示着它可能对各个行业产生的革命性影响。

尽管在早期,区块链技术几乎与比特币画等号,但现在其应用已经远远突破了数字货币领域的限制。区块链技术通过提供身份验证、治理结构、安全保障以及可持续发展方面的解决方案,证明了自己有能力应对当前时代一些最为迫切的挑战。区块链技术通过其在不同行业中的创新应用,正在改变我们管理个人身份的方式、政府的运作模式、数字资产的保护措施以及我们追求可持续性的方法。随着这些应用不断地发展和完善,区块链技术所具有的变革性力量有望开启更为安全、高效以及可持续发展的未来新篇章。区块链技术在不同领域中的持续探索和应用实践,不仅凸显了其广泛的适用性,也进一步巩固了它作为数字时代一项基础性技术的地位。

此外,随着区块链技术在全球范围内的知名度不断提高,各行各业对其潜在应用的探索也日益增多。从供应链管理到投票系统,从金融服务到版权保护,区块链技术正被越来越多地应用于解决传统系统中存在的透明度不足、效率低下以及信任缺失等问题。正是这种不断拓展的应用范围和深入探索,使得区块链技术仍然保持着强大的发展动力和创新潜能,也预示着它在未来依然是推动社会进步和技术革新的重要力量。

DIGITAL CURRENCY

数字世界中"无信任"的概念

在密码学和区块链中,"无须信任"(trustless)的概念指的是一个系统能够运行并促进交易或互动，而无须参与方之间的信任。这一理念是区块链技术和加密货币设计及吸引力的核心。

在传统系统中，信任通常是通过银行、政府或其他中心化实体这样的中介来建立的，这些中介负责促进交易和互动。这些中介验证涉事方的身份，确保交易的安全，并且通常对交换的资产持有某种形式的权威或控制。

然而，在像区块链这样的无须信任系统中，对中介的依赖被移除了。相反，信任是通过加密算法和确保交易完整性与安全性的共识机制建立的。以下是其工作方式：

加密技术：区块链使用加密技术来保护数据。每一笔交易都被加密并与前一笔交易链接，创建了一个安全且不可更改的记录链。这确保了一旦交易被记录在区块链上，它就不能被篡改或干预，无需中央权威机构就建立了对数据完整性的信任。

去中心化：与传统的中心化系统不同，区块链在一个去中心化的计算机网络（节点）上运行。每个节点都有整个区块链的副本，而要将交易添加到区块链上，必须由这些节点之间达成共识来验证。这种去中心化确保没有单一实体能够控制整个系统，使其能够抵抗欺诈、审查和中心故障点。

共识机制：区块链采用像工作证明（PoW）或权益证明（PoS）这样的共识机制来对交易的有效性达成一致。这些机制要求参与者（矿工或验证者）投入努力（在 PoW 中是计算能力，在 PoS 中是质押加密资产）来验证交易。成功的验证会导致新区块添加到链上，并为验证者提供奖励，确保所有参与者都符合网络的最佳利益。

"无须信任"的术语并不意味着系统内部完全没有信任。相反，它表明信任被放置在系统的架构上——其加密安全性、去中心化本质和共识协议——而不是任何单一实体或中介。这种方法使得直接在各方之间进行安全、透明和高效的交易成为可能，从根本上改变了在数字互动中如何建立和维护信任。

基于智慧卡的电子身份认证管理

在取得了牛津大学计算机科学专业的博士学位后，我的研究重点是 AI 和机器人技术，我开始寻求新的挑战。这是因为我意识到，要执行复杂的 AI 算法，所需的计算能力是巨大的，远超当时任何计算平台所能提供的能力范围。因此，我将兴趣转向了当时最引人注目的领域之一——互联网，更具体地说，是互联网安全领域。幸运的是，我得以利用我在博士学习期间使用的知识和工具，在分析互联网安全协议方面，特别是在相互认证协议方面取得了先驱性的成就。这一切引领我加入了一个由美国国防部（DoD）发起的引人注目的项目，该项目的目标是为互联网创建一个电子身份管理系统。这个项目非常符合逻辑，因为 DARPA——一个与国防部有关的机构，被誉为互联网的创造者。在那个时期，我作为访问教授在斯坦福大学工作，并被国防部电子身份项目的承包商 ActivIdentity（如今已成为 HID Global 的一部分）聘请为安全架构师，负责通用访问卡（CAC）项目。在 CAC 安全框架的开发和实施过程中，我发挥了至关重要的作用。我的工作主要集中在开发支撑 CAC 和个人身份验证（PIV）标准的加密解决方案和安全认证方法上。通过确保这些系统不仅在安全性上达标，而且能在不同的机构和平台之间进行互操作，我大大增强了联邦身份验证实践的强度和效率。

我的努力不仅推动了数字身份验证技术的进步，也为如何在不牺牲安全性的前提下，提高系统之间互操作性提供了宝贵经验。这项工作不仅对美国国防部有着深远的影响，也对整个互联网安全领域产生了广泛的积极效应。通过这一系列的努力，我们不仅提高了身份管理系统的安全性，也为未来可能出现的新挑战奠定了坚实的基础。我的贡献在于将先进的技术解决方案与实际应用需求相结合，从而确保数字身份验证和管理系统既安全又高效。此外，这些成就也展示了跨学科合作在解决复杂技术问题中的重要性，以及持续创新在推动技术进步方面所扮演的关键角色。

美国国防部的 CAC 和后来的 PIV 标准、联邦信息处理标准（FIPS）201，代表了联邦雇员和承包商安全且标准化的身份验证方法的重大进步。这些系统在加强安全措施、确保安全访问设施和信息系统以及建立跨各部门和机构的统一身份验证框架方面发挥了关键作用。

CAC 是 DoD 用于物理和逻辑访问控制的智能卡。为了提高 DoD 设施和计算机网络的安全性，CAC 被引入并发挥多重作用：它作为军事人员、文职员工和承包商的身份证；它便利了对建筑物和安全场所的访问；它使得加密的电子邮件通信、文件的数字签名以及安全访问 DoD 网络和信息系统成为可能。CAC 的实施是向使用先进技术进行联邦政府内部安全身份验证迈出的开创性步骤。

在 CAC 奠定的基础上，由 FIPS 201 建立的 PIV 标准将安全、标准化的身份验证方法扩展到了 DoD 以外的所有联邦雇员和承包商。FIPS 201 旨在提供一种更一致且更安全的政府凭证发放和管理方法（见图 5-1）。PIV 标准规定了发放安全可靠身份识别形式（包括生物识别数据）的物理和操作要求，以进一步增

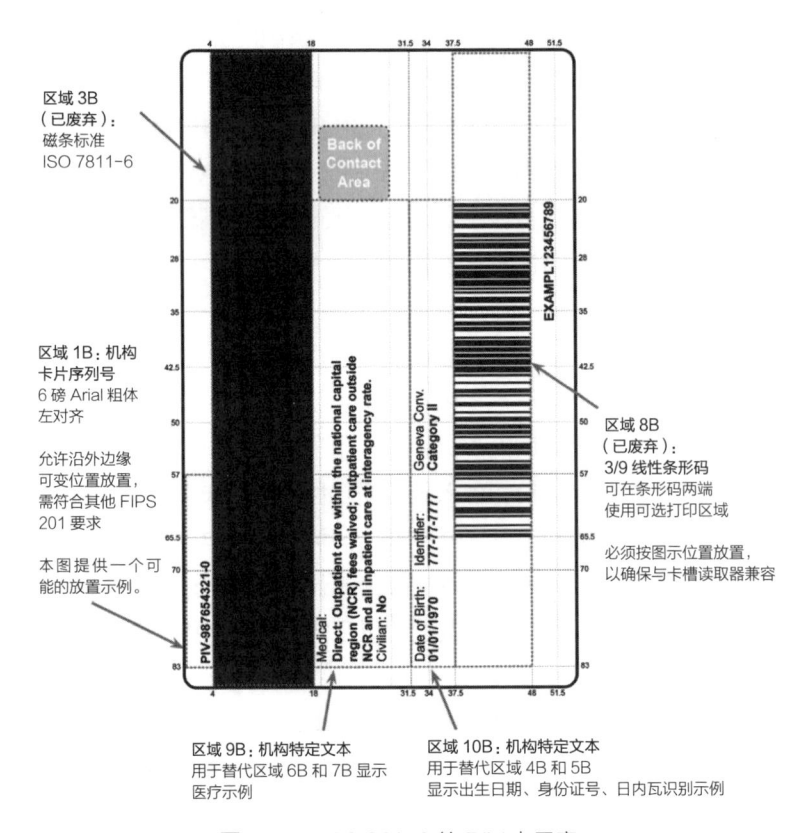

图 5-1 · FIPS 201-3 的 PIV 卡示意

强安全性并防止未经授权访问联邦设施和信息系统。

CAC 的引入和 PIV 标准的建立代表了美国联邦政府内部保护身份验证过程的里程碑式努力。这些举措为安全访问控制、身份管理以及防范身份盗窃和欺诈设定了高标准。通过利用先进的加密技术和严格的安全协议，这些系统显著提高了敏感信息和关键基础设施的完整性和安全性。该领域工作人员的工作为向更安全、高效和统一的联邦政府身份验证方法迈进奠定了基础，对国家安全和信息保障做出了重大贡献。

这一开创性努力构筑了整个美国联邦政府采用电子身份管理系统。到 2009 年，几乎所有美国联邦机构都采用了 PIV 标准，所有访问计算机、网站、物理设施和基于网络的应用程序都需要使用 PIV 卡进行双因素认证。同样的框架和技术后来被中国用于将其基于纸张的公民卡升级为使用类似技术和标准的第二代国家身份证。

基于区块链的数字身份认证与管理

随着区块链技术在支持比特币等加密货币方面的作用日益受到关注，它在身份验证流程中的应用也显示出了深远的影响力。这种技术的去中心化本质以及先进的加密安全性，为解决当前身份系统中普遍存在的多种挑战——如诈骗、身份盗窃问题，以及全球范围内数十亿人口缺乏正式身份认证的广泛问题——提供了创新的解决方案。通过深入探索区块链在身份验证方面的应用，我们可以发现几个关键的示例和倡议，这些都凸显了区块链技术在改变现有体系中所具有的巨大潜力。

在全球范围内，缺乏正式身份认证构成了一个重大挑战。世界银行的数据显示，世界上超过十亿人口缺乏官方身份证明，这大大阻碍了他们获取银行服务、医疗保健、投票权等基本公民服务的能力。区块链技术为解决这一问题提供了一种创新方案——通过创建安全、永久不变的数字身份。其中，ID2020 联盟作为这一领域的一个显著倡议，致力于向所有人提供数字身份证明，尤其关注那些缺乏任何形式官方身份认证的群体。通过利用区块链技术安全存储和管理数字身份的能力，ID2020 支持各种项目，使个人能够自主控制自己的身份信息，确保个人隐私得到保护,同时防止未经授权的访问。

爱沙尼亚作为一个在利用区块链进行数字身份验证方面的先行者,通过其电子居民计划脱颖而出。该计划自 2014 年启动以来,为全球任何人提供了政府颁发的数字身份证明。这种数字身份不仅使电子居民能够在线创建和管理一个欧洲联盟基础上的公司、数字化签署文件,还能够让他们访问包括银行服务、健康保险在内的一系列服务。爱沙尼亚数字身份系统的核心是无钥签名基础设施(KSI)区块链技术,它确保政府数据库中存储的数据完整性得到保护,免受未经授权操作的干扰。爱沙尼亚的实践模式向世界展示了区块链技术如何有效提升身份验证过程的安全性和效率,成为其他国家学习和借鉴的典范。此外,区块链技术在难民身份验证方面的应用也展现了其解决全球性问题的强大能力。

联合国难民事务高级专员公署(UNHCR)在全球范围内开始了一系列重要的倡议,旨在为那些经常在没有任何官方文件的情况下逃离家园的难民提供基于区块链的身份解决方案。这些解决方案通过将难民的个人身份数据安全地存储在区块链上,使得这些难民能够安全且高效地重新获得对他们个人记录的访问。这不仅有助于他们更好地融入接纳国家,而且还能更容易地获取到银行、教育和医疗等基本服务。这一创新举措在提高难民生活质量方面发挥了重要作用,同时也为他们提供了一个更加稳定和有保障的未来。

在私营部门,一些领先的科技公司如 IBM 和 SecureKey 正携手合作,共同在加拿大开发并推广一个名为 Verified.Me 的基于区块链的数字身份网络。该网络使用户能够安全地在线验证自己的身份,并从参与的组织,包括银行和电信提供商那里,访问各种服务。Verified.Me 通过其创新的设计,展示了区块链技术如何有效地简化身份验证流程,大幅降低身份盗窃的风险,并显著提升用户在获取在线服务时的整体体验。此外,该网络还体现了区块链技术在确保用户隐私和数据安全方面的巨大潜力。

然而,将区块链技术应用于身份验证领域也面临着一系列挑战,包括如何实现标准化、提高系统的可扩展性以及满足严格的监管合规要求等。尽管如此,上述倡议所展示的持续努力凸显了政府、非政府组织和私营部门之间在利用区块链技术方面进行协作的重要性。这些努力不仅展示了克服这些挑战的可能性,也为未来在这一领域的进一步探索和发展奠定了坚实的基础。

综上所述,区块链技术在身份验证和管理领域的应用代表了一次重大的技术进步。通过提供一个安全、去中心化的数字身份平台，区块链技术有可能彻底改变现有的身份验证流程，使之更加安全、高效和易于访问。ID2020、爱沙尼亚的电子居民计划、UNHCR 为难民推出的倡议以及加拿大的 Verified.Me 等案例强调了区块链技术在身份验证中的广泛应用，展现了一个未来数字身份更加安全、普遍可访问的美好愿景。随着区块链技术不断成熟和发展，它在身份验证领域中扮演的角色将变得日益重要，为解决这一关键领域中长期存在的挑战提供了充满希望的解决方案。

分布式信任及治理模式

在当今这个日益数字化的世界中，去中心化的信任与治理模式正逐渐成为一种新兴趋势。区块链技术作为这一变革的核心，正在以其独有的方式重塑着政府和公共服务的运作方式。这种基于分布式账本的技术，因其在提高透明度、确保问责制以及增强公共服务效率方面的独特优势而受到高度评价。通过实施安全且透明的交易和数据存储，区块链技术不仅有望彻底改变政府机构的运作模式，还将推动公共服务提供方式的革命，进而改善公民与政府之间的互动关系。

迪拜政府在将区块链技术应用于治理领域方面走在了世界前列。通过推出"迪拜区块链战略"，迪拜政府在 2020 年成为全球首个实现在区块链上执行所有相关交易的政府（见图 5-2）。这一战略的目的在于摆脱传统的纸质交易模式，以减少对环境的影响并大幅降低每年数十亿美元的相关成本。迪拜通过采用区块链技术提升公共服务的效率，减少交易过程中人为干预的情况来大幅度减少腐败，从而优化政府流程（见图 5-3）。该战略覆盖了一系列的政府服务领域，如签证申请、账单支付和许可证续签等，使迪拜成为利用区块链进行治理的创新典范。

爱沙尼亚则以其在数字治理方面的先驱地位而著称。自 2014 年推出电子居民计划以来，该计划向全球公民提供了一个由政府发行的数字身份，使他们能够在线在欧洲联盟内开办和管理企业。爱沙尼亚对区块链技术的应用确保了电子居民交易的安全性和数据完整性，有效防止了身份盗窃和欺诈行为。该计划不仅极

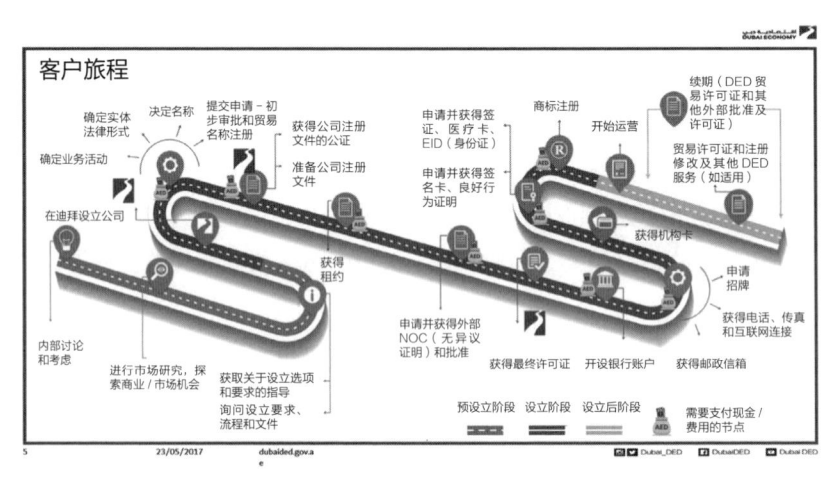

图 5-2　迪拜区块链实践的客户旅程设计（迪拜经济发展部）

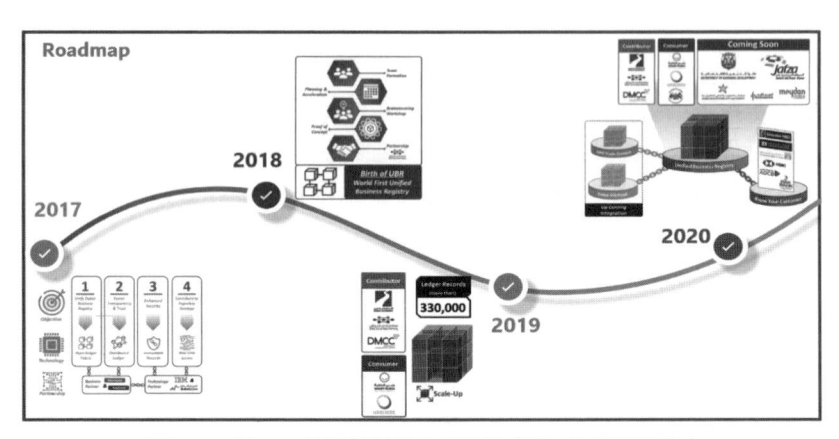

图 5-3　迪拜区块链计划的项目路线（迪拜经济发展部）

大地简化了商务管理流程，还将爱沙尼亚的数字服务向全球开放，极大地促进了全球创业精神的发展。通过这些举措，爱沙尼亚不仅巩固了其数字治理领导者的地位，还展示了区块链技术在提升公共服务透明度和效率方面的巨大潜力。

此外，爱沙尼亚的 KSI 区块链技术在确保提供公共服务时公民数据安全方面起着至关重要的作用，从医疗记录到财产登记册等各个领域，都设定了数字治理的高标准。这种创新技术的应用不仅提高了数据处理的透明度，还增强了公共服务系统的整体效率和可靠性。爱沙尼亚数字倡议的成功，依托于区块链这一基础技术，充分展示了该技术在推动政府运作向更加透明、高效及易于公众访问方向发展中的关键作用。通过这些实践，爱沙尼亚在全球范围内树立了一个如何利用区块链技术改善公共治理的典范。

迪拜和爱沙尼亚的成功案例体现了区块链技术如何促进治理模式的新范式转变。这种转变面临着不少挑战，其中包括需要对技术基础设施进行大规模投资、制定支持区块链应用的立法和监管框架，以及确保数字交易过程中的安全性和隐私保护。尽管如此，区块链技术带来的种种好处，如提升透明度、提高效率以及减少腐败等，都构成了将区块链技术应用于治理领域的有力依据。这些优势显示出区块链技术在公共治理领域的巨大潜力和价值。

区块链技术在治理领域的应用远不止以上几个例子，全球许多国家和地方政府都在积极探索和实践，挖掘其在各自治理体系中的潜力。例如，格鲁吉亚政府采用区块链系统进行财产登记，这一系统不仅提高了登记过程的透明度，还有效减少了欺诈行为。在瑞典，国土资源管理局（Lantmäteriet）启动了一个区块链项目试点，旨在简化财产交易流程，提升交易的安全性和效率。这些案例进一步证明了区块链技术在现代化治理结构中发挥着越来越重要的作用。

这些倡议明显地强调了人们对区块链技术转变治理模式潜力的认识和期待。通过向政府交易和记录引入一个既不可更改又完全透明的账本系统，区块链技术有望显著降低官僚体系中的效率低下问题，有效打击腐败行为，并极大地促进公民与政府之间更为紧密和谐的互动关系。随着全球各国政府不断探索并采纳区块链的解决方案，透明度、问责性以及效率等原则正日益成为现代治理结构中不可或缺的核心要素。

这种对区块链技术的探索和应用，不仅仅局限于提高政府服务的透明度和效率，还包括如何通过技术创新来重新定义公民与政府之间的关系，以及如何利用这项技术来构建一个更加开放、公平和包容的社会治理环境。随着技术的不断成熟和应用案例的增多，我们可以预见，区块链将在未来的治理模式中扮演越来越重要的角色。

在这一背景下，迪拜和爱沙尼亚等地的成功案例，为全球提供了如何利用区块链技术推动治理模式变革的宝贵经验。这些国家及地区通过实施旨在提升公共服务透明度、效率和可获取性的创新倡议，清晰地展示了区块链技术如何助力数字治理向更加高效、透明和民主的方向发展。随着全球越来越多的政府开始采纳区块链技术，我们正逐步走向一个更加问责、高效和以公民为中心的治理新时代，这不仅预示着治理方式在数字时代的重大转变，也标志着我们对于建立一个更加公正和透明社会治理体系信心的增强。

去中心化与安全性

随着区块链技术的兴起，我们迎来了数字安全领域一个划时代的新篇章。这项技术成功应对了当前个人、企业乃至政府层面面临的许多紧迫安全挑战，引领了一场安全保障的革命。区块链独特的去中心化架构，加上其坚固的加密技术基础，使其成为保障敏感信息记录、保护关键基础设施以及确保数字通信隐私和完整性的有力工具。本书旨在深入剖析区块链在提升安全性方面的具体应用实践，并通过一系列标志性案例和倡议，展示区块链技术在转变安全保护方式方面所蕴含的巨大潜力。

在将区块链技术应用于提升安全性的实践中，Guardtime 公司无疑处于领先地位。作为一家专注于网络安全的企业，Guardtime 率先探索并实践了利用区块链技术来保护敏感数据和关键数字基础设施的方法。该公司开发的无钥签名基础设施（KSI）技术，是数字安全领域的一次重大突破。该技术通过区块链来生成可验证、防篡改的数字资产记录，从而摆脱了传统依赖密钥的签名验证方法。爱沙尼亚作为一个以前瞻性数字治理著称的国家，采纳了 Guardtime 的 KSI 技术，用以加固包括医疗健康记录、法律文件以及政府档案在内的各类重要数字资产的安全。KSI 区块链通过确保数据记录的不可更改性和可追溯性，大幅降低了数据被篡改和遭受网络攻击的风险，从而为电子治理体系和数字公共服务建立了坚实的安全基础。

通过这些实践和应用案例，我们可以清晰看到区块链技术在增强各类数据和通信安全方面所展现出的巨大潜力和价值。随着技术的不断进步和应用范围的扩大，区块链有望在未来为我们带来更加安全、透明和高效的数字生活环境。

此外，在网络安全领域，区块链的应用已经扩展到安全通信平台，为抵御审查、监视和未经授权的访问提供了一道防线。Mainframe 和 Status 是利用区块链技术提供加密消息服务的典范项目。Mainframe 的去中心化网络确保消息能抵抗审查、监视和干扰。同样，Status 结合了消息平台、加密钱包和 Web3 浏览器，使得在以太坊区块链上进行安全通信和交易成为可能。这些平台体现了隐私设计原则，利用区块链的去中心化特性，使用户能够控制自己的数据和通信，不受中央权威或恶意行为者的监督。

区块链在增强数字安全方面的重要性不可低估，尤其是在一个网络威胁和隐私问题日益增加的时代。传统的安全机制常常依赖于呈现单点故障的集中式模型，使其容易受到复杂的网络攻击和数据泄露的威胁。区块链技术通过在一个节点网络中分布数据，极大地增加了攻击者破坏信息完整性或保密性的难度。

此外，区块链在数字安全中的应用远远超出了保护数据和通信。它还承诺将彻底改变身份验证和认证过程。通过使创建安全、可验证的数字身份成为可能，区块链技术可以大幅减少身份盗窃和欺诈，确保个人和实体在数字领域中可以相互信任对方身份的真实性。

通过像 Guardtime 保护爱沙尼亚政府记录以及 Mainframe 和 Status 提供的安全消息服务这样的案例，我们看到了区块链保护敏感信息、关键基础设施和私人通信潜力的具体示例。随着区块链技术继续发展和成熟，其在网络安全中的角色预计将扩大，为古老的安全挑战提供新的解决方案，并为更安全的数字未来铺平道路。在这一背景下，区块链不仅仅是一项技术创新，而是如何在数字时代概念化和实施安全性的根本性转变，为所有用户承诺一个更安全、更有韧性的数字生态系统。

利用区块链促进可持续发展

区块链技术已成为当下的热门趋势，其从一个最初与加密货币和金融交易相联系的概念，到现在越来越多地应用在其他领域，并逐渐展现出其在促进全球可持续发展方面的巨大潜力。这一技术的核心优势是提供透明、安全、不可篡改的账本系统，这不仅可以提升产品供应链的透明度，还能有效打击欺诈行为，优化资源管理方法，从而为实现环境可持续性发展奠定基础。

一个良好的案例来自世界自然基金会（WWF），其通过开创性平台

OpenSC，利用区块链技术，让世界看到区块链如何在环境保护领域中发挥作用。OpenSC 项目让消费者能够追溯他们消费产品的来源和整个生命周期，特别是在海产品领域（见图 5-4）。消费者通过简单扫描产品上的二维码，即可轻松获知所购买的海鲜来源是否可持续，从捕捞到餐桌的每一步是否符合环保标准。这种创新不仅增强了整个供应链的透明度，还赋予消费者以信息为基础做出负责任的消费选择的能力。更进一步，OpenSC 还可以打击非法捕鱼活动，有助于维护海洋生态多样性，鼓励全球采纳可持续的海洋产业实践。

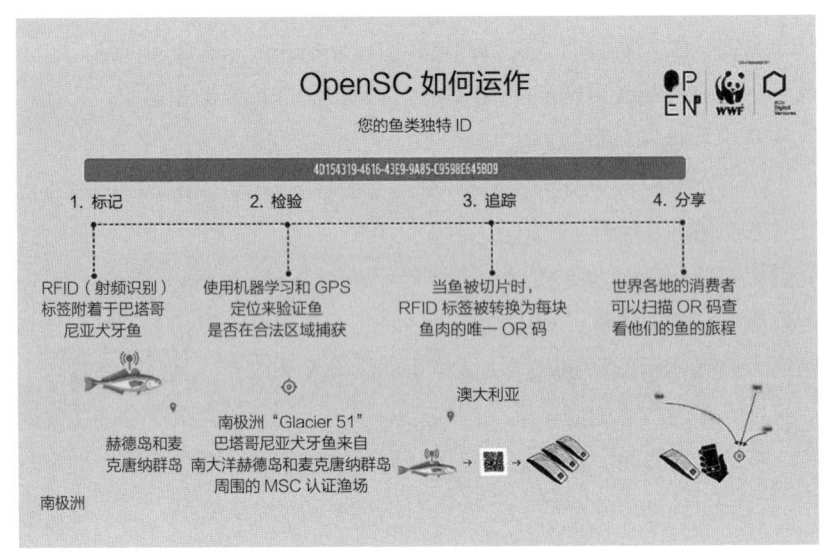

图 5-4　OpenSC 的平台认证流程

另一个展现区块链技术在推动可持续发展中潜力的领域是能源管理。LO3 Energy 的布鲁克林微电网项目便是一个典型案例，该项目通过区块链技术使社区居民能够交易本地产生的太阳能。居民通过一个移动应用程序，在一个安全、透明的平台上买卖能源，所有交易都记录在区块链上。这不仅推广了清洁能源的使用，还通过赋予居民对该地区能源生产和分配的权利，增强了社区的自主性。布鲁克林微电网项目展示了区块链技术如何有助于能源市场的民主化、减少对化石燃料的依赖，并支持过渡到更可持续、更有韧性的未来社会能源系统。

除了在产品追溯和能源管理方面的应用外，区块链技术还可被用于改善水资源管理。通过精确跟踪水使用量，区块链技术有助于在水资源短缺地区高效分配水资源。同时，该技术还能确保可回收材料的溯源，例如通过代币计划鼓励回收利用，从而加强废物管理实践。

虽然区块链在推动可持续发展方面的应用展现出巨大前景，但也面临着一系列挑战，包括网络的可扩展性问题、与之相关的能源消耗问题，以及需要建立的支持性监管框架等。尽管存在这些挑战，但像 OpenSC 和布鲁克林微电网这样的项目已经证明了，通过合理设计和实施，区块链技术能为促进全球可持续发展贡献实质性的价值。

从目前的全球实践来看，我们可以清晰地发现区块链技术不仅仅是数字货币的基石，它还有能力促进各行各业向更加可持续、环保的方向发展。通过案例分析和深入探讨，区块链技术在环保、能源管理、水资源管理等多个领域的应用的可能性，为解决一些最为棘手的全球挑战提供了创新解决方案。随着技术的不断发展和应用范围的扩大，我们有理由相信区块链将在可持续发展的道路上发挥越来越重要的作用。

可持续数字金融的关键是普惠金融

随着全球经济的数字化转型，普惠金融的需求已经成为推动可持续数字金融发展的核心驱动力，被认为是实现全球公平经济增长和促进社会进步的关键要素。这一观点得到了来自世界银行、国际货币基金组织以及众多前沿金融科技公司的支持和认可。这些机构在其发表的多份白皮书和研究报告中，共同强调了利用区块链在内的新技术推动普惠金融的重要性，即通过提供负担得起的金融服务，将金融系统的福利扩展至社会各阶层，尤其是那些服务不足和无银行账户的群体。

联合国开发计划署（UNDP）在其 37 个国家办事处进行的最新调查中揭示了一个令人关注的现实：虽然数字金融已被许多国家列为发展的优先事项，但实际上只有大约 40% 的国家制定了具体的数字金融战略。更加令人担忧的是，公众对数字金融与可持续发展之间的关系了解不足，这凸显了普及教育和意识提升的迫切需要。

普惠金融的推进被视为实现包容性经济增长和社会发展的一条关键路径。数字技术，如移动银行、区块链、AI 等，通过实践证明了其在为那些无银行账户和服务不足的人群提供金融服务方面的巨大潜力。例如，通过移动银行应用，即使是偏远地区的居民也能进行资金转账、获得贷款和支付服务，而不需要传统银行账户。区块链技术的引入，更是依靠其去中心化和透明的特性，为确保交易的安全性和降低交易成本提供了新的可能，这对于一些缺乏金融基础设施和金融体系的欠发达地区非常重要。

尽管数字技术为普惠金融的推广提供了工具和平台，但要克服现存的障碍，确保每个人都能享受到数字金融带来的好处，仍然需要不懈的努力、持续的创新、跨部门的合作以及坚定的承诺。这包括对基础设施的投资、对数字素养的培训，以及制定和实施支持普惠金融的政策和监管框架。

在推进普惠金融的过程中，创造一个包容性强的数字金融生态系统至关重要。这样的生态系统不仅能够为人们提供更广泛的经济机会，还能助力减贫和推动 SDGs 的实现。通过确保金融服务的普及，我们可以促进创业和小微企业的发展，支持教育和卫生项目，以及增强社区的整体经济韧性。

总而言之，普惠金融不仅是数字时代的经济发展动力，也是建设一个更加公平、包容和可持续世界的基石。通过深化对普惠金融重要性的认识，扩大其覆盖范围，以及克服实施过程中的挑战，我们能够为全球公平经济增长和社会进步奠定坚实的基础。

金融普惠的重要性

普惠金融是联合国于 2005 年提出的金融服务概念，意指普罗大众均有平等机会获得负责任、可持续的金融服务，而不是开设一个银行账户那么简单。它涉及将个人和企业纳入正规金融体系，让他们能够接触到全方位的金融服务——包括储蓄、信贷、保险及支付。世界银行的全球 Findex 数据库凸显了普惠金融在减贫、激发创业精神及增强经济抵御能力方面的关键作用。普惠金融为构建一个可持续和包容性的数字金融生态系统提供了基础，赋予个人和企业充分参与经济活动的能力。

新型冠状病毒（COVID-19）大流行加剧了全球经济的挑战，对中低收入群体的影响尤为严重。这一危机加速了金融服务的数字化转型，为普惠金融的进一步发展开辟了新途径。移动支付、在线银行和金融科技创新为小企业和低收入家庭提供了缓解经济压力的机会，凸显了数字银行和移动支付在发展中国家普惠金融中的核心地位。政府和企业现在更加认识到数字普惠金融在推动发展和实现SDGs方面的重要性。

哈桑卢尔·班恩（Hasanul Banna）和阿比尔·阿拉姆（Rabiul Alam）在其研究《来自新兴亚洲的证据》中探讨了数字普惠金融对新兴亚洲国家银行稳定性和经济可持续发展的积极影响。该研究通过分析2011年至2018年间七个新兴亚洲国家574家银行的数据，发现数字金融包容性对于银行稳定性和经济可持续发展具有促进作用。这一发现强调了将数字金融融入新兴亚洲银行业对确保银行稳定和实现包容性及可持续经济发展的重要性。

尽管发展中国家在推进数字金融包容性方面取得了进展，但仍有大量人口因技术和金融知识的匮乏而未能享受银行服务。与此同时，发达国家则面临着现金交易习惯和数据安全问题导致的金融排斥问题。提高数字技能、增加数字工具的可负担性以及政策制定者、监管机构和金融机构之间的合作对于全球推进数字普惠金融至关重要。而在实现SDGs的过程中，还面临着巨大的金融挑战，每年约有4万亿美元的资金缺口。

数字金融服务作为一种创新的催化剂，提供了克服现有障碍、为国家发展议程提供资金的新途径。利用数字技术，可以拓展传统的可持续发展目标资金来源，并开辟新的融资机制对于弥补资金缺口至关重要。然而，要成功克服可持续发展目标的资金短缺问题，还需要各国（包括发达国家和发展中国家）采取国际合作的方式。只有通过共同努力，才能充分发挥数字金融解决方案的潜力，实现这些全球目标。

数字金融有望重塑金融格局，以一种更加包容、透明和高效的方式将资本引向最需要的地方。我确信，通过拥抱数字创新，我们可以确保金融资源以公平、可持续的全球发展方式进行分配，从而建立一个包容的全球数字金融体系。

通过数字技术推进普惠金融

数字技术的兴起，尤其是移动银行和金融科技（FinTech）创新，为全球普惠金融事业带来了革命性的进展。其中，肯尼亚的移动转账服务 M-Pesa 是一个标志性的案例。自 2007 年推出以来，M-Pesa 通过其用户友好的移动界面，使用户能够存款、取款和转账，极大地方便了那些以前无法接触传统银行服务的数百万肯尼亚人。根据发表在《科学》杂志上的研究，M-Pesa 对肯尼亚的经济产生了显著影响，帮助约 19.4 万个家庭摆脱了贫困状况。这一研究凸显了移动金融科技在提升金融普惠方面的潜力，尤其是在促进社会经济发展和减少贫困方面。

而印度的 Aadhaar 项目也是数字技术驱动金融发展的一个典型案例，印度通过数字技术建立了世界上最大的生物识别身份系统之一，通过为超过 10 亿人提供一个可验证的身份标识，从政府层面改变了该国的金融包容性格局。Aadhaar 的身份验证功能对于开立银行账户等获取各种服务至关重要，尤其是通过 Jan Dhan Yojana 计划，该计划旨在为未能充分获得金融服务的人群提供银行账户。这一举措不仅极大提升了金融服务的普及率，而且降低了金融机构开展服务与验证的成本，提高了金融系统的效率。

同时，来自中国学术界的研究还发现，发达的数字基础设施和明确的绿色信贷政策极为关键，数字金融能在农业可持续转型的过程中扮演重要角色。首先，数字金融改变了中国农民的消费行为，有助于缓解城乡居民之间的消费不平等，为解决城乡差异这一中国政府一直关注的分化问题提供了抓手。其次，他们还发现，数字金融更发达的地区往往在能效方面也会受益，与其他数字金融欠发达的地区形成了鲜明对比。这为促进绿色金融技术创新的政策提供了新的依据，能够为农村地区能源结构优化和能源利用率提高做出贡献。

在金融包容性领域的应用，区块链技术是不能回避的技术前沿，其展现极强的革新潜力，为现代金融提供了一种安全、透明且成本低廉的交易、记录途径。这种技术的特性——特别是其去中心化的性质和不可篡改的交易记录——为降低获取金融服务的门槛开辟了新的可能。例如，项目如 BanQu 正通过区块链技术为全球各地的人们，包括难民和贫困人群，创建经济身份。这不仅有助于他们安全地融入全球经济体系，也为他们提供了访问金融服务的新途径。在很多政府与传统金融服务"遗忘"或无力管理的领域，区块链技术提供了新的可能。

然而，尽管区块链技术在提高金融包容性方面取得了显著成就，全球金融普惠的实现仍面临诸多挑战。这些挑战包括但不限于数字素养的缺乏、监管框架的限制以及特别是在农村地区的基础设施不足。此外，确保数字金融服务的易获取性、负担能力和对服务不足人群的适用性也是提高金融包容性过程中的关键因素。

有效应对这些挑战，需要多方位的策略。公私合作伙伴关系在这一过程中扮演着至关重要的角色，它们可以协助建立必要的基础设施和适宜的监管环境，以促进区块链技术及其他数字金融服务的发展和应用。此外，开发以客户为中心的金融产品，特别是针对那些服务不足人群的具体需求，将是扩大金融服务覆盖范围的关键。同时，提升数字素养对于确保更广泛的人群能够利用这些服务至关重要。

可持续目标和区块链应用于全球，努力实现 SDGs 已经成为众多国家和组织的共同追求。提高供应链的可追溯性和透明度，特别是在面对供应链管理的复杂性、效率低下、不道德行为和环境恶化等问题时，成为一个关键的优先事项。在这个背景下，区块链技术的应用同样展现出了巨大的潜力和价值。作为一种提供不可篡改、去中心化账本的技术，区块链能够安全且透明地记录交易，从而提高供应链的可追溯性和透明度，帮助实现 SDGs。

区块链技术通过确保产品来源的道德性、环境的可持续性以及在公平的劳动条件下生产，为建立更负责任和可持续的全球供应链提供了强有力的支持。这不仅关乎环境保护和社会正义，也与消费者对产品来源和生产方式日益增长的关注相呼应。随着全球对环境影响、对可持续发展的贡献的审视越来越严格，特别是在时装和食品等行业，供应链的透明度变得尤为重要。

例如，在时尚行业，由于其对环境的巨大影响和在某些情况下对劳工权利的忽视，供应链透明度和可追溯性的需求日益加强。通过使用区块链技术，可以确保衣物的生产和分销过程符合环保和社会责任标准。同样，在食品行业，供应链的透明度确保了食品来源的合法性和安全性，同时也保障了生产过程的可持续性。

在农业领域，区块链技术的应用尤为关键，因为验证产品的有机或可持续性对消费者和生态系统都至关重要。通过在区块链上记录从种植、加工到分销的每一个步骤，不仅可以提高作物的可追溯性，还可以有效地打击假冒伪劣产品，保证消费者权益，同时鼓励农业生产的环境可持续性。

然而，要充分发挥区块链技术在促进可持续发展目标中的潜力，持续的创新、紧密的合作以及强有力的监管支持是不可或缺的。这包括技术开发者、行业参与者、政策制定者和消费者之间的合作，以及建立支持区块链应用的政策和法律框架。通过这些共同努力，区块链技术有望成为推动全球供应链向更加负责任和可持续方向发展的关键驱动力。

IBM Food Trust 的区块链应用是供应链管理场景下的一个典型案例，展示了如何通过技术确保食品的可追溯性和安全性。这个平台与食品生产商、分销商以及零售商合作紧密，使用区块链技术使消费者能够追踪食品的来源，并确保这些食品符合可持续发展和安全标准。这种透明度的提高不仅增加了消费者的信心，也推动了整个食品供应链的可持续性和责任性。

在道德采购方面，公平贸易认证的例子进一步证明了区块链技术在确保供应链道德实践中的作用。通过集成区块链，可以有效验证公平贸易产品，保证农民得到公平的报酬，同时确保其生产方式符合环境和劳动标准。这种应用不仅支持了社会正义，也提升了整个生产和分销过程的透明度。

此外，区块链技术通过提供安全、不可篡改的数字账本，也大大提高了供应链的运营效率并减少了欺诈行为。与依赖纸质记录、容易出错和篡改的传统供应链相比，区块链技术的应用实现了更高效的产品召回流程和库存管理，降低了欺诈风险。

然而，尽管区块链技术为供应链带来了转变性的潜力，但在实际应用中仍面临诸多挑战。技术限制、可扩展性问题以及区块链技术本身可能对环境产生的影响都需要被认真考虑和解决。此外，为了实现区块链技术的广泛应用，需要所有供应链参与者之间的合作以及监管部门的支持。

展望未来，区块链与物联网技术（internet of things，简称 IoT）和 AI 等其他技术的整合有潜力进一步提高供应链的透明度和效率。物联网设备能够提供关于产品状况的实时数据，而 AI 则可以分析这些数据以优化供应链运营。这种多技术融合的方法不仅能够提高供应链管理的效率，还能进一步推动可持续发展目标的实现，为构建一个更加透明、高效和可持续的全球供应链体系奠定基础。

赋能可持续的未来

在应对气候变化和迈向能源独立的全球行动中，推动能源体系向可再生能源的转型被认为是至关重要的任务。这一转型不仅涉及世界能源生产方式的根本变革，也意味着消费端的颠覆，即能源消费和分配模式的全面更新。但是传统的能源体系高度集中化的运作模式、广泛的分销渠道等特点，成为能源变革目标的障碍。面对这些挑战，区块链技术的出现似乎为可再生能源的有效管理和分配提供了一种创新的解决方案。通过其去中心化、透明且安全的特性，区块链可以绕过传统的运营销售渠道，有望促进可再生能源在一个全新的体系中更加高效和灵活地使用。

区块链技术的核心优势在于其能够构建一个分散的能源网，这使得家庭和企业能够直接生产、消费和交易可再生能源，并被纳入体系化的运营管理之中，而不是仅仅依赖于传统电网的基础设施。这种分散化的能源系统不仅能提高能源获取的效率，还能增加系统对停电的抗性，并减少能源传输过程中的损失。

纽约布鲁克林微电网项目是区块链在可再生能源领域应用的前沿实践，它通过区块链平台实现社区内部居民复杂的电力（光伏发电）的流动分配和交易。这一点对点能源交易模式不仅促进了当地的绿色能源、光伏产品的生产和消费，还赋能社区增强了区域内部的资源流动，对减少碳排放发挥了积极作用。美国学者门格尔·坎普（Mengel Kamp）认为，这个项目成功地展示了区块链在促进能源分配民主化和激励可再生能源采用方面的巨大潜力。

此外，区块链还为提升碳信用市场的透明度和效率提供了可能。通过区块链安全、透明地追踪碳信用的发放、转移和消除，可以有效防止欺诈和双重计算，确保碳抵消活动的真实性和有效性。例如，IBM 的区块链平台已被用于创建更加可靠和透明的碳信用市场，支持气候行动倡议。

除了可再生能源生产和碳抵消，区块链技术在促进能源效率方面也有广阔的应用前景。通过智能合约自动执行节能激励措施，可以奖励那些减少能耗或在非高峰时段使用能源的家庭和企业。这不仅有助于降低能源成本，还减轻了电网在高需求时段的负担。区块链技术可以敏捷地做到这一点，并且确保过程记录的安全性，保证整个交易系统在无须监管的前提下安全运行。

尽管区块链业已展示其在推进可再生能源和可持续发展等方面巨大的潜力，但仍存在许多需要克服的技术限制、可扩展性问题以及其自身能源消耗等挑战。此外，实现广泛应用还需要供应链中所有参与者的合作以及监管机构的支持，而不仅仅是小范围区域或者个别公司的自发实践。

笔者认为，区块链技术为实现可再生能源过渡和可持续发展目标提供了前所未有的机遇。随着技术的不断发展和应用的扩大，以及监管部门和政府对使用这个新技术的兴趣越来越大，我们可以期待以绿色和可持续为核心的未来能源体系将更快地到来。

为全球赋权的普惠金融

金融包容性已经成为全球的共识，其核心是为所有个体和企业提供平等、可获得、负担得起的金融服务机会，这包括银行业务、信贷、投资以及保险产品。虽然近年来全球金融包容性有所进步，但世界银行的全球 Findex 数据库揭示了一个令人关注的现实——全球仍有大约 17 亿成年人缺乏银行账户，无法获取到正规的金融体系的服务，巨大的"金融剥夺"空间也显示出传统金融服务的局限性。

区块链技术，作为一种创新的数字技术，通过其去中心化、透明且高效的交易记录方式，为扩大金融普及和提高金融包容性提供了新的可能性。区块链的特性使其特别适合满足传统银行系统未能覆盖人群的金融服务需求，为那些被传统银行系统边缘化的人群提供直接、安全的金融服务。BanQu 平台就是利用区块链技术促进金融普惠的典型案例。它专注于为生活在极端贫困中的人群，包括难民和流离失所者，创造经济身份。通过 BanQu，用户能够建立和控制自己的金融历史，参与全球经济活动，有效地缩小了他们与金融生态系统之间的鸿沟。BanQu 的成功展示了如何通过解决缺乏正式身份和金融历史这一关键障碍，推动金融包容性的发展。

恒星（Stellar）网络则提供了另一种基于区块链技术的金融普惠解决方案。作为一个去中心化的数字货币到法定货币转账协议，恒星能够实现快速、低成本的跨境支付和汇款。通过将银行、支付系统和个人连接起来，恒星支持创建、发送和交易多种形式的货币，如美元、比索、比特币等，特别强调通过降低汇款成本来支持低收入国家的数百万人。这不仅提高了跨境交易的效率，也为低收入群体提供了经济支持，凸显了区块链技术在全球金融普惠中的应用潜力。

然而，要实现区块链技术在金融包容性方面的全面潜力，还需要克服一系列挑战，包括政府监管问题、技术获取和扫盲方面的数字鸿沟以及区块链技术对环境的影响。随着区块链技术的成熟，它与移动技术和数字身份识别系统的整合可以进一步增强其对普惠金融的影响。结合区块链与 AI、IoT 的创新解决方案不断涌现，以创造更先进、更方便用户的金融服务。要克服这些挑战，需要政府、私营部门和国际组织通力合作，制定行业标准与范式，并向公众积极推广。此外，政策制定者、金融机构和技术开发者之间的合作，以及建立支持性的监管框架，对于推进区块链技术的广泛应用也至关重要。

随着技术的不断进步和更多创新应用的出现，区块链有望在提高全球金融包容性方面发挥更大的作用。通过像 BanQu 和恒星这样的平台，区块链技术正成为连接未银行化人群与全球金融体系的桥梁，为实现全球金融普惠目标贡献力量。

使用区块链的绿色金融

区块链技术，以其固有的透明性、安全性和不可变性，正在引领碳信用市场向更高效、更可靠的系统演变，这对实现全球可持续发展目标至关重要。碳信用额度，作为允许企业或国家排放特定量二氧化碳或其他温室气体的许可证，是全球应对气候变化战略的核心要素。一个碳信用额允许排放相当于一吨二氧化碳的气体。碳信用体系是国际社会努力减缓温室气体浓度增长的重要组成部分。对于企业和政府来说，准确跟踪和交易碳排放的能力对于应对气候变化至关重要。然而，传统的碳信用管理和交易系统面临许多挑战，包括透明度不足、重复计算和潜在的欺诈行为,这些都威胁到了碳市场的有效性和可信度。

通过引入区块链技术,我们可以构建一个去中心化、防篡改的系统,其中的交易记录不仅透明而且不可更改。这种特性使得从源头到最终用户的每一份碳信用额的追踪变得更加直接和可靠,大大减少了重复计算和欺诈的可能性。区块链上记录的交易是透明和不可更改的,因此可以更容易地追踪碳信用额的来源,并确保它们没有被重复计算或欺诈。这不仅提高了碳市场的完整性,还增强了参与者之间的信任。

案例1：IBM在碳交易中的区块链革命

在全球应对气候变化的关键战略中,碳交易发挥着不可或缺的作用。它旨在通过限额和交易系统促进企业减少碳排放,以实现减少全球温室气体排放量的目标。然而,传统的碳市场面临着种种挑战,包括复杂的管理流程、透明度不足以及潜在的欺诈风险,这些问题大大削弱了碳市场的潜在效益。鉴于此,国际商业机器公司（IBM）与能源区块链实验室合作推出的区块链平台开启了碳交易领域的一场革命,旨在通过提升交易的效率、透明度和信任度来克服这些挑战。

这一创新平台运用区块链技术对企业的碳足迹进行实时监控和追踪,简化了碳资产的发行和交易过程。通过将实体的碳排放权转化为数字资产,该平台为碳交易提供了一条更加直接、安全和透明的路径。这种方法不仅促进了减排数据的准确记录,还极大地提高了交易的可追踪性,确保了碳信用的真实性和有效性。

IBM与能源区块链实验室的合作不仅是技术创新的典范,也为碳市场提供了新的发展方向。区块链技术的去中心化和不可篡改的记录特性,为碳市场带来了前所未有的透明度和安全性。每一笔碳信用的发行、交易和清退都被永久记录在区块链上,所有市场参与者都可以访问这些信息,从而建立起相互的信任。这种透明性不仅有助于防止碳信用的重复使用和欺诈行为,还促进了碳市场的健康发展。

此外,IBM的区块链平台还通过降低参与门槛,使得更多的企业能够轻松地加入碳市场,无论其规模大小。这一点对于促进全球碳减排工作具有重要意义,因为它允许中小企业通过出售碳信用额度来获得经济激励,从而鼓励它们采取更多的减排措施。同时，平台上碳信用的数字化和令牌化也为跨境碳交易创造了条件，这对于实现全球碳市场的整合和扩张具有积极影响。

IBM 的区块链碳交易平台通过提供一个更高效、更透明的碳信用管理和交易系统，展现了区块链技术在促进环境可持续发展方面的巨大潜力。然而，这一创新的广泛应用仍然面临监管适应性、区块链技术能耗等挑战。未来，随着技术的不断进步和政策环境的优化，区块链在碳交易和气候行动中的作用预计将进一步增强。

展望未来，IBM 还计划将 AI 和 IoT 整合到其区块链平台中，以提高碳交易的自动化水平和实时监控能力。这些技术的融合不仅能够优化碳信用的管理流程，还有助于更准确地追踪和验证减排效果，推动全球碳市场向更加高效、透明和可持续的方向发展。

案例 2：CarbonX——允许个人参与的碳交易时代

在全球范围内应对气候变化的过程中，碳交易系统作为一种关键机制，旨在鼓励企业和政府采取行动减少温室气体排放。然而，这一概念传统上被限制在行业和政府层面，而个人的日常行为和选择对于环境的影响也非常大。正是基于这种认识，碳寻（CarbonX）这样的创新企业通过利用区块链技术，拓展了碳交易的边界，将个人纳入这一生态系统。这不仅代表了模式的转变，而且赋予了个人以行动力，使他们能够直接参与到实现全球可持续发展目标中来。

CarbonX，作为一家个人碳交易的先锋企业，通过将碳信用额度代币化，构建了一个允许个人通过日常的低碳行为，比如使用公共交通工具、购买环保产品等，来赚取、交易或兑换奖励的系统。这种机制通过具体化和奖励个人的环保行为，极大地促进了公众对自己日常生活中碳足迹的认识，并激励他们采取实际行动减少温室气体排放。

CarbonX 的愿景在于打破仅将碳市场视为企业和政府专属领域的传统观念，通过区块链技术实现碳交易的民主化，让每个人的选择和行为都能为碳抵消工作做出贡献。该公司利用区块链的去中心化、透明和安全性，为个人参与碳交易提供了一个可靠的平台。个人可以通过这个平台，将自己的低碳行为转化为数字资产，即碳信用额度，进而在 CarbonX 生态系统内交易或用于抵消个人的碳足迹。

具体来说，CarbonX 的运作机制是基于对日常产品和服务的碳影响进行评估，将其转化为可赚取的碳信用额度。当用户采取可持续的生活方式时，如购买环保产品，他们便可在区块链上获得相应的数字代币作为奖励。这些代币不仅可用于在 CarbonX 平台上交易，还可用于实现个人碳足迹的抵消，使得参与可持续生活方式不仅是一种环保行为，更成为一种有形的、有益的体验。

此外，CarbonX 通过其用户友好的平台极大地降低了个人参与碳交易的门槛，该平台可以与现有的应用程序和服务无缝集成，使用户在日常生活中，如使用公共交通、减少能源消耗或选择环保品牌，自动获得碳信用额度。

通过为个人提供直接参与碳抵消活动的途径，CarbonX 在增强公众对个人环境影响责任感的同时，也为扩大全球对可持续发展努力的集体参与提供了可能。此外，CarbonX 还成功地与许多具有环保意识的品牌和组织建立合作关系，创建了一个旨在支持和促进可持续实践的生态系统。这些合作伙伴关系不仅扩大了个人碳交易的范围，还鼓励了更多企业采取环保行为。

尽管 CarbonX 的创新模式展现了个人碳交易的巨大潜力，但其推广和应用仍面临一系列挑战，包括提高公众对该模式的认知度和理解，以及整合该系统与各种消费产品和服务的技术挑战。

展望未来，CarbonX 还计划进一步扩大其平台规模，探索新的合作伙伴和技术集成，以加强其系统的功能和影响力。特别是，AI 和物联网技术有望使跟踪个人碳足迹和赚取碳信用额及碳交易的过程更加自动化和精确化，从而为个人参与碳市场和气候行动开辟新的途径。

总而言之，CarbonX 不仅为个人参与碳交易提供了前所未有的机会，还通过其创新的区块链平台为构建一个更可持续、更环保的世界铺平了道路。随着该倡议的持续发展和扩展，其对个人碳交易和更广泛的气候行动的潜在影响预计将进一步增强，标志着在数字时代促进可持续发展和环境保护的新篇章。

案例 3：区块链技术护航碳中和

随着全球社会设立了实现碳中和这一目标，创新技术如区块链正在被视为确保愿景可以真正实现的关键工具之一。"绿链"（GreenChain）项目便是在这一背景下应运而生的开创性倡议，它通过应用区块链技术创建了一个透明、高效且可靠的碳信用交易和碳抵消跟踪系统，以加强各行业在实现碳中和承诺的过程中的透明度和可追溯性。

21世纪以来，世界各国都感受到应对气候变化的紧迫性，越来越多的企业和政府加入承诺实现碳中和的共识中来。然而，从实施碳抵消项目到跟踪碳信用额的实际影响，尤其是跨国、跨区域的结算问题，让这一路径充满挑战。包括项目的透明度不足、碳信用额实际效用的难以追踪以及重复计算、欺诈的风险，也共同阻碍着碳中和愿景的实现。为了有效应对这些挑战，GreenChain利用区块链技术为碳在商业中的流转和核销提供了一个创新的解决方案。

GreenChain是一个基于区块链的平台，旨在记录和验证碳排放和碳信用额的清退过程。利用区块链技术的不可更改和透明的特性，"GreenChain"确保了与碳信用额相关的每一笔交易都能被所有相关方验证，从而提升了整个碳中和过程的完整性和可信度。

该平台与CarbonX类似，都通过将碳信用额度代币化来运作，每一个代币代表一定量的二氧化碳减排或抵消。这些数字代币被记录在区块链上，保证了从发行到退市的全过程的可追溯性。GreenChain不仅为企业之间买卖和交易碳信用额度提供了方便，还促进了企业高效、透明地实现其碳中和目标。

此外，GreenChain项目与IoT设备的结合为系统带来了创新的整合，使得可以直接测量和记录各种减排行为产生的碳信用，并自动在区块链上发放相应的碳信用额度。这种集成不仅简化了碳信用的发行流程，也提高了宣称减排量的准确性和真实性。

自GreenChain项目启动以来，它已在碳信用市场产生了显著的影响。平台通过提供一个透明、可信的系统，吸引了广泛的参与者，包括从致力于减少碳足迹的小型可再生能源生产商到大型跨国公司。成功案例之一，是一家可再生能源公司，其通过GreenChain对其太阳能发电项目产生的碳信用进行计算与认证。在获得碳信用估值后，该公司随后凭借该认证成果将一部分信用额度成功出售给其他企业，解决了企业的融资问题。这一案例充分揭示了GreenChain的未来潜力，有助于更好地管理与碳相关的信用与资产，并在透明高效的结构里为全球市场服务。

此外，GreenChain 还有助于提升公众对碳抵消工作的信任度。代币化的运作模式更容易被公众理解，而碳信用交易的透明度和问责制，可以消除客户和公众对碳信用额实际效用的怀疑，这会鼓励更多企业和个人加入碳中和行动。

尽管 GreenChain 在推动碳中和领域取得了显著进展，但该项目在扩大其影响力的过程中仍面临诸多挑战，如需要获得更广泛的监管认可、与现有碳交易框架的整合问题，以及区块链技术自身能耗的问题。为了持续解决这些挑战，GreenChain 正在探索更加节能的区块链解决方案。

未来，GreenChain 计划扩展其平台，整合更多的碳抵消项目，包括自然基础解决方案如植树造林和海洋保护项目，并加强其数据分析工具，以便让参与者更深入了解他们对碳中和努力的具体影响。

对于绿色金融来说，GreenChain 项目展示了区块链技术在推动碳中和目标实现中的巨大潜力，通过确保碳信用交易的透明性、可靠性和效率，它正在为实现一个更可持续、碳中和的未来铺平道路。随着该项目的持续发展，其在塑造可持续未来方面将越来越不可或缺。

关键在于创新

区块链技术，虽然最初与比特币和加密货币紧密相关，但其实际应用潜力远远超越了数字货币的范畴。基于区块链的分散、安全、透明的核心特性，它已经开始在身份验证、治理、网络安全、环境可持续性等多个关键领域展现出颠覆性的创新潜力。这些实现方式不仅预示着传统系统的革新，也为解决全球最紧迫的挑战提供了新途径。这也是现代科技推动社会发展的又一证明。展望未来，以区块链为代表的新的技术有望在以下几大领域大展身手，改变传统的体系。

身份验证的革新

在数字化时代，确保个人身份的安全与可靠性变得尤为重要。区块链提供了一种去中心化的身份验证解决方案，使个人能够以安全且以用户为中心的方式管理自己的数字身份。联合国难民事务高级专员公署（UNHCR）在为难民提供可靠数字身份方面对区块链技术的探索，以及 ID2020 等项目在创建不可更改、可验证的数字身份方面的先行尝试，揭示了个人未来可能对自身信息拥有更大掌控力的趋势。

治理的数字化转型

区块链技术在推动政府运作的透明度、效率提升以及增加公众信任方面扮演着关键角色。爱沙尼亚作为数字治理的先锋，其将区块链技术应用于医疗、银行和电子投票等服务，展示了如何利用这项技术保障公民数据安全并优化政府服务流程。迪拜的宏伟目标——成为世界首个全面由区块链技术支撑的政府，进一步凸显了区块链在重新定义公共管理中的巨大潜力。

网络安全的加固

在网络安全领域，区块链的去中心化特质能从根本上抵御数据篡改和未授权访问，成为加强数字安全的理想选择。如 Guardtime 公司正利用区块链技术保护敏感信息和关键基础设施安全。同时，Mainframe、Status 等项目通过区块链打造安全的通信渠道，保障了数字互动和个人隐私的安全。

区块链在促进环境可持续性方面的应用尤为令人鼓舞。它的透明性和可追溯性特点已经被应用于确保产品来源的道德和可持续，该技术还可以服务其他的应用场景，像 IBM Blockchain World Wire 这样的区块链产品正在促进碳信用的交易，使个人和企业能够更有效地进行碳抵消。

区块链技术的广泛应用展示了其在推动行业创新及应对全球挑战方面的巨大潜力。通过提供安全、透明、去中心化的解决方案，区块链不仅能够重新定义现有系统，还有力促进全球可持续发展目标的实现。随着区块链以及其他新的数据技术的出现和应用，新技术在开启一个更高效、更安全、更可持续未来中的作用将越发凸显，越来越多的创新也意味着我们与全球可持续这一愿景的距离越来越近。

展望未来

虽然区块链技术在碳信用市场的应用前景充满希望，但将其实际落地并非没有挑战。首先，区块链操作本身的能源消耗也引起了广泛关注，尤其是在需要大量计算资源的证明工作（proof of work）机制下。这种能源消耗的问题与碳信用市场旨在减少全球碳足迹的目标形成了潜在的矛盾。区块链与现有的碳交易框架整合也是一个挑战。虽然区块链提供了诸多优势，但现有的碳市场体系已经建立了规则和流程。将区块链技术融入这一体系，需要与多方利益相关者协调，包括监管机构、碳交易所和参与市场的企业等。此外，区块链在碳信用市场的成功实施，还依赖于其能获得广泛采用和监管支持。为确保该系统得到普遍认可和利用，需要建立相应的法律和政策框架以及监管机制，以促进市场的健康发展。

尽管存在挑战，但将区块链技术融入碳信用市场的未来潜力巨大。智能合约等创新技术的应用，能够实现碳信用交易的自动化，根据实际减排量自动发放信用额度，从而简化碳交易流程，提高其效率和准确性。此外，区块链技术还能促进跨境碳交易，打破地域限制，为全球范围内的减排合作带来新的机遇。

通过确保碳交易的完整性、透明度和效率，诸如 IBM 和 CarbonX 等公司开发的区块链应用程序，在全球应对气候变化的努力中扮演着越来越关键的角色。随着区块链技术的不断成熟和应用的广泛推广，它有望成为支撑一个更加可持续、有问责性的碳信用市场的重要基石，为全球经济向低碳、绿色转型做出重大贡献。

在全球共同努力实现联合国 SDGs 的背景下，数字金融技术的兴起提供了加速实现这些目标的独特机遇。从移动银行到区块链，从 AI 到大数据分析，数字金融的进步不仅有助于推动普惠金融的发展，而且对于促进包括消除贫困、实现性别平等、提供清洁能源、支持经济增长和气候行动在内的多个可持续发展目标的发展具有重大意义。

可持续发展目标 I：消除贫困

数字金融为贫困群体提供了获得金融服务的新途径。通过移动支付系统如肯尼亚的 M-Pesa，贫困人口可以更容易地进行金融交易、提高储蓄能力和获得信贷，从而增强他们的经济韧性和增加自我提升的机会。这些系统证明了数字金融在提升金融包容性以及通过经济赋权来减少贫困方面的巨大潜力。

可持续发展目标 II：性别平等

在很多地区，妇女访问传统金融服务的机会远低于男性，这一差距限制了她们的经济参与性和独立性。数字金融为妇女提供了一个更加安全和便利的财务管理工具，使她们能够更好地控制自己的经济资源，支持自己和家庭的福祉，从而推动性别平等和妇女赋权。

可持续发展目标 III：负担得起的清洁能源

数字金融支持清洁能源的普及。通过众筹平台和基于区块链的融资方式，小型可再生能源项目能够获得必要的启动资金。同时，数字支付方案使得家庭和个人更易于获得和使用清洁能源，如通过移动支付购买的家用太阳能系统，从而加速向清洁能源的转型。

可持续发展目标 IV：体面工作和经济增长

数字金融通过降低交易成本和提高市场接入性，激发了经济增长和就业机会。它为中小企业提供了更广泛的金融服务获取途径，包括但不限于信贷和保险，从而支持创业和创新，推动经济繁荣。

可持续发展目标 V：工业、创新和基础设施

通过促进高效和透明的供应链管理，数字金融为跨行业创新和基础设施发展

提供了动力。例如，区块链技术可用于追踪原材料来源，确保生产过程的可持续性和公正性，同时，通过提供资金支持绿色债券等创新金融工具，为环境友好型基础设施项目提供动力。

可持续发展目标Ⅵ：气候行动

数字金融在资助减少碳排放和提高气候适应能力的项目中发挥着关键作用。碳信用交易平台和绿色金融工具如绿色债券，为气候行动提供了新的资金来源。此外，数字工具和平台还提供了监测和评估项目对环境影响的能力，确保资金投向真正有助于气候行动的项目。

为了最大限度地释放数字金融在实现可持续发展目标中的潜力，需要跨领域的合作，包括政府、私营部门、公民社会和国际机构。制定促进金融包容性、保护消费者权益和鼓励负责任金融创新的政策至关重要。同时，投资于数字基础设施，确保数字金融的普遍可及性，是推进可持续发展议程的关键。

21世纪以来的实践已经证明，数字金融不仅是技术进步的产物，也可以成为推动可持续发展，构建更加包容、繁荣世界的强大力量。随着我们朝着2030年的目标不断前进，利用数字金融的潜力对于实现联合国可持续发展目标至关重要，它有望为全球社会带来深远的变革，以及推动一个积极使用新技术、以可持续发展为中心的国际合作新体系的建立。

CHAPTER 6

| 第六章 |

碳储备货币系统

第六章 碳储备货币系统

当今大部分国家,货币发行遵循财政、央行及商业银行之间的复杂的联动关系。储备银行制度、主权债券发行、中央银行的货币政策管理以及债务管理之间存在着紧密的联系,这些要素共同构成了一个国家宏观经济管理的核心部分。政府通过发行主权债券来筹集资金,以满足其财政需求或资助特定项目。这些债券的购买者包括国内外投资者、商业银行以及中央银行本身。主权债券发行是政府债务管理的重要组成部分,也是政府融资的主要方式之一。中央银行通过货币政策工具(如调整政策利率、进行公开市场操作、改变准备金率等)来管理经济中的货币供应量和信贷条件,以实现价格稳定和促进经济增长等宏观经济目标。在某些情况下,中央银行可能会通过购买政府债券来增加经济中的货币供应量,这种操作被称为量化宽松。在储备银行制度下,商业银行被要求在中央银行保持一定比例的存款作为准备金。这种制度使中央银行能够通过调整准备金率来控制银行系统中的货币供应量,从而影响经济活动。准备金率的变化直接影响商业银行贷款能力,进而影响经济中的投资和消费水平。财政部负责管理政府的债务,包括债务的筹集、偿还和再融资。通过发行主权债券等方式筹集资金是其主要职责之一。财政部的债务管理策略会影响政府的借贷成本和财政状况,同时也会影响到整个经济的资金成本和流动性。

以上的这些操作的共同作用是调节经济活动和维持金融稳定。例如,中央银行可以通过购买政府债券来实施量化宽松政策,增加货币供应量,降低长期利率,从而刺激经济增长。同时,政府的债务管理策略需要与中央银行的货币政策相协调,以确保宏观经济目标的实现。在这一过程中,商业银行作为金融体系的一部分,通过参与国债市场和遵循中央银行的准备金要求,也扮演着重要角色。

然而很遗憾,在全球层面上,由于不存在一个统一的"世界财政部"或"世界中央银行",全球经济的管理和调节必须依靠一套更加分散和协作的机制。这些机制包括国际金融机构、多边协议,以及国家间的协调合作。如国际货币基金组织、世界银行、国际清算银行等,这些机构通过提供贷款、技术援助和政策建议来帮助会员国实现宏观经济稳定、促进经济增长和减少贫困。例如,国际货币基金组织通过其监测、咨询和贷款程序帮助国家解决支付平衡问题,维持汇率稳定。多边协议和国际条约也可以成为协调工具,例如,世界贸易组织通过促进成员国(地区)之间的自由贸易来管理全球贸易体系。这些多边机构和协议为国际经济活动设定了规则，促进了全球经济的稳定和增长。G20、G7等国际经济合作论坛为世界主要经济体提供了一个讨论和协调宏观经济政策的平台。这些论坛有助于成员国在关键经济问题上达成共识，并采取协调一致的行动来应对全球性挑战，如金融危机、气候变化等。虽然没有"世界中央银行"，但各国中央银行之间存在着密切的合作关系。通过双边或多边协议，它们可以在必要时进行货币互换，以维护全球金融稳定。国际清算银行作为中央银行的银行，在促进中央银行之间的合作和信息交流方面扮演着重要角色。

通过这些机制和组织的共同努力，虽然没有单一的控制中心，全球经济依然能够实现相对稳定和有序的发展。然而，这种分散式管理体系也面临着诸多挑战，包括政策协调难度大、执行力弱以及对新兴市场和发展中国家需求响应不足等问题。另外，虽然有像国际货币基金组织、世界银行这样的机构，其核心资产、支付网络、货币单位及管理只由少数国家操控，因此，改进全球经济治理结构和机制是国际社会持续关注和努力的方向。以区块链为主的一种去中心化的理念及技术实施具有提高这种复杂的国际协调能力的潜力。

**DIGITAL
CURRENCY**

去中心化不等于去信任

去中心化并不意味着没有权威。在当今复杂多变的现代世界中，无论是在技术领域、金融市场还是在环境保护等方面，中心化与去中心化的简单对立很难全面反映这些系统的运作细节和现实复杂性。一个典型的例子是互联网的结构与全球碳基货币体系中提议的去中心化碳储备框架都展示了在去中心化与中心化之间寻找平衡的必要性。这种对平衡的寻求指向了一种混合模型，该模型结合了两种方法的优点，能够有效应对当前面临的挑战。

互联网作为一个经典的去中心化系统实例，其实际上在一个包含去中心化和中心化元素的综合框架内运作。例如，TCP/IP 等核心协议彰显了去中心化的理念，通过将数据分散存储于众多节点之间来增加数据的冗余性和系统的鲁棒性。这种设计决策是有意为之，目的在于使互联网面对各种干扰时能够保持其连续性和弹性。然而，互联网并非在所有方面都坚持去中心化原则。举个例子，域名系统（DNS）就依赖于一个集中式的注册和层级制度，以为网络中的节点分配独一无二的名称。这种集中式管理对于维护网络秩序、预防名称冲突发生扮演着关键角色。因此，互联网的架构实际上采取了一种混合模型，它结合了去中心化和中心化的元素，以期达到功能最优化和系统稳定性。

通过深入观察这种混合模型，我们可以理解到，去中心化并不是完全摒弃中心权威，而是在特定场景下寻找一种更灵活、更高效的平衡方式。这种平衡既能利用去中心化带来的分散式创新和高效性，又能确保系统整体运作的有序和稳定。在设计未来的技术、金融或环境管理系统时，采纳这种混合模型将是解决复杂问题、应对未来挑战的关键。

去中心化碳储备系统的构想旨在解决全球气候变化问题，通过建立一个既保持国家主权又能够达成全球共识和遵守的平衡体系。这个系统在概念设计上，面临着如何将去中心化的灵活性与必要的中心化管理结合起来的挑战。在这样一个基于碳的货币体系内，去中心化碳储备成为一项创新尝试，它允许多样化的实体参与到碳储备的管理中，借鉴了互联网协议的分布式架构，以此增加系统对外部变化的适应能力和整体韧性。这种参与方式不仅能够促进全球范围内对气候变化的有效响应，也为各参与方提供了一个共享资源管理和利益协调的平台。

尽管去中心化带来了广泛参与和高度弹性的优势，但在管理碳储备的过程中仍然需要一定程度的中心化控制。为了确保全球碳市场的参与者遵循统一的法律标准和国际惯例，监管机构的角色变得尤为重要。在各个国家内部，需要有专门的机构，如财政部和中央银行等，负责制定和监督相关政策、战略规划、法律合规性以及进行整体监管。这包括确保碳资源在法律上正确归属于国家范围内的实体，并且注册及认证流程符合国际通行标准。

这样一种混合模型在保持国家主权的同时，也能够实现全球层面的一致性和协作性。它通过赋予各国关键监管环节控制权，确保了碳储备管理既能够反映地方特色，又能够实现全球一体化。这种模型展示了如何通过结合去中心化和中心化元素，来应对复杂系统管理中的挑战。

正如互联网以及提出的去中心化碳储备系统所示，融合去中心化与中心化元素的混合模型不仅是可实施的，而且在很多情况下是必需的。这种模型采取了一种务实的管理策略，旨在平衡自治权与集体协调、地方特色与全球标准之间的关系。在面向基于碳货币体系的背景下，采取这样一种混合策略可能为解决气候变化问题提供了一条可行路径，同时考虑到尊重各国主权和监管框架的重要性。随着我们不断深入探索现代系统的复杂性，理解去中心化与中心化之间微妙的互动可能是发现有效且可持续解决方案的关键所在。

从碳信用到碳币再到碳货币的转变，标志着我们通过技术手段积极应对全球气候变化问题的新篇章。这一变革的核心在于将碳资产与区块链技术的强大功能相结合，旨在通过这种创新方式为碳交易市场引入前所未有的透明度、效率和安全性。随着碳币、碳货币和各种相关区块链项目的相继推出，每一个项目都携带着其特有的机制和愿景，致力于将碳资产有效地融入数字世界，从而实现其价值最大化。这些项目不仅推动了环境保护的可持续发展，更重要的是，它们开辟了一条新途径，让公众能够更加直观地参与到减碳行动中来，并深刻理解减碳的重要性。

碳作为金融资产

碳币作为一种新型的数字代币，代表了一定量的碳信用或具体的碳抵消价值。用户可以通过交易、销售或用于抵消个人或企业的碳足迹来使用这些碳币。以碳币（Carboncoin）和太阳币（BitCarbon）等项目为例，它们利用区块链技术保证了碳信用的真实性和可追溯性，从而大大降低了参与者在减碳过程中可能遇到的复杂性和不透明性。这样的设计不仅使得个人和企业更加容易地参与到碳抵消活动中，同时也提高了整个系统的透明度和信任度。

碳货币与碳币的主要区别在于，碳货币不仅仅聚焦于碳交易或抵消活动，它更进一步，旨在成为一种真正的交换媒介，通过激励减少碳排放的行为来发挥作用。SolarCoin 便是一个典型的碳货币项目，它通过奖励太阳能生产者以基于区块链的数字代币的形式来促进可再生能源的生产。每当生产者生成一兆瓦时太阳能，他们就能获得相应数量的 SolarCoins，这些代币后续可以像其他货币一样被交易或消费。这种模式不仅直接奖励了可再生能源的生产者，也为推动全球向更清洁、更绿色的能源结构转型做出了贡献。

区块链技术正逐渐在碳资产管理领域展现其独特价值和潜力。众多区块链项目的推出，使碳资产交易更加透明、高效，并且能够在全球范围内对保护环境产生实质性的影响。例如，"IBM 的碳交易区块链"项目通过构建一个公开且不可篡改的账本系统，来简化碳信用的交易流程，不仅有效降低了碳市场中的欺诈行为，也提高了市场参与者对碳交易系统的信任度。这种基于区块链的碳交易为市场带来了革命性的变革。

与此同时，"挪威的国际区块链碳交易系统"项目展示了区块链技术在促进国际碳信用交易方面的巨大潜力。该系统通过简化跨境碳信用的交易流程，使各国能够更加便捷地买卖碳信用，从而共同努力达成全球碳减排的目标。这不仅增强了各国实现碳中和承诺的能力，也促进了全球范围内对抗气候变化的合作。

然而，将碳资产整合进区块链技术虽然充满机遇，但也面临着一系列挑战。技术层面的挑战如区块链网络的可扩展性、高能耗问题以及如何确保数字化碳信用在现实世界中真正发挥作用等问题需要被解决。尽管如此，区块链技术在提升碳资产管理的透明度、安全性和效率方面具有独到之处，预示着我们在应对气候变化方面的策略可能会因此而发生根本性变化。

通过结合区块链技术，这些项目不仅旨在优化现有的碳市场结构，还力图激励更多的可再生能源项目和减排措施的实施。它们促进了全球范围内对气候行动的参与，为各个层面的利益相关者提供了一种新的合作和投资可持续发展项目的途径。随着这些技术和项目的不断发展与完善，它们有望在推动全球向低碳、绿色和可持续未来转型中发挥核心作用，为全球气候变化应对策略提供创新解决方案。

基于全球碳货币的尝试

在应对气候变化问题的过程中，引入经济激励以刺激碳减排，是一个引人注目且充满创新的尝试。这一构想由全球碳奖励计划（Global 4C）的倡导者，德尔顿·陈博士、乔尔·范德贝克和乔纳森·克劳德在 2017 年提出。陈博士凭借其作为土木工程师和地下水文学家的丰富知识背景，早在 2014 年就提出了世界需要一种全新的气候激励机制，将市场政策和货币政策相结合，以加速在全球范围内减少、封存碳排放的进度。这一提议源于当前迫在眉睫的全球变暖危机，全新的以碳为中心的货币激励政策，能够在经济层面最大化对气候转型实践的支持，并且能够弥补全球主要国家在 2015 年《巴黎协定》中设定的减排目标所需要的"巨额资金缺口"。

全球碳奖励计划的核心是创造一种"碳币"（4C，气候变化补充货币）的全新货币形式。这种货币旨在将碳风险成本（RCC）纳入现有的经济运行结构中。货币由中央银行或超越国家的全球碳管理机构负责发行，并旨在直接奖励那些能够通过可验证的方式显著减少或移除大气中二氧化碳的个人、公司和国家。通过这种创新的金融机制来转变全球经济格局，使得可持续发展的转型实践不仅经济上可行，而且在金融方面具有吸引力，从而刺激社会各界向低碳技术和生活方式彻底转变。

正如学者雷沃思（Raworth）的嵌入式经济模型（见图 6-1）揭示的那样，经济本就是开放的物质系统的一部分，通过消耗能量并将熵外部化为废热和物质。碳货币的碳本位正是源于经济活动的"物质守恒"特性，将货币与能源的使用和消耗挂钩。因此，陈博士的这一提议，不单单是关于创造一种新型货币，更是关于如何从根本上重塑支撑我们全球能源消耗和资源使用的经济激励结构。在传统上，政府更多地通过排放指标的总量控制、碳税、补贴等手段干预市场，以支持企业的转型。但政策工具目前主要针对企业，无法驱动其他力量参与到气候转型中，并且存在普遍的效率问题。而通过经济、市场手段来奖励那些致力于减少碳排放的努力，全球碳奖励计划希望能够激发更多对可再生能源项目、环境保护活动以及其他可持续倡议的投资，带动全社会参与到气候转型的进程中来。这种方法与传统的碳定价策略（例如碳税或是配额交易系统）形成鲜明对比，后者往往侧重于通过惩罚或政策性限制来达到减排目标。相比之下，陈博士提出的策略更加注重正向激励，旨在通过经济利益驱动个人、企业与国家共同来促进全球范围内的环境保护和可持续发展转型。

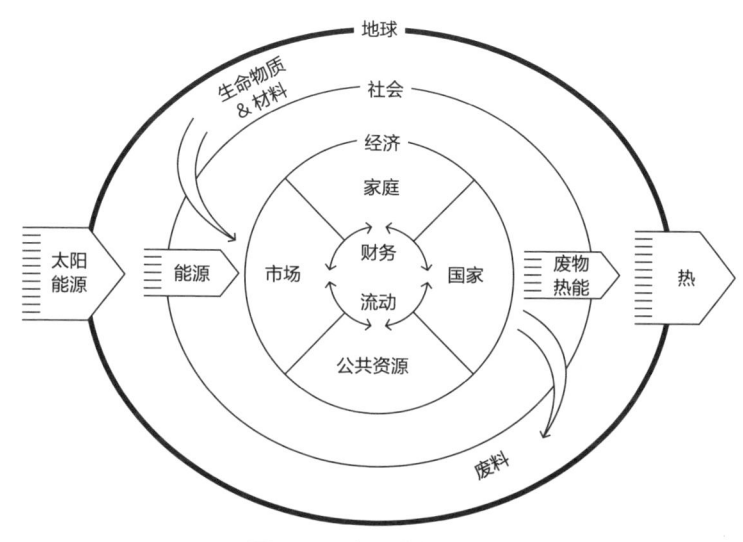

图 6-1　嵌入式经济模型

在陈博士的概念框架里，该货币应在外汇市场定价，以反映由发行机构所发布的每年碳风险成本，作为 4C 货币的预期收益率（与国债类似，作为无风险资产）。当此值为正时，意味着 4C 货币在世界范围内会不断地增加储蓄，也就是所谓的 4C 牛市（见图 6-2）。如果私人需求不足以维持该定价，则由中央银行买入 4C 来确保其硬通货和金融证券的双重地位。

引入碳货币的构想可能会彻底改变我们对抗气候变化的方式，它通过为碳封存努力提供一个清晰且可量化的价值，从而促进了这场战斗的进程。这种创新的方法将环境保护转变为一种市场驱动的活动，其中减少碳排放不仅是环境上的贡献，也带来了经济上的好处，成为推动变革的主要动力。通过充分利用数字货币和区块链技术的潜力，全球碳奖励计划提供一个透明、高效且能够全球扩展的系统，用以管理和分配奖励，这一系统既可以确保公平性，也能够激励更多的参与者加入减碳行动中。

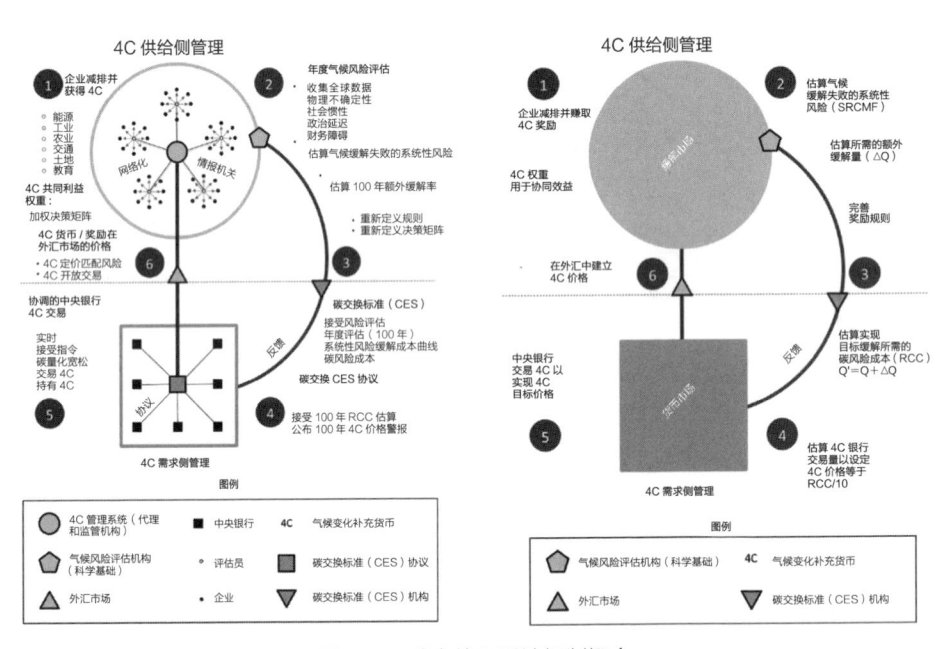

图 6-2 碳定价及反馈机制概念

然而，尽管碳货币的概念具有启发性，实际执行中却面临着不少障碍。其中一个显著的挑战是如何进行有效的验证。对个人或公司所达成的实际碳减排量或封存量进行准确测量，是一项极其复杂的任务。这需要建立一个全面的监测和报告体系，以确保那些获得奖励的积分真实反映了向碳减缓所做出的努力。此外，这种验证问题与碳抵消活动相关联的道德风险紧密相关。如果管理不当，就有可能出现某些实体选择购买碳积分作为继续排放的手段，而不是真正采取措施减少自己的碳足迹。

除此之外，将一种新的货币引入现有的金融体系中，是一项极具挑战性的大任务。这需要仔细考虑新货币对通货膨胀、公众信任以及价值稳定性可能产生的影响。碳货币能否成功普及，很大程度上依赖于其是否能够被广泛接受以及它的价值相对于传统货币来说是否稳定，这些都是影响运营和面临监管挑战的因素。

最后，要在全球范围内实施碳货币计划，其政治上的可行性是一个重要考量。这需要各国达到前所未有的协调和合作水平，并且需要各国中央银行和金融系统进行重大改革。这种广泛的体系重整提出了关于碳货币作为迅速应对气候变化解决方案的实际可行性问题，考虑到这些改革的广度和深度，它们是否能够在短期内实现成为一个值得深思的问题。

尽管面临诸多挑战，碳货币的创新方法与传统的气候政策相比，展现了一种引人注目的对比。碳税和限额交易系统在特定情境下可能发挥作用，但普遍来说，它们难以在全球范围内获得广泛的接受和实现有效的执行。这主要是因为这些传统工具在实践中往往受到经济和政治因素的复杂干扰，导致其激励措施效果大打折扣。相比之下，碳货币通过其直接的激励结构，为克服这些挑战提供了一种可能的解决方案。它通过对碳减排行为提供直接且有形的奖励，激励个人和企业采取更为积极主动的措施来减少碳足迹，这种直接激励的方式与现行政策中间接、层层削弱的激励机制形成了鲜明对比。

此外，碳货币系统的推行为我们提供了一个重新评估和定义环境健康与全球经济可持续性价值的独特机会。通过创造一种与碳减排直接相关联的货币，我们为气候行动建立了一个明确且可量化的价值标准。这种对经济模型的根本性改变，有可能促进更深层次的社会变革，使得追求可持续性不仅仅是出于道德和伦理的选择，更成为一种经济上可行、有利可图的选择。这样的转变可能会引导社会更广泛地认识到，环境保护与经济发展并非相互矛盾，而是可以相辅相成的。

经济学家们还强调了碳货币在促进更加包容和公平的气候行动方面所具有的潜力。传统的气候政策常常使得减碳负担不公平地落在某些特定行业或社区肩上，而碳货币系统则提供了一种可能性，使得气候行动的参与过程民主化。任何人都可以通过减少碳排放来赚取碳货币，这不仅有助于平衡竞争环境，还能鼓励更广泛的社会成员积极参与到气候行动中来。尽管如此，实施碳货币系统仍然面临着一些挑战，包括如何防止通货膨胀、避免免费搭车问题以及确保只有真正新增且额外的碳减排或封存行为才能获得奖励等问题。这些问题需要通过精心设计和周密实施的政策来解决，以确保碳货币系统能够有效地促进全球范围内的气候行动。

碳储备货币的技术基础

在当今这个技术快速发展的时代，大数据和区块链技术的出现已经在能源行业引发了一场革命，尤其是在追求可持续性发展和应对气候变化的大背景下。这些前沿技术提供了一些针对长期以来行业面临的挑战的创新性解决方案，它们不仅使能源的使用变得更加高效，还促进了对可再生能源资源的开发与利用，并且在追踪碳排放方面达到了前所未有的透明度。在接下来的内容中，我们将深入探讨大数据和区块链技术是如何一步步重塑能源行业的。

在提高预测精度和电网管理方面，大数据分析技术已经彻底改变了我们对能源消费和生产的预测和管理方法。通过汇集和分析来自多种来源的海量数据——包括天气变化模式、消费者行为模式以及具体的电力使用情况等，公用事业公司能够以更高的准确性预测未来的能源需求，并据此调整能源供应策略。这种高度的预测准确性极大地促进了可再生能源资源——如风能和太阳能等——有效整合到现有电网中，尤其是考虑到这些能源来源的天然可变性。

在预测性维护方面，大数据技术为能源基础设施的维护提供了革命性的可能性。通过对设备上安装的传感器收集的数据进行深入分析，能源公司可以预测设备何时可能出现故障或需要进行维护。这种预见性不仅大幅减少了设备意外停机的时间，还提高了整个能源生产和分配系统的效率和可靠性。

在提供能源消费洞察方面，消费者和企业现在可以利用大数据技术提供的深度洞察来优化他们的能源使用，实现更大程度的能源节约并减少碳足迹。通过智能表和家庭能源管理系统对用户的消费模式进行分析，这些系统能够提供具体建议，帮助用户减少不必要的能源浪费，从而实现经济效益与环境保护双赢的目标。这种依托于技术的精细管理，在提升能源使用效率的同时，也为我们走向更加绿色、可持续的未来铺平了道路。

在推动能源市场向去中心化方向发展方面，区块链技术扮演着至关重要的角色。它支持建立一种新型的能源市场模式，即去中心化能源市场。在这样的市场中，消费者得以直接利用智能合约技术，相互之间买卖剩余的可再生能源，而无须依赖任何中央管理机构的介入。这种去中心化的交易方式大大降低了交易成本，同时也提高了能源分配的效率，使得可再生能源更加经济实惠，更易于普及和获取。因此，这不仅促进了可再生能源的广泛采纳，还为能源市场的民主化和自由化提供了强有力的支持。

在碳排放追踪方面，区块链技术的应用同样显得尤为重要。它通过在区块链上安全、不可篡改地记录碳排放数据，极大地提高了碳追踪的透明度和可靠性。这种透明和不可变的记录机制不仅便于进行碳交易和满足法规合规要求，而且还能有效激励各种减碳倡议和项目。通过这样的方式，区块链技术为实现更加环保和可持续的发展目标提供了有力工具。

此外，区块链技术还为能源资产的代币化提供了可能性，涵盖了可再生能源证书（RECs）和碳信用点等资产。代币化过程使这些资产变得更易于在全球市场上进行交易，从而为投资可再生能源项目和开展减碳活动提供了额外的经济激励。这种创新不仅有助于吸引更多的投资进入可持续能源领域，也加速了全球范围内的碳减排。

最后，当区块链技术与 IoT 技术结合时，它们共同促成了智能电网的发展。这种智能电网能够自动调节供应与需求之间的平衡，有效整合分布式能源资源，并显著提升整个系统的可靠性和效率。通过这种方式，不仅可以减少能源浪费，还能促进整个社会向更加可持续、更高效的能源系统转型。区块链与物联网的这种深度融合，为我们构建一个更加智能、更加绿色的未来提供了坚实的技术基础。

在当今世界，大数据和区块链技术在能源领域的应用已经成为推动可持续性发展和应对气候变化挑战的关键力量。这些技术通过优化能源消耗、促进可再生能源的广泛使用，并提高碳排放追踪过程的透明度，从而有效地减少了全球的碳足迹。它们的应用不仅使消费者能够做出更加环保的选择，也使企业和政府能够基于数据做出有利于环境可持续性的决策，从而共同努力减缓全球变暖的进程。

特别是在亚马孙林业项目中，大数据和区块链技术在碳信用市场的应用显得尤为重要。这些项目通过减少碳排放和促进森林保护，对抗击全球气候变化、促进可持续发展以及保护生物多样性产生了显著影响。它们不仅是对地球上最重要的生态系统之一——亚马孙热带雨林的一项重要保护行动，同时也为当地社区带来了经济利益，促进了全球环境的可持续性。

中国的可再生能源政策

中国在"一带一路"倡议下，在参与国家推进的可再生能源项目中扮演着至关重要的角色，这些项目不仅显著有助于减少温室气体排放，还大力支持了这些国家向绿色经济的转型。以下是几个代表性项目及其所带来的积极影响的详细介绍。

在巴基斯坦，中国参与建设的奎德-阿扎姆太阳能园区位于巴哈瓦尔布尔，是"一带一路"倡议中规模最大的太阳能发电项目之一。该项目通过提供清洁电力，显著降低了该地区对化石燃料的依赖性，有效减少了二氧化碳的排放量。此外，太阳能园区的建设和运营创造了数千个直接和间接的就业机会，极大地促进了当地经济的发展，同时也为巴基斯坦建立起了可再生能源基础设施，为该国的绿色发展奠定了坚实的基础。

在哈萨克斯坦，中国的投资不仅限于太阳能项目。凭借哈萨克斯坦广阔的草原地带和丰富的风力资源，中国投资建设了多个风力发电项目。这些风电项目有助于哈萨克斯坦实现其可再生能源利用目标，通过替代传统的燃煤发电厂，有效地减少了该国的碳足迹。更重要的是，这些项目支持了哈萨克斯坦成为中亚地区可再生能源的领导者的宏伟目标，促进了技术转移和当地人才的技能提升，为该国未来的可持续发展注入了新动力。

通过这些项目，中国不仅在全球范围内推广了可再生能源技术，还加强了与共建"一带一路"国家在绿色发展领域的合作，共同应对全球气候变化挑战，展示了中国在全球环境保护和可持续发展方面的责任感和领导力。

老挝的南欧江梯级水电项目，作为"一带一路"倡议下中国投资开发的重要水电项目之一，标志着两国在可再生能源领域的深入合作。这个项目通过利用南欧江的水力资源，提供了一种清洁、可再生的能源解决方案，有效减少了老挝对煤炭和柴油等传统能源的依赖，进而显著降低了温室气体排放量。更重要的是，南欧江梯级水电项目不仅满足了老挝国内对电力的需求，还通过电力出口给邻近国家，为老挝带来了可观的经济收益，并在区域内促进了能源合作与共享。

在埃及，中国的参与不仅限于水电项目。在本班太阳能公园和苏伊士湾，中国分别投资开发了太阳能和风能项目，这些项目对于埃及实现能源结构转型、减少温室气体排放具有重要意义。这些可再生能源项目不仅吸引了大量外国投资，还创造了众多就业机会，为埃及提供了向可持续发展经济模式转变的机遇，即一个以可再生能源为核心的更加绿色、可持续的经济体系。

中国在"一带一路"倡议下推进的可再生能源项目，在全球范围内减少碳排放、促进绿色经济发展方面扮演了至关重要的角色。通过太阳能、风能和水力发电等多种清洁能源技术的应用，这些项目不仅有助于应对气候变化挑战，还促进了参与国家的可持续经济增长、就业机会增加以及在可再生能源开发领域的区域合作。

设想在中国的戈壁滩上开发一座规模宏大的太阳能农场，这个假设中的太阳能农场拥有1吉瓦的装机容量。作为"一带一路"倡议推动区域内可再生能源发展的一部分，这样的项目不仅展示了中国在可再生能源技术方面的先进性，也体现了中国致力于通过"一带一路"倡议，促进包括中国在内的全球范围内的绿色发展和环境保护。考虑到这个太阳能农场的巨大潜力，它每年能够生产高达150万兆瓦时的电量。这种生产能力不仅体现了可再生能源技术的进步，也显示了向绿色能源转型的实际可行性。通过替换传统的燃煤电厂，该项目能够少排放大约120万吨的二氧化碳，这对于应对全球气候变化具有重要意义。每减少一吨二氧化碳的排放，便相当于创造了一个碳信用额。基于这个计算，该项目理论上每年能够产生大约120万个碳信用额。在当前的自愿碳市场上，假设每个碳信用额的价值为20美元，如果出售这些碳信用额，该项目每年能够带来大约2400万美元的额外收入。

此外，太阳能农场的建设及其持续运营为当地社区提供了宝贵的就业机会，预计可为超过 1000 人提供工作，包括但不限于建筑、工程、维护和行政等多种岗位。这些就业机会不仅有助于提高当地居民的生活水平，还能促进当地经济的多元化发展。此外，该项目通过增加当地服务业的需求，间接促进了周边相关产业的发展，从而进一步推动了当地经济的增长。

该项目通过减少对化石燃料的依赖，并成功转向更清洁、更可持续的能源解决方案，为全球抗击气候变化做出了积极贡献。它不仅为参与国提供了一个可持续能源生产的典范，也符合"一带一路"倡议推动绿色经济增长的宏伟目标。通过这个项目，我们可以看到，投资可再生能源不仅有助于环境保护，同时也能带来显著的经济效益和社会效益。

这个例子虽然是假设性的，但它清晰地展示了"一带一路"倡议下中国可再生能源项目如何通过产生碳信用额和促进就业等方式提供经济利益。实际上，每个项目都有其特定的成果，这些成果将基于项目的规模、所采用的技术、地理位置以及市场条件等因素而有所不同。通过这样的项目实施，可以进一步推动全球向绿色、低碳经济的转型。

以能源与低碳经济为基础的碳金融

能源经济与碳经济的深入探讨揭示了能源使用与货币基础之间复杂而微妙的联系。这种联系不仅是经济学领域的一个重要研究对象，也反映了人类社会及其经济活动随时间演进的轨迹。从人类文明早期的农业社会，到后来的工业革命时代，再到当代的数字化时代，我们可以观察到能源使用方式的转变如何深刻影响了货币系统的构建和经济结构的发展。

在农业时代，社会的经济基础主要依赖于农业生产和动物驯化。这个时期的能源主要来源于人力和畜力，而经济产出则以农作物和牲畜为主。在这样的经济背景下，由于黄金和白银等贵金属具有稀缺性、耐久性、易于分割等特点，它们自然而然地成为全球性的货币基础。这些贵金属作为交换媒介和价值储存的功能，得益于它们在不同文化和地区中被普遍接受和认可。与此同时，与农产品相比，贵金属的价值更为稳定，不易受季节变化和腐败影响，这一特性使得它们成为跨地区贸易中非常理想的货币形式。

贵金属作为货币基础在农业时代的普及，不仅因其物理特性符合货币的基本要求，更因其能跨越文化和地理界限，成为各大文明之间交易的通用媒介。这种普遍性和接受度使得贵金属在当时社会经济中扮演了不可或缺的角色。随着时间的推移，尤其是当各个文明开始更加频繁地进行交流和贸易时，贵金属的这种稳定性成为促进贸易发展和经济繁荣的关键因素。

工业革命的兴起，标志着社会经济结构的重大转变，由过去以农业为主的经济体系，转向以制造业和工业生产为核心的经济模式。这场变革深刻地依赖于化石燃料的广泛应用，其中煤炭最初作为推动工业发展的主要能源，随后，石油因其更高的能效和便捷性，逐渐取代煤炭，成为新的能源支柱。工业时代的到来，带来了对能源的需求激增，化石燃料的广泛使用，特别是石油，相比过去依赖人力和动物力的时代，提供了远超以往的能源回报率，极大地推动了工业生产和社会进步。

在这一历史阶段，货币和金融体系也经历了显著的变革和发展。尽管在这一时期，贵金属如黄金和白银仍旧扮演着货币价值的基础角色，但随着经济活动的复杂化和国际贸易的扩展，出现了更为复杂的金融工具和银行体系。特别是1944年建立的布雷顿森林体系，它不仅将全球主要货币与黄金挂钩，而且建立了与美元的可兑换机制，美元的价值在很大程度上得到了美国庞大的石油生产能力和储备的支撑。由此可见，石油不仅是工业生产的基础，也间接地成为全球货币体系的支柱之一，其在全球经济中占据着至关重要的地位。这一时期，石油的战略价值和经济价值得到了全面展现，对全球经济格局产生了深远影响。

数字时代与碳金融

随着我们进入数字时代，能源消费与货币价值之间的联系日益复杂化。在这个时代，数字经济的蓬勃发展对电力的需求空前巨大，而电力的生产目前仍然在很大程度上依赖于化石燃料，尽管风能、太阳能等可再生能源的应用正在以惊人的速度增长，其重要性不断上升。在这样的背景下，碳排放成为一个不可忽视的因素,它不仅影响着全球气候,也对经济和货币政策的制定产生了深远的影响。

全球对气候变化问题的关注度日益提高,各国政府和企业开始寻求减少碳排放,以实现经济的绿色转型。为此,碳交易和碳税等机制被引入经济体系中,这些机制旨在通过经济手段激励减排,而不是将碳直接作为货币。同时,"碳货币"的概念也应运而生,这是一种创新思路,意在通过将碳减排量直接货币化来促进环境保护和可持续发展,这一点体现了在经济决策中可持续性因素的重要性正在不断增加。

从历史角度看,人类社会的发展经历了从依赖农业时代的贵金属到工业时代大量使用石油,再到今天数字时代中碳排放问题日益凸显,这一系列变化不仅反映了社会结构、能源使用习惯和经济发展优先级的演变,也揭示了能源生产、消费与货币体系及经济政策之间的内在联系。随着社会对可持续发展和环境保护意识的加强,理解并应对这些复杂关系将成为我们面临的重要挑战之一,特别是在寻求解决气候变化问题和推动向可持续能源过渡的过程中。

是否能够通过一种更加策略性和包容性的方式——类似于围棋游戏——来解决即将到来的冲突?在第二次世界大战的不确定性之中,盟军在诺曼底登陆(被称为D日)仅四周后的1944年7月,44个国家的代表团聚集在新罕布什尔州的布雷顿森林召开了这次历史性会议。会议的目的是建立一个有利于战后快速恢复和重建的国际框架。布雷顿森林会议最终促成了国际货币基金组织和世界银行的成立,这两个机构成为后来国际经济政策合作的重要支柱。

时隔80年,我们的世界再次站在了一个重要的历史十字路口,面对着可能爆发第三次全球性冲突的风险,许多专家开始对此进行预测和分析。回顾第二次世界大战的历史,我们可以清楚地看到,那场战争的爆发有其深层次的原因,其中包括同盟国和轴心国之间在经济、意识形态和货币政策方面的严重失衡。这些失衡直接导致了全球性的冲突和破坏,这凸显了美国总统罗斯福召开布雷顿森林会议的迫切性和必要性。因此,我们不禁要问,如果能够在战争爆发之前召开像布雷顿森林会议那样的会议,让即将成为敌对方的国家坐下来共同讨论经济发展问题并建立一种基于规则的国际秩序,是否能够避免或至少减轻世界大战带来的灾难性后果?这个问题激发了人们对于如何通过预防性外交政策和国际合作来避免未来冲突的深入思考。

去中心化碳货币系统的提出,是对历史上全球经济货币基础演变的一种创新回应。从最初的黄金等贵金属到工业时代化石燃料，每一次转变都深刻反映了能源经济结构的根本变化，并伴随着新的挑战与机遇。如今，面对日益严峻的气候变化和环境退化问题，全球社会越来越认识到向更加可持续的能源来源和经济模式转型的迫切性和必要性。

在这个背景下，比特币及更广泛的加密货币运动的兴起，不仅仅是金融领域的一场技术革命，更开启了去中心化治理和金融系统新范式的大门。尽管比特币本身因其能源密集型的挖矿过程不适合直接作为全球经济的可持续货币基础，但其背后的去中心化理念和实践为我们提供了关于构建未来货币体系的宝贵启示。比特币和加密货币如今已经在全球范围内获得了认可，成为一种新兴的、有潜力的资产类别，这一成就证明了去中心化金融实验的成功，并为我们探索如何将比特币成功背后的原则应用于基于共识的碳能源模型提供了有力的遵循。

这样一个基于共识的碳能源模型，不仅有望成为一种新型的、可持续的全球货币基础，而且还将为推动世界经济向更加可持续发展的轨道转型提供强大动力。通过这种模型，我们可以更有效地应对气候变化挑战，同时促进经济增长和社会福祉。

比特币作为一种去中心化数字货币的兴起，不仅挑战了传统金融系统的权威，也向世界展示了区块链技术巨大的潜力。它通过允许交易在无须中央权威机构介入的情况下进行，展示了去中心化治理在大规模应用中的有效性。比特币成功的核心在于其独特的共识机制——矿工通过贡献计算能力来验证交易并保护网络安全，以此获得比特币奖励。这种机制不仅确保了网络的安全和稳定，也为参与者提供了激励，从而推动了整个系统的健康发展。

在当今时代，碳信用及碳排放的管理已经变得越来越依赖于高级计算能力，特别是 AI。这种技术被用来深入分析来自现实世界的大量数据，这些数据不仅来源于人类创造的系统，如能源产业、建筑业、交通运输等，还包括自然界的现象，比如天气变化、生态系统的动态以及环境数据等。这些复杂的数据集需要经过精确的验证和认证，与此同时，还需要确保数据的安全性和透明度，正如比特币和其他加密货币在区块链技术上所展现的那样。

从比特币的成功经验中，我们可以学到如何利用去中心化治理和共识机制的原则来设计一个全新的基于碳能源的全球货币体系。不同于传统的以计算力为奖励基础的系统，这个新系统将奖励那些能够证明自己有效减少或封存碳排放的行为。在这样一个体系中,"挖掘"碳信用将意味着参与到重新造林、碳捕捉与储存（CCS）技术的应用,以及开发可再生能源项目等活动中去。

分布式碳储备货币

通过建立一个基于共识的碳能源模型,我们可以确保那些致力于减少碳排放的努力能够得到公正的评价和奖励,从而激励更多个人、企业乃至政府机构参与到这一全球性的环境保护行动中来。将经济激励与减碳活动直接联系起来,这样的机制能够促进财务增长与环境可持续性的和谐共存。

然而,要实现向基于碳的货币体系的过渡,并非没有挑战。这包括如何建立一套可靠的、可验证的碳减排量度量标准,如何确保全球范围内的广泛参与,以及如何管理这一转变可能带来的经济影响等问题。尽管如此,这一转变所带来的潜在好处是巨大而深远的。通过对可持续实践的激励,我们能够加快向可再生能源的转型,增强全球各国在气候行动上的合作,并促成一个更优先考虑长期生态健康而非仅仅追求短期经济收益的经济体系。

比特币及其背后的区块链技术对世界的影响远不止于其作为一种数字货币的角色,它还向我们展示了去中心化治理和基于共识的决策模型是如何可能实现的。将这些原则应用到一个以碳能源为基础的全球货币体系中,我们可以构想出一个未来,在这个未来中,经济激励措施与可持续性目标完全一致。

在过去的几十年里,随着各种碳金融项目的推进,我们积累了丰富的经验和教训。从这些经验和教训中,我们可以清晰地看到,如果仅仅依赖这些项目的自然增长,我们可能没有足够的能力来应对气候变化带来的挑战。因此,可能需要采取一种更加激进、类似"大爆炸"的方法,以一种集成和全面的方式来应对当前的气候变化危机。我们知道,在发达国家,通过财政部和中央银行之间的紧密协调来实施经济政策是一种非常有效的方式。基于这一认识,我们相信,如果全世界能就如何调整世界经济以应对气候变化达成共识,那么"财政部—中央银行—经济发展"的模式就可以扩展到更广泛的区域甚至全球范围,特别是在采用去中心化治理和金融技术的情况下。

目前，越来越多的组织和个人开始关注碳货币激励领域的实践，巴克莱银行的 Rise 计划支持的 Carbon Coded 碳货币探索项目就是其中之一。这个项目采用了一种双层结构，在 CBDC 框架下增强了公私合作伙伴关系的能力，使数字现金能够由中央银行设计，但由金融机构发行和分发（见图 6-3）。一方面，双层结构使碳货币能够在去中心化的环境下分发和流通，确保创新导向的平台生态结构、简化的流程与更高的市场的透明性，可以作为一个公共平台赋能更多的衍生创新和应用。

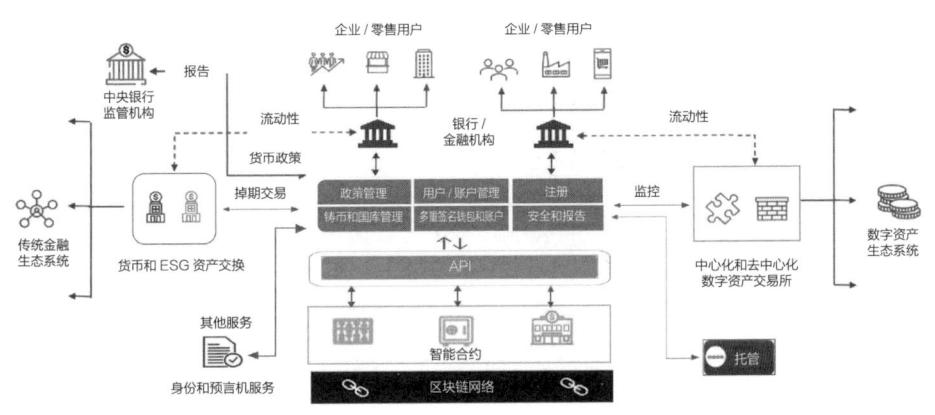

图 6-3　Carbon Coded 碳货币计划的双层架构

另一方面，双层结构在保证了创新的同时，也兼顾了现实性。这一项目的优势在于依托传统金融结构加速碳货币落地和流通，并且全面推动传统金融结构向数字时代、可持续发展时代的转型。向可持续发展的转型不是一蹴而就的，必须考虑到现实因素以及现有结构的过渡问题。该项目设计从一开始就兼顾了政府和中央银行对监管与统筹的需求，并且试图避免市场过于分散的缺陷，使碳货币获得传统金融结构的资源来发展并获取信誉背书。这一新的面向 ESG 时代的货币形态，可以完美嵌入我们现有的经济结构，无论是 P2P 支付还是企业交易，都能在非常简单的业务框架里获得快速验证和结算。

"去中心化碳储备货币"的概念虽然是一个创新的想法，但它试图将环境可持续性的原则与促进经济发展的金融机制结合起来。这一概念尽管在当前的金融或环境政策框架中尚未得到广泛认可或确立，但我们可以通过参考碳金融、绿色债券以及去中心化金融等领域的现有实践来对其进行构想和设计。这样的尝试不仅能够为应对气候变化提供新的思路和方案，而且还有可能重新定义金融和环境政策之间的关系，推动全球经济向更加绿色、可持续的方向发展。

通过这种方式，我们可以创建一个既能促进经济增长又能确保环境保护的新型金融体系。这个体系将能够鼓励和奖励那些为减少碳排放做出贡献的个人和企业，同时也为投资者提供了新的投资机会。此外，"去中心化碳储备银行"还可以作为全球应对气候变化努力的一个重要补充，通过提供一个稳定而高效的金融机制，帮助实现全球碳排放减少的目标。这样一个过程的构建和实施，虽然充满挑战，但也充满希望，它有可能成为未来金融创新和环境保护工作中一个标志性的里程碑。

第一步：建立去中心化平台

我们计划开发一个全球性的去中心化平台，该平台很可能采用区块链技术，旨在便利化地发行、交易和管理基于碳资产的债券。这个创新的平台将向全球所有国家开放，其目的是确保所有交易过程都极为透明、安全且高效。通过这样的平台，我们可以实现对碳资产金融活动的全面监管，同时促进全球范围内的环保项目和可持续发展目标。

第二步：国家参与碳资产评估

在这一步骤中，所有参与国家将对其碳资产进行全面评估。这些碳资产不仅限于森林、可再生能源潜力，还包括其他能够有效促进碳固存或减少碳排放的资源。这一评估过程至关重要，因为它将直接影响到后续发行债券的价值和信誉。完成评估后，每个国家的财政部将基于评估结果发行以碳资产为支撑的债券。为了确保整个过程的公正性和透明性，评估过程必须严格遵循国际认可的标准，才能保证债券的信誉和一致性。

第三步：发行基于碳资产的债券

在去中心化平台上发行这些基于碳资产的债券，将使得全球范围内的投资者都能够购买和投资。这些债券的条款，包括它们的到期日、利率以及所筹集资金的具体使用方式等，都将被清晰地定义并公开。这样做旨在提高投资者对这类绿色金融产品的信心，并促进更广泛的市场参与。

筹集到的资金将被专门用于那些能够增强国家碳资产价值的项目，如重新造林项目、发展可再生能源项目等。此外，这些资金还可以用于更广泛的经济发展计划，特别是那些与可持续性目标相符合的计划。通过这种方式，我们不仅能够促进环境保护，还能够推动经济增长和社会发展。

第四步：深化可持续发展投资

通过债券销售所得的资金，我们将能够资助一系列既能促进发行国家经济增长，又能对全球环境可持续性产生积极影响的项目。这些项目包括但不限于可再生能源开发、森林恢复和节能减排技术的推广等。

成功实施这些项目不仅可以显著提升发行国的碳资产价值，还可能通过提高其债券的吸引力来吸引国内外更多的投资。此外，这还将促进绿色经济的发展，为发行国带来长期的经济和环境双重收益。

第五步：全面监测与透明报告

建立一个全面的监测和报告系统，以持续跟踪和评估债券的财务性能以及所资助项目对的环境影响。这不仅有助于增强投资者信心，还可以确保项目的环境效益得到实现。

为实现这一目标，我们将采用最新的技术手段，包括在区块链上部署智能合约，以自动化报告流程并确保数据的透明度和可靠性。定期审计和环境影响评估也将成为监测体系的重要组成部分。

第六步：建立二级市场和增强流动性

建立一个健全的二级市场对于提供基于碳资产债券的流动性和促进价格发现至关重要。这个市场将使投资者能够根据对各国环境保护成效和经济发展前景的评估来交易这些债券。

此外，二级市场还将为债券收益所支持项目产生的碳信用提供交易平台，从而为参与国和投资者提供了一个促进碳减排和交易碳信用的额外渠道。通过这种机制，可以进一步激励各国加大环保投入，同时为投资者提供新的投资机会。

虽然提出这样一个旨在一次性解决多个问题的方案听起来是一个极好的想法，我们却必须面对一系列的挑战。首先，我们需要建立一个全球范围内被广泛认可的碳资产估值方法。这意味着需要开发出一套标准化且公认的评估体系，以确保碳资产的价值能够在全球范围内得到一致的认可和计算。其次，确保在不同司法管辖区内遵守相关的监管规定并获得参与是另一个重要挑战。这需要跨国界的合作和谅解，以确保项目能够在不同的国家和地区顺利进行，同时遵守当地的法律法规。此外，我们还必须解决与项目实施及其环境影响验证相关的风险。这包括确保项目的实施不仅是可行的，而且其对环境的正面影响是可以量化和验证的。这要求我们采用先进技术和方法来监测和评估项目带来的环境效益。最后，与现有的国际气候金融和碳市场努力进行整合也是我们面临的重要挑战之一。为了实现这一点，我们需要与全球各地的政府、国际组织、非政府组织以及私营部门紧密合作，以确保我们的努力能够与全球气候行动和可持续发展目标保持一致。

"去中心化碳储备货币"概念代表了金融、技术和环境政策领域内雄心勃勃的融合尝试。尽管它目前仍然是一个概念阶段的想法，但它向我们展示了通过创新机制动员全球资源以应对气候变化和推动可持续发展的巨大潜力。通过这种方式，我们不仅能够应对当前的环境挑战，还能够为未来几代人创造一个更加绿色和可持续的世界。

CHAPTER 7

| 第七章 |

可持续国际合作

在今天错综复杂的全球国际形势下，推进这样一个涉及政治、经济、金融、发展的全新平台，没有国际合作是不可能实现的。我们需要深刻理解国际合作的局限性，并从过去的经验中获得可以复制的成功案例，从而避免重复过去的失败。尽管联合国在促进全球合作方面取得了显著成就，但它在国际和平与政治事务的处理上面临着严峻挑战。特别是在解决国际冲突和维护世界和平方面，联合国的行动效率和决策机制遭受广泛批评。安全理事会的结构，尤其是其五个常任理事国的否决权，常常成为阻碍联合国迅速、公正响应国际危机的障碍。这种结构不仅导致了政治僵局，也使得一些成员国将自身利益置于全球福祉之上，削弱了联合国在预防和解决冲突中的作用。

例如，叙利亚内战和缅甸的罗兴亚人危机等事件中，联合国的介入和解决努力受到了国际社会的质疑。此外，联合国决策过程中对成员国间共识的依赖，导致决策周期过长，决议内容往往被稀释，从而削弱了其采取果断行动的能力。这种低效率现象还因官僚主义和管理不善的问题而进一步加剧，影响了联合国作为全球治理机构的可信度和效能。

新的世界格局要求联合国在面对全球挑战时，不仅需要国际社会的支持和信任，更需在其内部进行深刻的反思和改革。通过实施这些必要的改革，联合国有望更有效地履行其宗旨和原则，为建设一个更加和平、公正、繁荣的世界发挥核心作用。

**DIGITAL
CURRENCY**

今天的和平机制备受挑战

联合国以维护国际和平、预防冲突为崇高宗旨，现实中却面临着严峻的挑战，尤其是在国际安全领域，其有效性受到来自世界舆论的广泛质疑。俄乌战争和加沙冲突是揭露联合国在履行维和使命方面局限性的两个鲜明例子。

俄罗斯作为联合国安全理事会的常任理事国之一，利用其否决权阻碍对自己的谴责和干预，凸显了联合国体制内部的结构性缺陷。这种权力不平衡导致了安全理事会在应对侵略行为时的决策瘫痪，使得联合国在维护国际和平和安全方面的能力受到质疑。

加沙地区的冲突则进一步考验了联合国在国际安全问题上的有效性。面对加沙地带的反复暴力冲突，联合国通过了多项决议和呼吁停火，但这些努力在实际停止暴力和促成长久和平方面的成效备受争议。加沙的例子同样揭示了安全理事会在地缘政治分歧面前的无力，其中各常任理事国的不同立场经常导致联合国行动的停滞不前。这种僵局不仅凸显了联合国在将决议转化为实际行动方面的困难，也体现了在动荡地区保护平民和预防冲突方面的挑战。

这两大冲突案例暴露了旧有的国际合作体系没办法解决当前时代的国家之间的矛盾、区域之间的斗争。

俄乌战争和加沙冲突所造成的人道主义影响——大规模人员流离失所、生命损失和基础设施破坏——进一步凸显了对联合国国际安全机制进行深刻改革的紧迫性，全球性的危机需要创新的解决办法。

全球团结：在气候与健康方面的胜利

尽管联合国在政治和安全领域遇到了一系列挑战，其在健康、环境保护和推动可持续发展方面的积极作用仍不容忽视。联合国通过其旗下的多个机构和计划，如联合国开发计划署（UNDP）、世界卫生组织（WHO）和联合国环境规划署（UNEP）等，构建了一个全球性的合作网络，有效促进了解决广泛全球性问题的国际合作。这些实体的努力不仅展示了联合国在联合世界各国共同应对全球挑战、实现共同目标方面的独特能力，也彰显了其作为全球治理核心力量的地位。

在全球卫生领域，联合国的杰出贡献之一显著体现在 WHO 的领导下。WHO 启动的全球性公共卫生运动成功地在 1980 年根除了天花，并在抗脊髓灰质炎、艾滋病和疟疾等传染病治疗方面取得了显著成效。WHO 的这些成就不仅为提高全球卫生水平树立了里程碑，也展示了联合国系统在协调全球公共卫生资源和知识方面的核心作用。

　　此外，联合国通过其教科文组织和 UNDP 等机构在教育、文化遗产保护和实施 SDGs 方面发挥了重要作用。这些努力旨在解决全球范围内的贫困问题、提高教育质量和可及性，以及促进文化多样性和可持续经济增长，进一步证明了联合国在推动全球发展和福祉方面的重要性。

　　在环境保护和气候变化应对方面，UNEP 发挥了领导作用。2015 年达成的《巴黎协定》是一个历史性成果，凝聚了全球减缓温室气体排放和应对气候变化影响的共识。该协定不仅标志着国际社会在环境治理方面的集体行动，也体现了联合国在促进全球环境问题共识方面的关键作用。

　　虽然联合国在推进《巴黎协定》等重大环境议程中的作用备受赞誉，但这也再次凸显了其在全球治理中不可或缺的角色和影响力。联合国在健康和环境领域取得的成就与其在安全和政治领域的成绩之间的巨大差异，促使我们对阻碍其成功的因素进行批判性的审视。而联合国结构性的问题和国际关系的复杂动态更需要创新的想法，而不是停留在 20 世纪。这就是为什么我认为需要用创新的方法和技术来解决这些问题，比如用区块链这一跨时代的去中心化技术——但是，这会有用吗？

可持续发展目标是团结全球、引领进步的灯塔

　　在我们全球社会共同的意识中，SDGs 不仅仅是希望的灯塔，更指引着我们走向一条贫困消失、地球恢复生机、和平与繁荣遍及每个角落的未来之路。虽然在当前国际政治和国际安全议题上联合国止步不前，但在可持续发展、气候变迁方面，全球却展现了罕见的团结。

　　2015 年，联合国会员国在广泛汇聚智慧的基础上，共同制定了 17 项互相关联的目标，绘就了人与自然和谐共生的美好愿景蓝图。这些目标彰显了一体化行动的强大力量，突出展现了社会、经济及环境可持续性三者之间细致而复杂的互动。这一宏大议程向我们展现了一个全面解决我们这个时代各种紧迫挑战的愿景——从饥饿的痛苦到气候变化的挑战，从全民教育的追求到性别平

等的努力。

  这项雄心勃勃的议程的核心理念是"不让一个人掉队"。这一承诺深刻体现了对社会最脆弱群体——包括儿童、老年人及边缘化群体的关照。它是一个全球性的行动，唤起我们对每个被忽略的社区、每个被遗忘的声音伸出援手的紧迫感。激活这一承诺的策略多样且富有活力，涵盖了促进公平政策、加强社会保障网等方面，旨在为每位地球公民播种希望和机会。也正是因为这些目标没有种族和国籍限制，才能真正地推动全球合作进入一个新的阶段。只有摆脱旧有体系的束缚，大胆地推动新的国际合作体系的更新，大胆地使用新技术新方法，我们才有希望真正解决当前遇到的问题。

  在寻找解决之道的过程中，技术创新必须成为推动前进的关键支柱。它们能够提供超越旧有障碍的手段，为医疗保健、教育、可再生能源及可持续农业领域的进步铺平道路。技术在这个新的曙光中，不仅仅是一种工具，而是一股能够重塑发展轮廓、引领我们走向更加绿色和可持续发展未来的变革力量。技术不分意识形态，也没有自我意识，合理地使用新技术，能够推动整个体系的"新陈代谢"。

  然而，这条路充满了挑战。实现可持续发展目标不仅需要巨额的资金投入，更需要全球社会的坚定决心和行动。新冠疫情大流行等不可预见的挑战给我们的战略带来了前所未有的考验。在面对这些挑战的过程中，不仅使我们的集体意志得到了锻炼，而且也激发了民众对抗不确定性和应对未来挑战的创新能力。

  在迈向可持续发展目标所勾勒的复杂而充满希望的未来的道路上，我们不仅需要建立共识，更需要行动。通过创新的方法利用技术来促进全球合作，将这些高尚的理念转化为具体现实。我们面临的挑战不只是畅想一个更加和谐统一的世界，而是通过集体努力和技术创新来实现这个世界。站在历史的十字路口，可持续发展目标不仅提供了前进的地图，更引导着我们向这样一个未来（在这个未来中，每一个生命都被珍视，每一个社区都充满活力，而地球本身也在其居民的呵护下健康发展）进发。然而，真正的挑战在于将这些愿景转化为实际行动的能力。当我们在可持续发展目标绘制的复杂希望网络中航行时，我们需要携带坚定的勇气和集体承诺前进，因为只有团结一致，我们才能创造一个和平、繁荣且环境健康的未来。事实也已经证明，只有践行可持续发展的全球愿景才能突破当前政治利益与国际合作的局限，推动真正的国际合作。

区块链促进全球治理

随着全球治理体系的不断发展和演变，区块链技术的出现被认为是 21 世纪的一场革命，它预示着对透明度、效率和信任的全新理解与实践的时代即将来临。在复杂纷繁的国际关系和治理结构中，区块链技术不仅代表着技术的飞跃，更预示着一个基于区块链原则的治理新时代的到来，在这个新时代中，治理的基石被重新加固和定义。

区块链技术的核心是其作为去中心化的分布式账本技术能在全球计算机网络中详细无误地记录每一笔交易。这种去中心化的特点至关重要，它保证了没有任何单一实体能够控制或篡改整个数据库，从而极大增强了系统的安全性和抗攻击能力。区块链的透明和不可篡改性是其突出特征，这可以前所未有地提升治理的问责水平。所有参与方都能够实时查看区块链上的所有记录，而这些记录一经确认便无法更改，为各方之间建立了前所未有的信任基础。

智能合约则是区块链在治理领域的另一种创新。通过将合约条款编码于区块链上，这些自动执行的合约便消除了中间环节，减少了欺诈和腐败的风险。自动化的流程不仅简化了行政程序，还确保了合约执行的精确无误，将人为干预降至最低。如此一来，治理模式变得更为透明、安全、高效且公正。

此外，区块链技术的去中心化特质呼应了全球对于国际合作中平等和效率的追求。它使信息获取民主化，减少了对中心化权力机构的依赖，为实现更公平的治理模式铺平了道路。区块链为从国家政府到非政府组织等多样化的利益相关者提供了一个强大的合作平台，使他们能够在平等的基础上共同参与和促进治理进程。

进一步探究区块链技术的潜力，我们会发现其影响力不局限于加密货币领域。从全球供应链管理到身份验证、从选举系统到社会福利发放，区块链技术正在重塑全球治理的基础，使其变得更加透明、高效且包容。例如，爱沙尼亚政府已经在国家管理过程中广泛应用区块链技术，通过电子公民（e-Residency）项目，为全球用户提供基于区块链的数字身份，从而革新了政府服务的提供方式。

通过这样的创新应用，我们可以设想一个未来，在这个未来中，全球治理不仅依托于更高的问责性和透明度进行，而且以促进国际合作和公平为基础。这种对区块链技术在治理中应用的远见，不仅体现了我们对其解决当前全球最紧迫挑战的信心，也标志着向建立一个更透明、有效和值得信赖的全球治理体系迈出的重要一步。随着区块链技术的不断成熟和应用范围的扩大，我们有理由相信，它将为全球治理带来深远的变革，从而推动我们实现更加和谐、公正的国际关系新秩序。

用今天的应用和影响塑造未来

在当今日益全球化的世界中，区块链技术作为一种创新力量，正重新塑造着全球治理的各个领域。这一技术的去中心化、透明度高、不可篡改的特性正逐渐被全球的公共和私人部门所认识和利用，这主要体现在以下五个方面。

公共记录保存：爱沙尼亚等国家在将区块链技术融入电子政务系统方面走在了前列。通过利用区块链，这些国家能够保护公民的数据免受网络威胁，大大提高了公共服务的可靠性和效率。该技术能够提供不可更改的分类账，确保记录一旦输入就无法更改或删除，从而提高了政府运作的透明度和信任度。这一进步提升了法律文件处理、财产登记的效率，甚至使政府执行的合同过程更加顺畅，为全球数字治理树立了标杆。

投票系统：选举系统的完整性对民主进程至关重要。通过在不同司法管辖区开展试点项目，区块链旨在修补与投票相关的常见漏洞，如欺诈、胁迫和篡改选票，这有可能彻底改变投票和计票方式。民众通过区块链远程数字投票，使选举过程更具包容性，让那些无法到达投票站的人也能参与其中，可以大大提高选民的参与度。

身份管理：数字时代身份盗窃和欺诈十分常见。通过区块链技术，可以创建一个安全、不可篡改的数字身份，这提供了一种突破性的解决方案。这些基于区块链的身份系统不仅提高了在线交易的安全性，还简化了身份验证过程，降低了身份被盗窃的风险。个人能够控制自己的数据和分享方式，这为建立一个更安全、更尊重个人隐私的数字世界奠定了基础。

国际援助和透明度：区块链技术正在重新定义国际援助的格局，确保高效、透明地向有需要的人提供援助。世界粮食计划署的"积木"(Building Blocks)倡议就是一个很好的例子,它利用区块链追踪援助从捐助者到受援者的支付情况,从而最大限度地降低了挪用和欺诈的风险。这种透明度让捐助方放心,他们的捐款正在产生直接影响,从而增加信任,愿意进一步慷慨解囊。此外,区块链还能促进直接现金转移,增强受益人的能力,支持当地经济,同时降低通常与援助分配相关的行政成本。

金融经济领域的变革:在金融经济领域,区块链技术的引入不仅仅是技术的创新,更是一种全新的经济活动模式。区块链技术通过数字货币和代币化资产重新定义了货币和资产的概念。以比特币为首的加密货币激增,不仅对根深蒂固的传统货币体系构成了巨大挑战,还引入了一种新的资产类别,改变了全球金融的格局。此外,通过代币化,区块链技术能够将现实世界的资产(如房地产、艺术品等)数字化,使这些资产易于交易和分割,从而提高资本市场的流动性和效率。区块链技术在简化跨境支付和降低交易成本方面也发挥了重要作用。区块链技术还推动了智能合约的应用,为金融衍生品市场和风险管理带来了新的机遇。

除这些领域外,区块链在加强全球治理及其他方面的能力也在不断展现。它在环境监测、医疗数据管理和跨境金融交易方面的应用有望进一步改变政府和国际组织的运作方式。随着区块链技术的成熟和应用范围的扩大,它在促进更加透明、高效和公平的全球治理框架方面的作用也越来越明显。将区块链融入全球治理结构的征程才刚刚开始,其潜力还有待开发。

数字货币架起桥梁

在全球都在寻求可持续发展的当下,数字货币与环境管理的交叉点显现出了创新的光芒,为我们提供了一条推动环境可持续性发展的独特路径。特别是在应对气候变化的全球行动中,区块链技术在促进碳信用和碳交易领域发挥着至关重要的作用。这一领域的发展急需一个功能强大的平台,它不仅要能处理碳资产的登记、认证和交易,还需要为政策制定者、企业乃至个人投资者提供全面的透明度、监管和安全性。

区块链技术的去中心化特质,为满足这一复杂需求提供了前所未有的解决方案。它能透明、不可篡改地记录每笔碳交易和碳信用的发放、交易和清退的全过程。这一过程的完整性和透明度是建立市场参与者之间信任的基石，从而为碳市场的健康发展奠定基础。

数字货币能够实现即时支付和跨境交易，降低交易成本，并简化交易过程，进而实现碳市场的广泛参与和碳融资的普及，这降低了发展中国家和小型实体参与碳交易的门槛。

智能合约，作为区块链技术的一大创新，通过自动化合同的执行，进一步简化了碳资产的交易流程。这些智能合约能够在碳资产达到一定的碳减排标准时自动触发交易，从而减少了交易过程中的人为干预，加速了资金的流通速度，为气候变化缓解项目提供了及时的资金支持。

值得一提的是，区块链技术在提供清晰、不可篡改的交易记录方面的能力，为碳市场的监管和诚信提供了强有力的支持。这些记录为监管机构监控和确保各方遵守《巴黎协定》等国际环保协议提供了宝贵的数据，从而确保碳资金真正用于促进全球的碳减排。

数字货币与区块链技术之间的深度融合，不仅大幅提升了环境金融的操作效率和透明度，更为全球气候行动提供了动员资金。这种创新不仅优化了碳资产的管理和交易流程，也为实现碳中和目标和推动地球环境的健康发展提供了强有力的技术支撑。随着这些技术的不断进步和普及，它们在重塑环境金融，加速我们构建一个低碳、可持续的经济体系。

央行数字货币国际合作

随着数字经济的不断发展，央行数字货币（CBDC）已经从一个理论概念走向了实践阶段，引起了全球范围内的广泛关注和探索。不同于运行在去中心化网络上的加密货币，CBDC 是由国家的中央银行直接发行和监管的，它既承载了传统货币的所有功能，又提供了一种更为高效、透明的数字化支付方式。CBDC 的出现预示着金融领域的一场革命，其影响范围不止于提升支付系统的效率或降低交易成本，它还有望在全球范围内促进金融包容性的提升，并为国际金融合作开辟新的路径。

在全球金融体系中，CBDC 的国际合作已经成为一个不可忽视的趋势，各国中央银行通过合作探索 CBDC 的发展与应用，共同解决跨境支付等问题，以构建更加高效、安全的全球支付系统（见图 7-1）。以下是一些引人注目的国际合作案例。

图 7-1　央行数字货币项目的主要考虑因素

国际清算银行（BIS）在推动 CBDC 的研发与国际合作方面发挥了至关重要的作用，特别是通过其创新中心发起的"邓巴项目"（Project Dunbar）。该项目是聚焦多国的 CBDC 跨境交易共享平台的开发，旨在通过国际合作，探索建立更高效、包容性更强的全球金融体系的可能性（见图 7-2）。

欧洲中央银行（ECB）正在深入研究发行数字欧元的可能性，他们不仅关注提高欧元区内部的金融交易效率，更重视数字欧元在全球范围内的应用潜力。ECB 强调与全球伙伴合作的必要性，希望确保数字欧元能够与其他国家的 CBDC 实现互操作性，这一点对于数字货币在国际金融体系中的成功实施至关重要。

在加勒比地区，东加勒比中央银行（ECCB）通过推出 DCash 项目，探索了数字货币在促进区域经济一体化方面的作用。DCash 项目不仅展示了 CBDC 在简化成员间交易、降低成本方面的潜力，也为其他区域经济体提供了合作与数字化发展的典范。

中国的数字人民币（e-CNY）项目则是 CBDC 在全球领域内发展的另一个

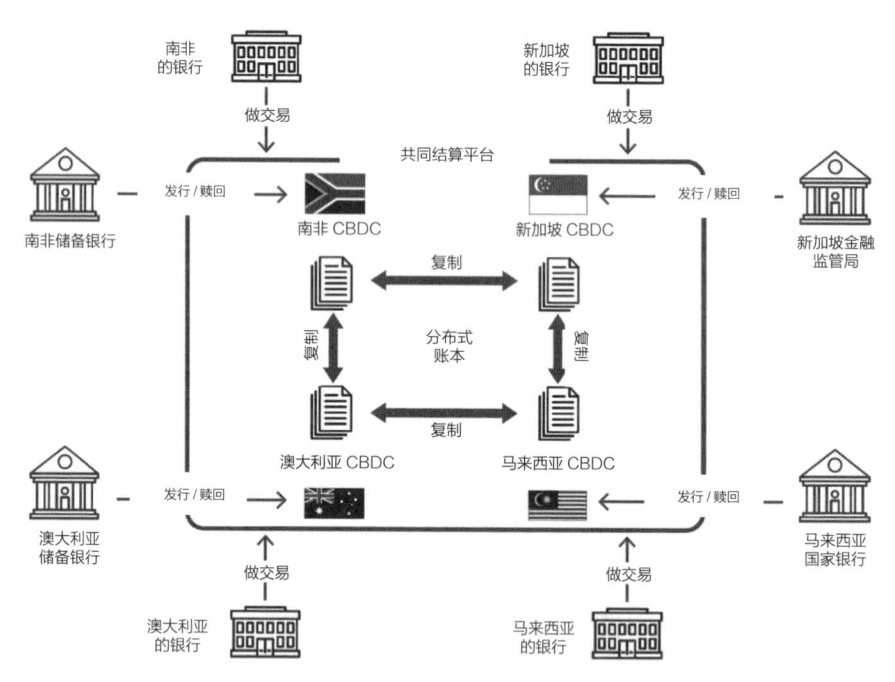

图 7-2　BIS 关于邓巴项目的跨国多重 CBDC 平台的架构

典范。中国人民银行已经与泰国和阿拉伯联合酋长国的中央银行开展了跨境支付的测试，旨在探索数字人民币在支持全球贸易和金融活动中的应用潜力。这些测试不仅对优化国际支付系统具有重要意义，也为 CBDC 在全球金融体系中的融合与应用提供了宝贵经验。

　　这些案例表明，CBDC 的国际合作正逐步成为推动全球金融创新和发展的关键动力。只有共享技术、经验和案例，各国才能够共同克服跨境支付的挑战，促进全球金融体系更加高效、安全和包容性发展。未来，随着更多国家加入 CBDC 的研发与应用中，我们有望形成一个更加紧密合作、更具创新性和活力的国际金融新局面。

未来展望：驾驭风险，抓住机遇

CBDC合作之路并非一望无际的坦途，我们可以清晰地看到可能面临的诸多挑战，其中包括国家主权的敏感性、个人隐私保护以及构建一个互操作性强的复杂技术系统。尽管这些障碍需要通过精心的规划和国际密切合作来克服，但加强全球金融合作和增强金融包容性的前景却是无比光明的。通过共同发展CBDC，全球金融系统有望变得更加一体化、高效，而且更为公平。关键在于确保CBDC交易既安全又保护用户隐私，同时符合国际金融法规的要求。此外，数字鸿沟依然是一大挑战，技术基础设施的不平等使用可能会导致更严重的金融排斥问题。因此，国际合作的倡议中必须包含解决这一问题的策略，从而确保全球社区的数据中心为提升金融包容性做出贡献。

在CBDC合作的全球金融发展新领域中，国际合作为各国打开了向互联、高效、包容金融的未来迈进的大门，已经展开的CBDC合作实例为理解这一努力可能带来的好处与挑战提供了宝贵见解，如国际清算银行的多国CBDC试点。随着这些计划的进一步发展，它们预示着一个新时代的来临，其间数字货币不仅推动国家间交易，更成为全球经济活动的支柱。

然而，要真正实现这一宏伟未来，就需要国家间持续合作，不断创新，努力满足全球金融生态系统中利益相关方的需求。特别是将CBDC与ESG目标相结合——尤其是在减缓气候变化方面——开启了一条充满潜力的道路——用金融创新来实现可持续发展的成果。

正如世界各国央行和金融机构的实践所示，CBDC的发展与应用在提高交易透明度、激励可持续行为，以及为气候行动计划分配资源方面的潜力正在逐步显现。例如，中国人民银行就已经开始探索利用数字人民币来促进绿色金融项目。此外，国际货币基金组织也在研究如何通过CBDC促进全球气候资金的分配和使用。

通过促进中央银行、政府机构和私营部门之间的合作，CBDC可以极大地推动全球面对气候变化的挑战并促进可持续发展目标的实现。随着这些数字货币的持续发展，它们将成为支持全球可持续发展的关键工具，从而开辟新的金融创新和合作的可能性，使人类可以共同迎接一个更加绿色、公平的未来。

促进可持续金融和气候行动

随着全球金融体系逐渐认识到央行数字货币（CBDC）的重要性，其在促进 ESG 倡议中的作用变得尤为显著。尤其是在应对全球气候变化的挑战上，CBDC 展现出了其独特的价值和潜力。通过整合 CBDC 与 ESG 目标，我们有机会重新构想金融体系，使其更加符合可持续发展的需求，从而推动社会和经济朝着更加绿色和公正的方向发展。

CBDC 的数字本质使其成为监控和促进环境可持续性行为的强大工具。例如，通过程序化设计，CBDC 不仅能够被用来专门支持对绿色债券或其他与 ESG 相关的金融工具的投资，而且还能确保这些资金被专门用于支持可持续项目。更进一步，CBDC 的设计可以用来鼓励消费者和企业采取更加可持续的行为，如对那些选择投资于可再生能源或购买环保产品的消费者进行激励，例如通过折扣或积分奖励来实现。这种做法不仅推动了可持续发展，也鼓励了更广泛的社区的气候行动参与。

此外，CBDC 的应用在增加金融投资流向环境、社会和治理项目的透明度方面发挥了重要作用。利用区块链技术，CBDC 能够提供一个不可篡改的记录系统，详细追踪资金从发起到最终使用的每一个步骤，确保资金被有效地用于既定的环境、社会和治理项目上。这种高透明度对于吸引投资者和捐赠者向气候行动项目投资至关重要，因为他们需要确信自己的资金能够产生实际影响。

值得关注的一个实例是瑞典中央银行探索的电子克朗（e-krona）项目。作为一个前沿的 CBDC 项目，电子克朗探索了如何利用数字货币来改进支付系统的效率并降低成本，同时兼顾对环境可持续性的影响。这表明，CBDC 的开发者不仅关注经济效益，同时也着眼于社会和环境责任。

另一个案例是"绿色钱币"计划，该计划旨在通过提供数字货币来奖励那些采取环保措施的个人和企业。这个计划展示了 CBDC 如何被用于直接激励减碳行为和支持可持续发展目标。

随着全球对 ESG 投资的兴趣日益增长，CBDC 提供了一个前所未有的机会，即通过金融创新促进可持续发展。这要求政策制定者、金融机构和技术创新者紧密合作，确保 CBDC 的发展能够支持环境和社会目标达成，同时提高全球金融系统的整体效率和包容性。通过这种合作，CBDC 不仅能够为应对气候变化和推动可持续发展提供必要的金融资源，还能够促进更广泛的社会参与和行动，进而推动建立一个新的国际经济合作体系，为实现更绿色、更公平的未来铺平道路。

区块链：推动碳金融的绿色革命

在面对气候变化这一全球性挑战时，创新的金融机制，尤其是基于碳资产的融资，被视为推动环境可持续发展的关键。这类融资模式主要依托于碳信用额度的交易，即允许企业在限定的排放量内进行温室气体的排放，或通过支持碳减排项目来抵消其排放量。这不仅促进了对低碳技术的投资，还为企业提供了通过环境友好措施获得经济利益的途径。然而，碳资产交易的复杂性及其核实和执行的挑战要求有更加透明和可靠的系统来管理这一过程，而区块链技术因其独特的属性被看作是解决这些挑战的理想选择。

区块链技术，作为分布式账本技术（DLT）的一种，通过在一个去中心化的网络中记录交易，保证了信息的真实性、一致性和不可篡改性。与传统的集中式记录系统不同，区块链将交易记录分布在全球范围内的计算机网络中，每个网络节点都持有交易数据的完整副本。这种设计不仅提升了数据的安全性和透明度，而且大大减少了欺诈和篡改的可能性。

在碳资产交易中，从碳信用额度的初始发行到其最终的使用或被清退，区块链提供了一个全面的解决方案。每一笔交易都会被记录在区块链上，而且一旦记录，任何信息都无法被更改或删除。这为碳市场参与者——包括政府、企业和个人——提供了一个透明、可靠的平台，使他们能够轻松追踪和核实碳资产的流转。

此外，智能合约功能使得区块链成为管理碳资产交易的理想工具，如在碳减排目标达成时自动发放碳信用额度，或在碳资产交易完成时自动转移资产时智能合约能自动执行合同条款。这种自动化不仅简化了碳资产的管理流程，还提高了整个系统的效率和响应速度。

案例显示，澳大利亚的 Power Ledger 平台利用区块链技术优化了可再生能源的交易和碳信用额度的管理。通过这一平台，用户可以直接交易产生的太阳能电力，同时跟踪和交易相关的碳信用额度。这种模式不仅激励了民众对可再生能源的使用，还提高了碳市场的透明度和可访问性。

随着区块链技术的发展和应用，其在促进基于碳资产的融资中的作用日益凸显。通过确保碳资产交易的透明度、安全性和效率，区块链技术为全球气候行动提供了强有力的支持。未来，随着更多的创新应用不断涌现，区块链技术有望在推动全球向更绿色、更可持续的未来发展中发挥更大的作用。

改革注册、认证和交易

区块链在碳资产管理中的革新作用已经使其成为推动环境可持续性的关键力量。这一技术不仅提高了绿色金融体系的安全性和透明度，更在应对全球气候变化的战斗中发挥了至关重要的作用。通过实施区块链技术，碳资产的登记、认证和交易变得更加高效和可靠，这为可持续发展的金融支持提供了坚实的基础。

碳资产登记与防伪认证：区块链技术在确保碳资产登记的安全性和不可篡改性方面提供了革命性的解决方案。例如，全球领先的区块链平台如IBM Blockchain已经在提供碳资产管理和交易的解决方案上展现了其潜能。通过利用加密技术，区块链能够为每一笔碳资产交易提供独特的、无法伪造的数字签名，确保了整个系统的完整性和可信任性。

认证与核查：在碳交易市场中，确保碳减排项目的真实性和有效性至关重要。区块链可以实现对碳减排项目从申报到核查的全过程的透明记录。例如，Verra和Gold Standard等全球认证机构正在探索使用区块链技术，以提高碳信用额度认证过程的效率和透明度。这样，投资者和参与方可以实时查看每个项目的状态，增强市场的信心和参与度。

交易的革新：通过区块链技术，碳信用额度的交易变得更为高效和透明。智能合约自动化交易过程，降低了人为错误和欺诈的风险。例如，Algorand等公链项目打造了高速、低成本的交易平台，使得跨境碳资产交易变得更简单和经济。这促进了全球范围内的碳减排合作，也推动了全球碳市场的发展。

可持续未来的基本支柱：(1)透明度，每笔交易都记录在区块链上，所有参与者都能看到，确保碳信用整个生命周期的透明度。(2)安全性，区块链的分散性和不可更改性使其具有高度安全性，可防止欺诈和黑客攻击。（3）效率，区块链可以大大减少与核查和交易过程相关的时间和成本。（4）信任，区块链的使用可确保所有交易都经过验证且不可更改，从而促进参与者之间的信任。

区块链技术不仅正在改变碳信用市场，而且正在彻底改变我们处理绿色金融的方式。区块链将透明、安全、高效和信任融入碳信用交易的结构中，为建立一个更加可持续和公平的世界铺平了道路。随着这项技术的不断发展并融入全球金融体系，它有望在全球应对气候变化的努力中发挥关键作用，使人类关于绿色地球的梦想成为现实。

重塑公平的经济竞技场

随着技术的快速发展，"数字地球村"不再是一个遥远的概念，而是日益成为我们生活的现实。互联网技术的进步正将世界紧密联系在一起，而区块链技术的兴起则预示着金融体系发生了革命性的变化。这种变革尤其在推动绿色经济的发展方面显示出巨大的潜力。今天，我们所追求的不仅仅是全球互联互通，更是在数字化转型的浪潮中，朝着一个更加统一和可持续的经济生态系统迈进。

在这个新兴的数字地球村中，区块链技术扮演了核心角色，它的应用超越了传统金融界限，为建立一个以可持续为支柱的新世界金融体系提供了技术基础。区块链技术以其独特的去中心化特性、较强的安全性和透明度，为绿色投资、碳信用交易和可持续项目融资等领域提供了创新解决方案。通过区块链，我们能够追踪和验证绿色投资的流向，平衡国际不同利益相关者的利益，确保资金真正投入到对环境有益的项目中。

此外，区块链技术还为金融包容性提供了新的可能性。在全球许多地区，尤其是在发展中国家，传统的金融服务往往无法满足广大民众的需求。区块链技术通过简化交易流程、降低成本和提高系统效率，为未银行化人口提供了接入金融服务的新途径。通过数字钱包和移动支付等应用，人们即使在偏远地区也能轻松进行交易或获得金融服务。

随着数字化转型的深入，我们正走向一个更加绿色、公平和包容的未来。在这个未来中，绿色金融不仅支持了可持续发展项目，还促进了全球经济的整体健康和繁荣。实现这一愿景，确保技术进步能够惠及每个人，需要全球范围内的合作和创新。

总之，区块链技术在塑造数字地球村和推动绿色经济发展中的作用不可小觑。通过这种技术，我们有机会构建一个更加公平、透明和可持续的全球金融系统，从而为应对气候变化、促进经济增长和提高全球金融包容性做出贡献。未来的路还很长，但随着技术的不断进步和国际社会的共同努力，这一宏伟的愿景正在逐步成为现实。

包容性：弥合金融鸿沟

金融剥夺是一个全球性问题，使数十亿人无法接触到基本的金融服务，这不仅削弱了个体的经济自主权，也抑制了广泛的经济增长。在这一背景下，区块链技术带来的绿色金融解决方案为包容性金融开辟了新的道路，这一进步有望极大地改善全球金融生态系统。

区块链的核心价值在于其去中心化的特性能够跨越地理和经济障碍，直接服务于用户。通过智能手机或任何基本的互联网连接，即便是在偏远地区的个人也能接入这个系统中。这种直接性和可获取性的特点使得无银行账户的人群或是传统银行服务覆盖不到的区域，都能够接触到金融服务。肯尼亚的 M-Pesa 系统就是一个成功的案例，它不仅展示了移动金融如何增进金融包容性，也促进地区经济的发展。

进一步地，一方面，区块链在绿色金融领域的应用提供了一种支持可持续发展项目的方式。通过促进对环保项目的投资，例如可再生能源、森林保护等，区块链不仅支持了全球环境的可持续发展，也为边缘化社区提供了经济赋权的机会。在这个系统中，即便是小额投资也能够通过数字化的方式，确保资金安全、高效地流向可持续项目。

另一方面，区块链技术还通过智能合约，简化了贷款和保险等金融服务的提供过程，使得这些服务更加透明、低成本且易于获得。这为那些传统金融机构认为风险较高或是成本较高的客户群体提供了融资和保险保障。

然而，要充分实现区块链在金融包容性上的潜力，还需要解决技术普及、监管框架以及用户教育等方面的挑战。对此，全球合作、政策制定者的支持以及私营部门的创新至关重要。通过共同努力，区块链技术在绿色金融体系中的应用，有望为那些被金融服务传统模式忽视的人打开经济参与和可持续发展的大门。

安全：更安全的未来金融

在金融体系中，安全性和可信任是其基础。区块链技术凭借其加密和分布式账本的特性，提供了一个革命性的解决方案，从而保障了金融交易的安全性和数据的完整性。这一技术不仅是防范欺诈和网络攻击的强大工具，还是建立一个全球性、包容和公平金融系统的关键。

在区块链系统中，每一笔交易都必须经过网络中多个节点的验证才能被记录在账本上，这种机制确保了交易的真实性和不可篡改性。此外，通过利用加密技术，区块链保证了交易信息的保密性，防止了敏感数据泄露。这种将去中心化验证和加密相结合的技术极大地增强了金融交易的安全性。

同时，区块链的透明性特性也对提高系统的信任度起到了关键作用。在传统金融体系中，交易信息往往只对少数机构透明，而区块链技术允许所有参与方实时查看交易记录，这种开放性增加了系统的透明度和公平性。例如，以太坊平台上的智能合约自动执行交易条款，消除了中介的需求，降低了交易成本，同时增加了交易的透明度和可靠性。

区块链技术的这些特性对于建立全球金融系统至关重要，特别是在促进金融包容性方面。在许多发展中国家，由于缺乏访问传统银行系统的手段，许多人被排除在外。区块链提供的去中心化金融服务（DeFi）无须传统的银行基础设施也可以为这些群体提供安全、可信赖的金融服务。

此外，区块链技术的应用还可以加强对ESG倡议的支持。通过确保绿色项目融资的透明性和可追踪性，区块链技术有助于提高投资者对这些项目的信心，从而促进可持续发展目标的实现。

然而，实现这一愿景还面临许多挑战，包括技术普及、监管合作以及用户教育等。尽管如此，随着技术的不断进步和全球合作的加深，区块链技术有望为构建一个更安全、更公平、更包容的全球金融生态系统提供坚实的基础。

效率：降低经济交易成本

在全球化经济中，交易效率的提升对于刺激经济增长和促进国际合作具有不可估量的价值。然而，传统金融体系常因其依赖于中介机构、复杂的监管框架和繁冗的程序而导致交易成本高昂、处理速度缓慢。这不仅增加了企业运营的负担，也抑制了国际贸易的潜力。区块链技术，作为一种创新的解决方案，通过其去中心化的特性、智能合约的自动执行以及点对点交易的直接性，为提高金融交易的效率开辟了新途径。

智能合约，特别是在以太坊等平台上的应用，使合同条款能够被编码进区块链，并在满足预设条件时自动执行。这种机制不仅减少了法律和执行过程中的不确定性，还显著降低了交易的时间和成本。例如，智能合约可以用于自动化执行供应链金融中的支付，一旦确认货物交付，相应的支付即被自动触发，从而简化了跨境贸易流程，提高了资金的流动性。

此外，区块链的点对点交易能力为全球交易提供了更大的透明度和安全性。在国际贸易中，跨境支付常受困于不同国家间的货币兑换、金融法规差异和中介机构的参与，这不仅增加了交易成本，也延长了处理时间。通过利用区块链技术，交易双方可以直接进行交易，无须通过银行或其他传统金融机构，这种方式为国际贸易注入了新的动力，促进了经济全球化的深入发展。例如，摩根大通的摩根币（JPM Coin）是一个区块链上的数字货币项目，旨在实现即时的支付处理和资金转移。这表明，即使是传统金融机构也在寻求利用区块链技术来提高其服务的效率和响应性，而跨境支付平台如 Ripple，通过使用区块链来简化汇款流程，显著缩减了跨境支付的成本和时间，为全球金融交易设立了新的标准。

总而言之，区块链技术提供了一种更高效、更安全的数字交易方式，并正在重塑全球金融。它不仅能使国际合作更加便捷、跨境交易成本更低，还能推动金融服务创新、覆盖传统金融无法服务的领域，为"数字地球村"的愿景成为现实注入了新的可能。随着这项技术不断成熟和应用，我们可以预见一个更加高效、互联的全球经济合作体系的兴起。

CHAPTER 8

| 第八章 |

新布雷顿森林体系

为走出20世纪初经济动荡与战争的阴影,世界迫切需要一个新的经济秩序来恢复和维持全球经济稳定。第一次世界大战之后,金本位制的崩溃和1929年的大萧条深深影响了国际贸易和经济繁荣。在这一背景下,1944年7月,在美国新罕布什尔州布雷顿森林举行的一次历史性会议上,44个盟国共同通过了《布雷顿森林协定》,这不仅是全球经济史上的一个重要转折点,更是各国努力建立战后全球经济稳定框架的雄心勃勃之举。会议上各国还通过了《联合国货币金融会议最后决议书》、《国际货币基金组织协定》以及《国际复兴开发银行协定》的两个附件,它们被统称为《布雷顿森林协定》。

《布雷顿森林协定》代表了44个国家为建立战后全球经济稳定框架所做的雄心勃勃的努力,旨在防止大萧条这一间接引发第二次世界大战的全球经济灾难重演。该协定旨在通过建立固定货币汇率制度,促进国际经济合作,防止货币竞相贬值,从而为重建饱受战争蹂躏的欧洲及全球经济稳定打下基础。这一历史性的会议不仅预示了全球经济政策的重大转变,也为现代国际金融体系的形成奠定了基石。

该协定的达成还促成了两个关键国际金融机构的成立:国际货币基金组织和世界银行。国际货币基金组织的成立旨在维护新的固定汇率制度,通过提供短期资金稳定货币价值、维持国际收支平衡。世界银行则致力于为欧洲重建及发展中国家发展提供资金和技术援助。在这一体系下,美元被确立为世界主要储备货币,并与黄金挂钩(每盎司35美元,其他货币与美元挂钩),这一举措为当时的国际贸易创造了相对稳定的环境。

**DIGITAL
CURRENCY**

———

《布雷顿森林协定》

第一次世界大战本就对世界经济造成了重大打击,而20世纪30年代的经济大萧条更是对全球经济造成了毁灭性打击，导致了前所未有的失业率、严重的通货紧缩和国际贸易的崩溃。各国政府通过囤积黄金、实行高额关税和贸易限制等措施自保，这些措施不仅未能解决经济问题，反而加剧了全球经济衰退，并为极端主义的抬头和第二次世界大战的爆发埋下了伏笔。

随着战争的爆发，人们越来越清楚地认识到，必须采取新的方法来防止重蹈过去失败的经济政策的覆辙。来自44个国家的730名代表参加了布雷顿森林会议，会议的任务是设计一个确保经济稳定和防止未来冲突的体系。英国经济学家约翰·梅纳德·凯恩斯和美国经济学家哈里·德克斯特·怀特是布雷顿森林体系的主要设计者，尽管他们对战后世界有各不相同的愿景，但都在会议成果的形成过程中发挥了关键作用。这种背景下，《布雷顿森林协定》的签订意味着开启了新的全球经济合作，旨在通过构建一个更加稳定和合作的国际经济秩序，避免重蹈覆辙或再次陷入全球战争泥沼。

布雷顿森林体系旨在建立一个固定的货币汇率体系，使饱受战争蹂躏的国家尽快重建，并鼓励国际经济合作。固定汇率旨在通过防止竞争性贬值和促进贸易平衡来实现国际贸易的稳定。为了实现这些目标，会议促成了两个重要机构的成立：国际货币基金组织和世界银行。国际货币基金组织旨在监督新的固定汇率制度，并向国际收支不平衡的国家提供短期财政援助，而世界银行的成立则是为了资助战乱国家和发展中国家的重建和发展项目。

然而，布雷顿森林体系并非没有挑战。20世纪60年代末至70年代初，欧洲经济逐渐复苏，各国认为固定汇率不利于本国，于是开始用现金换取更保值的黄金。美元兑黄金的固定汇率制度开始出现裂痕，导致美国黄金储备大量流失、严重通货膨胀，最终导致了尼克松冲击（Nixon shock）。1971年12月《史密森学会协议》签订后，美元兑黄金开始贬值，同时美联储拒绝向其他国家的中央银行出售黄金，美元与黄金挂钩的制度名存实亡。但《史密森学会协议》很快也遭遇了危机，1973年由于美元不断贬值，世界主要货币被迫实行浮动汇率制，布雷顿森林体系彻底崩溃。直到1976年，国际社会才达成新的共识，将浮动汇率合法化和黄金非货币化作为《牙买加协议》的主要内容。

总之，《布雷顿森林协定》是国际经济合作史上具有里程碑意义的成就，它的诞生是为了避免重蹈大萧条和第二次世界大战的覆辙。通过建立维持经济稳定与发展的机制，布雷顿森林体系在塑造战后世界方面发挥了至关重要的作用，一个前所未有的经济增长与合作时代开启了。然而,固定汇率制度最终被证明是不可持续的。尽管如此,布雷顿森林体系及其创立的国际货币基金组织和世界银行,依然对战后全球经济稳定和促进经济增长产生了深远的影响。

《布雷顿森林协定》的历史教训在于,全球经济稳定和繁荣需要国家之间的持续合作和适应性强的经济政策。尽管布雷顿森林体系最终瓦解,但它为后来的国际经济合作模式和金融体系的发展提供了宝贵的经验和启示,继续影响着当今的全球经济治理。

布雷顿森林体系的机构的持久影响

布雷顿森林体系的机构,特别是国际货币基金组织和世界银行,自1944年成立以来,在全球经济治理中扮演了不可替代的角色。这两大机构不仅在战后的全球重建中起到了核心作用,而且在随后几十年里,它们的活动和政策对发展中国家的经济与社会发展产生了深远的影响。从确保全球经济的稳定和促进国际贸易到支持贫困国家的经济改革和发展,这些机构的目标和任务随着时间的推移而不断演进。

在最初的设计中,国际货币基金组织致力于监督固定汇率体系,为遇到支付平衡困难的国家提供财政支持,以促进多边贸易和汇率稳定。而世界银行的创立则专注于为欧洲战后重建提供资金支持,后期逐渐扩展到支持全球范围内发展中国家的基础设施建设和社会发展项目。这两个机构的成立,标志着国际社会在经济合作和发展援助方面取得的重要进步,为后来的全球化和国际经济一体化奠定了基础。

然而,布雷顿森林体系及其机构所面临的挑战也是多方面的。随着全球经济格局的变化,特别是20世纪70年代初美元脱离黄金标准、汇率体系转向浮动汇率之后,国际货币基金组织和世界银行的角色和作用也随之发生了变化。这一转变给全球经济带来了更大的灵活性,但同时也引发了汇率波动和经济不稳定的风险。对于发展中国家而言,这一体系的瓦解既带来了机遇,也带来了挑战。一方面,它为这些国家提供了更多的政策自主空间;另一方面,全球经济和金融市场的不确定性也对它们的经济发展和稳定构成了挑战。

在对发展中国家提供援助和支持方面，国际货币基金组织和世界银行的方法和策略也引发了广泛的讨论和争议。这些机构提供的贷款和援助计划往往附带了一系列经济改革和调整的条件，旨在推动受援国经济的结构性改革。虽然这些政策在一定程度上有助于改善受援国的经济状况，但它们也可能在短期内导致社会成本增加，包括就业减少、社会服务投资减少等问题，这些问题在一些国家引发了社会动荡和广泛的民众抗议。

面对批评和挑战，国际货币基金组织和世界银行在过去几十年中进行了一系列的改革和调整，以提高其项目和政策的有效性和适应性。这些改革包括提高贷款条件的灵活性、加强对社会保护措施的关注、强调环境和社会因素在项目评估中的重要性等。这些努力旨在确保这些机构能够更有效地支持发展中国家的经济和社会发展，同时减轻改革措施可能带来的负面影响。

总的来说，布雷顿森林体系及其机构在全球经济治理和发展合作中发挥了不可或缺的作用，它们的存在和活动对世界经济的稳定和发展产生了深远的影响。尽管这些机构在实践中面临着诸多挑战和争议，但它们在促进全球经济合作、支持发展中国家发展和减少全球贫困方面做出的贡献是不容忽视的。随着全球经济环境的不断变化，国际货币基金组织和世界银行将继续面临适应新挑战、满足发展中国家需求的任务，这将对它们的政策制定和项目实施提出新的要求。

布雷顿森林体系的历史评价

布雷顿森林体系的历史评价是复杂的，既有其对于后二战世界经济秩序重建与促进的无可替代的贡献，也有其固有设计和政策选择的局限性与挑战。这一体系不仅为战后欧洲的复兴提供了关键的金融支持和经济稳定性，还通过国际货币基金组织和世界银行的建立，为全球经济合作与发展援助奠定了基础。马歇尔计划下的资金援助及国际货币基金组织和世界银行这两大机构的运作，显著促进了欧洲和日本的重建与发展，进而为全球贸易和经济一体化开辟了新的篇章。

布雷顿森林体系的固定汇率制度虽然在一定时期内提供了国际贸易所需的货币稳定性，但随着全球经济格局的变化，特别是美国在20世纪60年代末期的黄金储备流失和国际收支失衡，这一体系的可持续性受到了质疑。1971年，美国总统尼克松决定终止美元兑换黄金，标志着固定汇率体系的终结，也预示着全球经济体系向更加灵活的汇率机制转变。

在发展中国家的视角下，布雷顿森林体系的机构在提供财政支持和发展援助的同时，也为他们带来了一系列挑战。贷款与援助通常附带一定的经济政策条件，这些条件在一些情况下有助于促进经济改革和稳定，但也可能加剧国家的经济困难和社会不平等。

尽管布雷顿森林体系存在局限，但它无疑为全球经济合作和发展铺平了道路，特别是在促进国际贸易、资本流动和经济政策协调方面发挥了重要作用。国际货币基金组织和世界银行在此过程中的作用不可低估，它们在解决全球经济问题和支持发展中国家方面发挥了积极作用，尽管这些努力伴随着不断地调整和改革。

布雷顿森林体系的遗产与教训，对当前全球化和经济一体化的挑战具有重要的启示意义。合作、适应性和公平是应对全球经济治理复杂性的关键，尤其是在寻求可持续发展和应对全球性挑战如气候变化时，国际社会需要更加注重包容性、多边合作和共同责任。布雷顿森林体系的历史经验，强调了在构建未来全球经济秩序时，需综合考虑经济稳定、社会公正与环境可持续三者的平衡，以实现真正意义上的全球共荣。

改革的尝试

最初的布雷顿森林会议为战后经济秩序奠定了基础，建立了国际货币基金组织和世界银行，以监督固定汇率制度，促进重建和发展。20世纪70年代初，尼克松终止了美元与黄金的可兑换性，导致浮动汇率制度的建立，这一制度随之瓦解。

从那时起，世界经历了快速的全球化、技术进步和新兴经济大国的崛起。这些变化暴露了当前国际金融架构的局限性，引发了关于建立新布雷顿森林体系以应对21世纪经济挑战的讨论。建立新布雷顿森林体系的呼声往往突出了全球经济面临的几个关键问题。

全球失衡：持续的贸易失衡和高债务水平对全球金融稳定构成风险。

金融危机：2008年的金融危机凸显了全球金融体系的脆弱性以及建立更好的监管机制的必要性。

不平等：国家内部和国家之间日益加剧的经济不平等要求在经济增长和发展方面采取更具包容性的方法。

可持续性：环境危机要求全球金融体系支持可持续发展和向绿色经济过渡。

在最初几十年里，国际货币基金组织主要致力于监督国际货币体系的运行，通过提供财政支援帮助遇到国际支付困难的国家稳定汇率并维持经济平衡。与此同时，世界银行则专注于为战后的欧洲重建提供资金支持。目前两个机构逐步将其任务扩展到全球范围内，并主要关注促进贫困减少和发展中国家的经济增长。

然而，随着全球化进程的加速、技术的快速发展和新兴经济体的崛起，当前的国际金融架构面临着前所未有的挑战。这些挑战凸显了在21世纪经济环境中构建一个新型布雷顿森林体系的迫切需求——一个能够有效应对全球经济失衡、金融危机、不平等以及支持可持续发展和绿色经济过渡的体系。这些变化促使人们重新评估全球金融体系，并进行了各种改革尝试，旨在适应21世纪的复杂性。这些努力包括二十国集团（G20）峰会、世界贸易组织"多哈回合"、联合国制定的SDGs以及关注气候融资的倡议。这些平台和倡议共同代表了现代社会对新布雷顿森林体系的追求，以应对当代全球挑战。

G20峰会的意义

2008年，G20峰会升格为领导人级别会议，标志着全球金融治理发生了重大转变，各国认识到需要采取更加包容性的方式来解决全球经济问题。G20峰会由主要发达经济体和新兴经济体组成，是讨论全球金融体系改革、加强金融监管及确保金融稳定的重要论坛。

G20峰会的核心在于它能够将包括发达国家和新兴国家在内的世界主要经济体聚集在一起，就影响全球经济的关键议题进行讨论并达成共识。G20峰会的议程内容广泛，涵盖金融稳定、气候变化缓解、可持续发展、国际金融机构改革等诸多领域。G20 峰会的包容性框架体现了全球经济的关联性，使人们认识到某一地区的决策可能会对其他地区产生深远影响，因此全球合作至关重要。

G20 峰会的一个特点是注重金融监管改革，防止未来危机的发生。2008 年金融风暴发生后，G20 峰会在协调全球应对措施方面发挥了关键作用并促成了金融稳定委员会（FSB）的成立，以监督国际金融体系的有效运行。这些努力旨在提高透明度，增强金融机构的复原力，并防止导致危机的无节制冒险行为。

此外，G20 峰会认识到全球经济面临的多方面挑战，探讨了直接金融监管之外的问题。贸易紧张局势、技术干扰、可持续发展实践的迫切需要等议题都在 G20 峰会的议程中占有一席之地。这种广泛的关注反映了一种认识，即经济稳定和增长取决于解决从环境可持续性到社会包容性等一系列相互关联的问题。

然而，G20 峰会在执行其决定方面的有效性一直是人们争论不休的话题。虽然该论坛成功地促进了对话并制定了全球经济议程，但将这些讨论转化为行动有时却具有挑战性。G20 协议的非约束性及其成员的不同利益可能会使其宏伟目标的实现变得非常复杂。

可持续发展目标

2015 年，联合国会员国共同通过了可持续发展目标（SDGs）旨在解决全球面临的一系列紧迫的挑战，包括贫困、不平等、气候变化、环境退化以及和平与正义的缺失。这 17 项目标构成了一张蓝图，旨在引领世界走向一个更加美好、更加可持续的未来。从消除贫困到保护我们的地球，再到确保全人类享有和平与繁荣，可持续发展目标应对了当前全球面临的关键性挑战。

这些目标的创新之处在于，它们不仅呼吁全球所有国家采取行动——无论是贫困、富裕还是中等收入国家——而且这些行动既要促进繁荣，也要保护环境。在消除贫困的过程中必须采取多元化策略，包括促进经济增长、满足社会需求如教育和卫生、增强社会保障以及提供就业机会，同时也要应对气候变化、保护环境。

可持续发展目标之间的相互联系体现了它们的另一个主要优势。举例来说，减少贫困的努力与改善健康和教育的成果紧密相关，同时也与减少不平等和促进经济增长相关（目标1、目标3和4、目标10、目标8）。类似地，应对气候变化的行动与促进负责任的消费和生产、保护海洋资源以及森林和生物多样性的保护工作紧密相连。

可持续发展目标激励了全球的行动，为全世界的发展设定了一个共同的目标。政府、企业、社会和个人在全球范围内被鼓励为实现这些目标而共同努力。这些目标的实现需要前所未有的合作和承诺，跨越了传统的国家和部门界限，致力于全面、包容和有韧性的发展。

可持续发展目标也为全球提供了一个宏伟的愿景：在全球各国团结一致，共同追求更公平、更繁荣和可持续的未来时，我们便可以实现目标。这些目标强调，可持续发展不是一种奢望，而是为了建设一个更好的世界——一个为今天和未来创造的更加美好的世界——而必须采取的行动。

气候融资倡议

随着人们对气候变化这一全球性挑战的日益关注，越来越多的呼声支持采取布雷顿森林会议式的合作方式，以集中资金支持绿色投资。在《联合国气候变化框架公约》（UNFCCC）的框架下，绿色气候基金（GCF）等倡议的建立，旨在为发展中国家实施与减缓及适应气候变化相关的各类项目、计划和政策提供支持。这些举措不仅强调了向低碳经济过渡和优先考虑环境可持续性的必要性，还反映了布雷顿森林体系的机构使命的拓展，即现代全球金融治理系统需要解决的不仅是经济稳定问题，还包括环境恢复力的问题。

气候融资的核心在于，为实现全球经济从依赖化石燃料向可再生能源的转变。保护及恢复生态系统，并建立有抵御气候变化能力的社区，需要进行大规模投资。《联合国气候变化框架公约》下的绿色气候基金等倡议在此方面发挥了关键作用，它们向发展中国家提供财政支持，以帮助这些国家应对气候变化影响和减少温室气体排放。同时，世界银行管理的气候投资基金（CIFs）提供了一个针对低排放和适应气候变化发展的多边开发银行试点项目的金融机制范例。

此外，鉴于仅依靠公共资金难以满足应对气候变化的资金需求，气候融资倡议亦在积极探索和推动创新融资模式和机制，包括绿色债券、碳定价和气候相关风险保险等方式，旨在吸引私营部门的投资。这种跨领域合作凸显了政府、国际组织、私营部门及民间社会共同参与汇集资源和专业知识以应对气候变化挑战的重要性。

基于全球共识的公共货币

尽管做出了这些努力，但通往新布雷顿森林体系的道路充满挑战。全球力量对比、国家利益以及各国不同的优先事项都是实现全面改革的巨大障碍。此外，当代全球挑战的规模，包括日益加剧的不平等、金融市场波动和气候危机，都超越了传统金融和经济政策的解决方案。G20 峰会、世贸组织"多哈回合"、联合国可持续发展目标和气候融资倡议是朝着更加包容、公平和可持续的全球金融体系迈出的步伐。这些努力反映了人们共同认识到当今全球挑战的相互关联性以及国际合作应对这些挑战的必要性。虽然通往新布雷顿森林体系的道路是复杂和不确定的，但正在进行的对话和倡议为改革后能够满足 21 世纪需求的全球金融架构带来了希望。

建立新布雷顿森林体系面临的重大挑战主要有以下几方面。

国家利益：各国的优先事项和利益各不相同，因此很难就全球金融改革达成共识。

全球力量动态：新兴经济体的崛起和西方经济主导地位的相对衰落使谈判变得更加复杂，因为没有一个国家有能力强制推行新体系。

全球经济的复杂性：全球经济的复杂性和相互关联性使得全面改革面临巨大的挑战。

跨越时代：设想新布雷顿森林体系时代的碳储备数字货币。

尽管目前还不存在被普遍认可为"新布雷顿森林体系"的单一事件或协议，但是，正在进行的广泛讨论和"零敲碎打的改革措施"所带来的积极效果绝不能被低估。这些逐步发生的变革正在逐步塑造全球金融治理结构，包括自 2008 年以来对金融监管的加强、对可持续发展的更加重视，以及对建立一个更加包容性的全球经济体系的认识不断增强。

面对金融稳定、经济不平等，以及环境退化等日益严峻的挑战，对新布雷顿森林体系的追求很可能将持续下去。新冠疫情肆虐进一步揭示了全球性挑战的相互联系和采取国际协同行动的重要性。因此，布雷顿森林体系所倡导的合作与集体行动的精神，在当今时代比以往任何时候都更加重要。

1944 年的布雷顿森林会议，作为一次划时代的事件，为国际货币和金融关系建立了新的全球秩序，并促成了国际货币基金组织和世界银行的成立，旨在为战后的全球经济提供稳定和合作的环境。时至今日，围绕"新布雷顿森林体系"的讨论已渐成气候，我们看到了对重塑全球金融体系的必要性的认识，这不仅是为了应对 21 世纪的经济复杂性，更是为了面对环境可持续性的挑战而重新构想全球金融体系。

在这样的背景下，碳储备数字货币这一创新概念应运而生，它从布雷顿森林体系中汲取灵感，强调稳定与共同进步的同时，也符合新时代对可持续性和公平增长的追求。这一概念提议通过将货币价值与碳基资产、负债紧密联系，重新定义全球金融交易的基础，代表了向将环境管理纳入金融活动核心的经济转型以 SDGs 为指南。

通过全面应对气候变化、经济不平等和可持续消费等全球挑战，可持续发展目标为确保世界金融体系与地球的生态界限保持一致提供了指导。碳储备数字货币概念将环境可持续发展原则直接嵌入货币基础中，推动这一调整向前迈进。在这一体系下，国家的经济活动和消费不仅通过传统金融指标衡量，还要考量其对全球碳储备的影响。这一概念描绘了一个金融健康与地球健康紧密相连的未来，鼓励国家和企业以透明、自愿的方式为全球碳储存作出积极贡献。

在推动碳储备数字货币的过程中，数字技术，尤其是区块链和其他数字分类账技术，发挥了不可或缺的作用。这些技术以前所未有的透明度、安全性和效率，成为追踪全球碳资产和负债的理想工具。这些技术确保经济活动的每一笔交易和投资都能够被精确记录并直接反映在全球碳储备的增减上。这种透明度和责任感对于碳储备数字货币的成功至关重要，为每位参与者提供了清晰且可核实的环境影响记录。

回看 1944 年布雷顿森林体系的初衷，我们可以清楚地认识到为实现全球经济的稳定与合作所作出的努力的目标，在今天依然具有重要意义。然而，"稳定"的定义已经扩展到包括维持地球生命所需的生态平衡。碳储备数字货币不仅是一座桥梁，连接着布雷顿森林体系的经济稳定、合作目标与当代的可持续发展及环境保护需求，它还预示着新的布雷顿森林体系时代的到来。这是一个既从金融财富和生态健康两方面重新定义全球繁荣的未来，也是世界经济与地球自然系统和谐共存的未来。

基于新的全球共识机制的绿色货币

在 2015 年，联合国全体成员国一致通过了可持续发展目标，号召全球行动起来对抗贫困、保护地球以及确保到 2030 年人人享有和平与繁荣的局面。碳储备数字货币这一创新方案不仅赋予联合国可持续发展目标新的活力，而且提供了一种直接推进全球可持续发展议程的新型金融机制。在这一宏伟目标框架下，特别是可持续发展目标 13（气候行动）、15（陆地生活）和 17（目标伙伴关系）在纳入碳货币至全球经济体系的讨论中显得尤为关键。

可持续发展目标 13：气候行动

气候行动目标，突出了采取迅速措施应对气候变化及其影响的迫切需求（见图 8-1）。碳储备数字货币通过构建一套奖励减排和促进绿色技术投资的金融体系，从而与此目标紧密相连。将货币价值与碳捕获努力链接，旨在鼓励各国及企业采纳有利于全球碳循环的持续做法。例如，世界银行的森林碳排放伙伴关系（FCPF）基金已经计划为减少森林砍伐的发展中国家提供资金支持，这体现了如何将财政投资与碳捕获活动直接挂钩，这种方法可通过应用碳储备数字货币进一步扩展和强化。

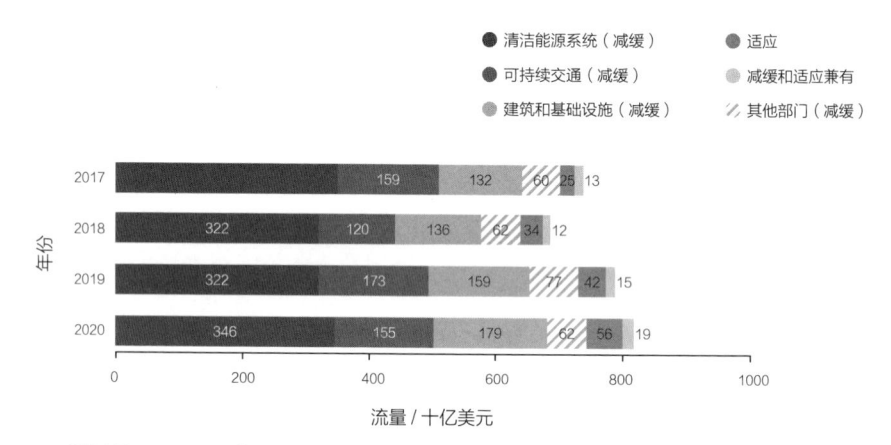

图 8-1　2017—2020 年按部门分类的全球气候融资流量

数据来源：UNFCCC. 财务常设委员会的总结和建议：第五次两年期评估和气候融资流向概览，2022.

可持续发展目标 15：陆地生活

SDG15 强调了持续管理森林、抵御荒漠化、停止和逆转土地退化及防止生物多样性损失的重要性。碳储备数字货币是资助保护和重新造林项目的重要渠道，从而直接确保了 SDG15 目标的实现。通过对森林碳存储和固碳能力的评估，这种货币机制将提供经济激励，以保护这些关键的生态系统。正如亚马孙基金那样，金融机制已经成功地支持了保护关键碳汇的努力，同时也促进了生物多样性和可持续的土地利用。

可持续发展目标 17：目标伙伴关系

实现 SDGs 的关键在于振兴全球伙伴关系，充分利用和动员各方资源、知识和技术。碳储备数字货币恰好体现了 SDG 17 的精神，它鼓励建立围绕可持续发展目标的全球经济伙伴关系。这种合作需要各国政府、金融机构、科技公司和社会团体共同开发、实施和监管。此类货币基于共同对环境管理和可持续发展的承诺可促进碳信用的国际贸易，支持绿色基础设施投资。

碳储备数字货币代表着环境可持续发展与金融技术创新的结合，其成功依赖于先进数字技术的应用，尤其是区块链技术。这些技术在保障透明度、安全性及效率方面扮演着核心角色，对该货币机制的信誉来说至关重要。通过利用数字化创新，碳储备数字货币旨在同时实现环境保护与经济稳定这两大目标。

区块链技术是碳储备数字货币实施中的数字技术核心，其通过不可篡改、去中心化的账本特性，在多个计算机系统中记录交易信息。这种机制保障了一旦交易被记录，其真实性便能得到任意验证者的确认，且无法被篡改。针对碳储备数字货币场景，区块链能够精准追踪碳信用的产生、验证及交易过程，确保每个货币单位背后均有确切、可验证的碳减排或封存证据作为支持。这样的透明度与可靠性不仅对直接参与方至关重要，对于社会更广泛接受和认可这种货币的环境效益同样关键。

在碳储备数字货币领域，智能合约能自动验证碳抵消项目成果、释放资金并相应发行数字货币单位，自动化的特性简化了过程，降低人为错误风险，同时大幅减少了传统碳信用审核过程中的行政负担和成本。

物联网与遥感技术为收集森林、海洋和城市等各种碳吸收和排放数据提供了巨大帮助（见图 8-2、图 8-3）。物联网设备可监控森林健康，追踪造林活动，甚至侦测非法砍伐，为碳储备数字货币的价值评估提供精确及时的数据支撑（见图 8-4）。同理，遥感技术通过卫星观测为全球碳储备状况提供大范围监控，完善了地面物联网数据。

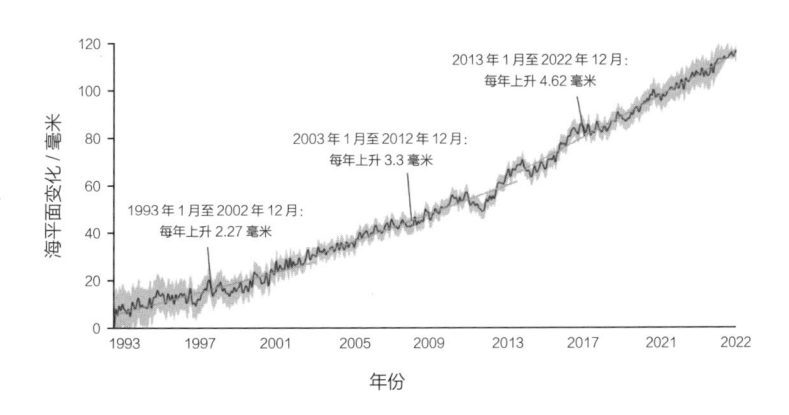

图 8-2　1993—2022 年的全球平均海平面变化

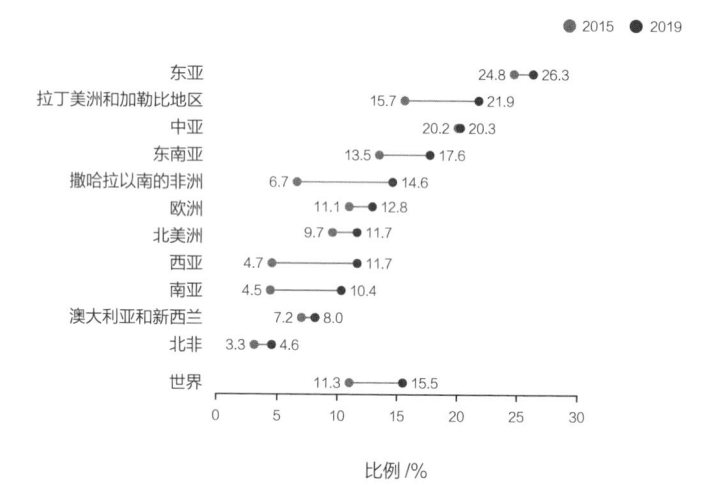

208　数字货币：金融重构与可持续发展

图 8-3　不同区域发生退化问题的土地占土地总面积的比例

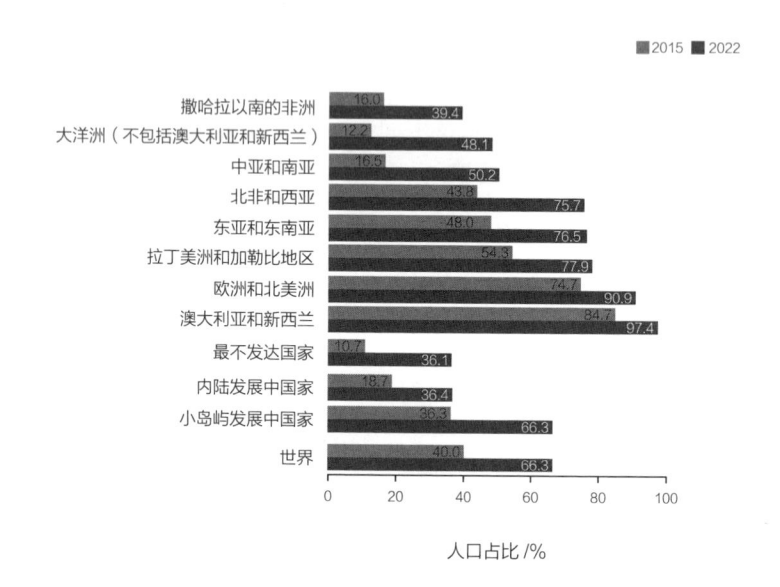

图 8-4　2015 年与 2022 年全球使用互联网的人口占比对比

AI 和大数据能够分析识别模式、预测趋势，处理碳储备数字货币生态系统中产生的庞大数据，优化碳封存和减排策略。AI 分析碳信用交易数据，揭示最高效的环保项目，指导资金流向，甚至预测未来碳信用需求。

数字技术在碳储备数字货币实施中发挥着多元且不可替代的作用。区块链保证了货币系统的完整性和透明度,智能合约实现交易自动化,物联网与遥感技术提供精准的环境数据,AI与大数据分析为系统优化提供深度见解。这些技术的综合应用构建了一个稳健、可信且高效的碳储备数字货币体系,为全球可持续发展目标的实现做出了巨大贡献。

数字货币作为全球新标准

在追求可持续未来的过程中,碳储备数字货币的提议不仅是一项环保倡议,也意味着一场彻底的经济变革。这种以碳储备价值为基础的货币旨在通过建立一种有可能取代美元等传统货币的新标准,重新定义全球金融与全球货币。通过将环境的可持续发展作为经济交易的基石,这种创新方法可以鼓励全球参与到可持续的发展转型中来,并培养一种自愿为碳封存和减少碳排放做出贡献的文化。

碳储备数字货币通过直接将货币价值与碳资产及碳债务挂钩,建立了一个新的经济框架,使经济增长的推动力与减少碳排放的需求相协调。这种一致性促使各国和企业采取可持续发展的做法,将环境责任转化为经济策略的核心。

数字货币成功的关键在于基于全球性自愿参与的原则。不同于传统货币由国家政府强制设立,这种新型数字货币依赖于全球社群的共同协定与参与。它鼓励国家、企业与个人通过减少碳排放和增加碳汇来贡献于全球碳储备。通过数字验证技术确认的每一分努力都会增加货币的价值,形成一个将经济激励与环境利益相结合的自强化循环。

实现以碳储备为基础的全球性数字货币,需要一种前所未有的透明度和信任度。区块链技术及其提供的去中心化账本为此提供了一个方案,确保了一个透明、不可篡改的系统用以记录交易并验证每一笔对环境影响的贡献。智能合约能根据核实的碳存储能力自动发行货币,保障每一单位货币都对地球的碳平衡产生实质且积极的影响。

向碳储备数字货币这样的世界主要货币体系过渡,可以借鉴布雷顿森林体系初创时期的经验教训。正如二战后各国试图通过固定汇率和建立国际金融机构稳定全球经济的尝试,采用碳基数字货币也是为了稳定全球气候,这标志着新的布雷顿森林体系时代的到来，其中经济稳定与环境可持续性密不可分。

要实现碳储备数字货币的愿景，我们还必须克服从确保全球范围内数字技术的普及到解决国家主权和经济自治的担忧等一系列重大挑战。全球共识对于这种货币的价值和运作机制至关重要，这需要通过外交努力、国际协议和建立全球治理框架，以管理这种货币系统并确保其利益得到公平分配。碳储备数字货币的构想通过重塑世界货币的基础以反映对气候行动的需求，呼吁国家和个体改变对价值、财富与进步的认知为走向可持续经济铺平了道路，预示着向可持续世界过渡的绿色货币革命即将开始，代表了全球范围内整合经济与环境目标的一大步。

碳储备数字货币体系

碳储备数字货币以联合国清洁发展机制（CDM）为先锋，该机制是《京都议定书》的重要组成部分，它允许国家与企业通过投资发展中国家的减排项目而获得碳信用。这些信用额度可在全球市场进行交易。亚马孙热带雨林的重新造林项目便是一个典型案例，该项目通过复育被砍伐的林地生成碳信用，以此封存二氧化碳。这一实践向我们展示了将碳封存努力货币化的可能性，同时也铺垫了碳储备数字货币理念的基础。

瑞典对央行数字货币即电子克朗的探索则为我们从传统货币向数字化过渡提供了经验。尽管电子克朗与碳储备没有直接联系，但该项目展现了数字货币在简化金融交易、提升安全性和可访问性方面的巨大潜力。电子克朗项目为理解数字货币——包括基于碳储备的数字货币——在当代经济中的作用提供了重要见解。

太阳币（SolarCoin）则是一个以全球化、去中心化的数字货币为特色的项目，它通过奖励数字代币激励太阳能生产者，每生产一兆瓦时太阳能即可获得奖励。这种创新手段促进了可再生能源的产出，并直接将经济效益与环境影响相挂钩。太阳币为碳储备数字货币如何奖励对碳封存和减排有益的行动提供了示范，展现了数字货币推动可持续发展实践的可能性。

加利福尼亚州伯克利市探索使用区块链技术发行市政债券，这一举措的目的是降低债券发行的成本并吸引对资助太阳能电池板和电动车充电站等本地绿色项目感兴趣的小额投资者。应用区块链技术不仅确保了过程的透明度，还有效降低了管理成本。伯克利市的这项探索凸显了数字技术在促进可持续投资方面的巨大潜力，为实施碳储备数字货币的策略提供了重要的经验。

通过这些案例，我们看到了数字创新与环境金融机制在支持可持续发展方面的巨大潜力。同时，它们也揭示了一系列挑战，包括确保数字平台的广泛可及性、就估值方法达成全球共识，以及克服监管障碍等。这些创新的成功依赖于政府、私营部门和公民社会之间的协作，以及持续的技术和后勤创新。

国际贸易与碳储备：在全球变暖阴影笼罩的当代，国际贸易与碳储备管理的结合既是严峻的实践挑战，也是导向一个新的经济时代的独特机遇。可持续的、全球共享的碳货币这一概念性倡议的核心需要依靠国际贸易和碳储备系统的转型。因此，了解国际贸易和碳储备管理，并对现在和未来有所展望，是极为有益的。

国际贸易的碳足迹：在气候变化的大背景下，国际贸易与碳储存管理的交会点不仅展示了巨大的挑战，也提供了独到的机遇。这一领域内，全球共享的碳货币概念，依赖于深入了解并有效整合国际贸易与碳储存系统的智慧。因此，对国际贸易和碳储存管理的深入探讨，对现实与未来均具备重要价值。

国际贸易自身就是全球经济增长与发展的重要推动力，然而，货物的长途运输、能源密集型的生产流程以及全球供应链的扩张，都大幅增加了温室气体的排放量。从生产到处置，贸易商品与服务的整个生命周期中产生的碳足迹，凸显了全球商务活动对环境的巨大影响。

当前的全球经济体系中，国际贸易不仅是增长与繁荣的关键驱动力，同时也带来了环境方面的显著影响，特别是与跨国运输相关的碳排放问题。所有通过全球贸易流通的商品与服务，从生产、运输到分销，所有环节都会排放二氧化碳，随着全球社会寻求减缓气候变化，这一环境代价成为迫切需要解决的问题。

产品从生产地到消费地的物流涉及复杂的运输模式，包括海洋运输、航空运输和陆地运输，每种方式都伴随着各自的碳足迹。据国际运输论坛估计，仅国际海运就占全球二氧化碳排放量的约 2.89%。此外，进入国际市场的商品生产过程通常涉及能源密集型制造流程，这也是全球温室气体排放量大幅上升的原因之一。

时装业便是一个典型例子，这个行业不仅因其劳动实践而受到批评，同时也因对环境的影响而备受争议。一件简单的棉 T 恤的生产可能涉及多国，从种植棉花到织造染色，再到最终销售，每一环节都有其环境成本。据碳信托基金估计，一件棉质 T 恤的碳足迹可能高达 15 千克二氧化碳，相当于汽车行驶约 64 公里的排放量。

食品产业是另一个例子，其中的水果和蔬菜被运送到全球各地，以满足消费者对于非季节性产品的需求。比如，将芦笋从秘鲁运往英国的过程中，每公斤芦笋的二氧化碳排放量大约为 2.7 千克，这显著凸显了提供全年应季农产品给消费者的环境成本。

为应对国际贸易带来的环境影响，各相关方开始采取旨在减少碳足迹的策略。例如，全球最大的集装箱运输公司马士基宣布到 2050 年公司将实现碳中和，通过探索新的技术和燃料类型以降低排放量。同样，跨国公司如联合利华和雀巢通过投资可再生能源或提高生产效率，努力使其供应链更加可持续。

此外，国际倡议如《国际航空碳抵消与减排计划》（CORSIA）旨在要求航空公司通过投资环保项目来抵消其排放量的增长，以实现航空业二氧化碳排放量始终维持 2020 年的水平。

政府政策也在减少国际贸易碳足迹方面发挥着关键作用。推动使用更环保运输方式的法规、碳抵消激励措施以及制定高能效生产实践标准都是关键策略。欧盟碳排放交易体系（EU ETS）是一种通过经济手段减少温室气体排放的政策机制。

消费者对于可持续产品的认知和需求也能够推动国际贸易实践的变革。本地采购和本地生产的商品越来越受到欢迎，而产品的碳足迹的透明度也逐渐提高，这些趋势影响着制造商和零售商采用更环保的做法。

在全球社会寻求应对气候变化解决方案的背景下，降低与国际贸易相关的碳足迹仍是一大挑战。向更可持续的全球贸易体系的转型，需要政府、企业和消费者共同努力。这涉及采用新技术、重新思考供应链物流以及培养可持续发展和责任感文化。

综上所述，虽然国际贸易是经济发展的基石，但其对环境的影响同样不可忽视。解决全球贸易碳足迹的问题对于地球的健康以及全球经济的可持续发展至关重要。通过创新解决方案、合作努力以及对可持续发展的坚定承诺，我们有望最小化贸易对环境的影响，并为更可持续的未来铺平道路。

随着新技术的兴起，尤其是在数据时代的推动下建立一个全面测量碳足迹的国际市场体系的基础已经形成,这为我们在不久之后将能看到这一愿景的实现奠定了技术基础。

碳储量的意义

在全球变暖的趋势下,怎么强调碳储备的重要性都不会过分。全球也正在共同面对不断升级的气候变化挑战,碳储备的管理与保护已经成为全球战略中减少温室气体排放与促进环境可持续性的核心。森林、泥炭地与海洋等碳储备是重要的碳汇,它们吸收大气中的二氧化碳,对调节地球气候发挥着关键作用。

碳储备,指的是能够储存和固定大气中二氧化碳的自然系统。森林是其中最关键的碳储备之一,通过光合作用吸收二氧化碳,并在其生物质、土壤和植被中储存碳。被誉为"地球之肺"的亚马孙热带雨林便是此类碳汇的杰出代表,每年能够固定约 22 亿吨的二氧化碳。泥炭地虽然仅占全球陆地面积的 3%,却储存了地球土壤碳的约 30%,展现出其在固碳方面不成比例的巨大重要性。

占地球表面 70% 以上的海洋,吸收了人类产生的约 30% 二氧化碳,缓解了全球变暖的影响。海洋中的碳固定过程极为复杂,涵盖生物和物理机制,凸显了地球碳循环与气候系统之间复杂的相互作用。海洋酸化,对海洋碳储备构成重大威胁,干扰海洋生物,尤其是珊瑚礁和海洋生物碳泵的固碳能力。

尽管碳储备在气候调节中扮演着至关重要的角色,但它们正面临着人类活动带来的前所未有的威胁。农业、开发等引起的森林砍伐是碳储备枯竭的主要原因,例如砍伐亚马孙热带雨林的不仅释放了树木中储存的碳,也削弱了森林作为碳汇的功能。同样,出于农业和工业目的开采泥炭地,释放了大量存储的碳至大气中,加剧了温室气体排放。

鉴于碳储备的重要性,国际和地方层面都在努力保护和管理这些自然资源。《联合国气候变化框架公约》下的减少森林砍伐和退化导致的排放(REDD+)计划,就是保护森林资源,减少毁林造成的排放,并投资于低碳可持续发展路径的优秀例证。全球各地的泥炭地恢复项目,旨在重新湿润干旱的泥炭地,阻止碳排放并恢复其作为碳汇的自然功能。海洋保护区(MPAs)和海洋保护倡议,则致力于保护海洋生态系统,维持其固碳能力。

碳储备在缓解气候变化方面的作用无法被低估。保护和恢复碳储备对全球气候稳定至关重要。碳储备的挑战虽然艰巨，但并非不可克服。通过全球合作、政策倡议和可持续管理实践，世界可确保这些宝贵的自然资源得到保护。

碳储备的保护正在通过多种机制得到强化，包括碳税、排放交易系统以及绿色认证等，这些措施旨在激励商家与生产者采用更加可持续的经营方式。此外，如《巴黎协定》与《京都议定书》等国际性协议为全球范围内的气候行动合作提供了坚实的框架。尽管如此，在现行经济体制之下，碳储备的潜力尚未被充分挖掘。虽然存在旨将国际贸易与环保目标对齐的政策工具，但在实际操作中，将碳储备管理融入这些政策框架仍面临重大挑战，这些挑战往往根植于政治和经济的复杂考量之中。面对这一现状，全球亟须引入创新技术与创新思维，以探寻碳储备发展的新道路。

案例研究：成功的一瞥

Moss Amazonia 公司通过区块链技术在以太坊网络上推出 MCO_2 加密资产，每个 MCO_2 单位代表一吨二氧化碳的抵消，为碳补偿领域带来了创新。这种方法不仅数字化了碳补偿，还为环境保护开辟了新途径。

Moss Amazonia 公司运用区块链技术创造的 MCO_2 代币是一个里程碑式的创新，其区块链的固有透明度和安全性为验证碳抵消提供了高效且可信的方法，消除了人们对碳信用的真实性和影响的常见疑虑。Moss Amazonia 公司的这一技术提供了一个易于融入全球市场的可靠解决方案，鼓励更多人参与到碳抵消活动中来。

MCO_2 代币已成功在国际平台如 Coinbase 上市，显示了其在数字碳市场中的扩展潜力。更重要的是，MCO_2 代币销售的收益对环保活动产生了深远影响，特别是在亚马孙地区。通过与客户合作，Moss Amazonia 公司为旨在保护亚马孙热带雨林的项目筹集了超过 1 亿美元资金。这笔资金支持了从植树造林到保护土著社区等多项活动，证明了创新财务工具与传统环保活动结合的实际好处。

MCO_2 代币被纳入 ESG 投资组合，体现了企业对环保问题的重视。Gol、Ifood、Hering、Reserva 和 Arezzo 等参与 MCO_2 生态系统的公司，展示了企业致力于可持续实践和减少环境影响的决心。这种向环境、社会和治理整合的趋势不仅增强了企业的声誉,也为环保工作提供了大量资金。

Moss Amazonia 公司的区块链碳补偿方案为环保工作提供了宝贵经验,展现了数字解决方案促进可持续发展倡议广泛参与的潜力,并提供了一个可在不同行业推广的模式。然而,这类倡议的成功还依赖于监管支持、市场接受度以及面对新挑战的持续创新。

Moss Amazonia 公司和 MCO_2 代币案例展示了技术与环境保护结合的巨大潜力。随着区块链技术的不断进步,更多实体参与到数字碳市场中,将为提升碳抵消效率、透明度和影响力提供新的机会。Moss Amazonia 的成功案例为未来的倡议提供了指导,展示了创新方法如何为全球气候变化作出贡献,并促进了对关键碳储备的保护。

迈向可持续的未来

上述介绍的案例研究为我们走向可持续未来的旅程锚定了方向,它们既是希望之光,也提供了关于全球参与保护和管理碳储备的紧迫性的重要警示。案例展示了通过共同的努力、创新的金融策略以及跨界合作,我们能够实现的非凡成果。同时,这也揭露了我们的自然生态系统的脆弱性,以及维护这些系统需要的不懈的坚持。面对错综复杂的气候变化挑战,从这些案例中汲取的经验极其宝贵,为我们指明了努力的方向。

而国际贸易与碳储备管理的结合,正是我们追求可持续发展途中的重大挑战,也是气候变化威胁加剧与经济增长雄心并存背景下需要采取行动的紧迫要求。在这个全球社会的关键节点,我们必须在经济发展与环境保护之间找到平衡。这一微妙平衡要求我们以创新、合作和坚定地迈向可持续发展的路径为特点,展开集体行动。

在这方面,国际协议和框架的作用变得越来越重要。《联合国气候变化框架公约》下的《巴黎协定》象征了全球社会在减少碳排放和增强对气候变化影响的适应力方面的统一立场。《巴黎协定》与 SDGs 等倡议共同为我们如何在经济增长与环境保护之间达成一致提供了战略框架。

同时，技术创新在应对这些挑战中的作用也至关重要。可再生能源、可持续农业实践和绿色生产技术的进步，提供了减轻国际贸易碳足迹的有效途径，有助于保护碳储备。采纳循环经济原则，即强调资源的再利用和回收，体现了减少环境影响所需的创新思维。

展望未来，培养国际贸易中的可持续性文化至关重要，这包括制定监管措施、政策倡议，以及在公众中培育对环保产品需求的意识。向可持续消费模式的转变，加上企业对环境保护的承诺，可能会引发深远的变革，从而确保全球贸易实践能够促进而非削弱我们星球的生态健康。

总而言之，国际贸易的发展与碳储备管理的紧迫性相互交织，通向可持续未来的道路虽充满挑战，但也蕴含巨大的可能性。从成功的保护实践中汲取的教训强调了这一使命的可行性——前提是我们对自然生态系统的价值达成全球共识，并共同投身于对它们的保护。这项全球努力所面临的风险极高，但这一经济活动是与地球福祉紧密相连的世界愿景，一定程度上为集体行动提供了强有力的动因。在我们继续追求经济增长与可持续发展的和谐未来的过程中，需要克服挑战，才能获得与自然和谐共生带来的广泛回报。

亚马孙热带雨林碳保护区

亚马孙热带雨林是地球上最重要的碳库之一，在全球碳循环和气候调节中扮演着至关重要的角色。这个遍布 8 个国家、面积超过 550 万平方公里的生物多样性宝库，被誉为地球的"肺"。它不仅是世界上最大的热带雨林，也是生物多样性最丰富的地区，拥有地球上约 10% 的已知物种。

亚马孙热带雨林的碳吸存能力根植于其茂密的植被和生物多样性。森林中的树木和植物通过光合作用吸收大气中的二氧化碳，并将其转化为氧气，这不仅清洁了空气，还将碳存储在植被和土壤中，俗称碳固存。据《自然》杂志 2020 年的研究，亚马孙热带雨林储存着大约 760 亿吨碳，通过减少大气中的二氧化碳含量，为对抗气候变化发挥了重要作用。

亚马孙热带雨林的碳储存能力也并非固定不变，它受降雨量、温度及森林健康状况和范围等多种因素影响。当森林健康且范围广泛时，这个系统达到最优化状态。但当森林退化或遭到砍伐时，它的碳吸收能力减弱，储存的碳被释放回大气，从而加剧温室效应。

亚马孙热带雨林与全球气候之间的复杂关系凸显了其作为碳库的重要性。通过调节二氧化碳含量和水文循环，它对全球和地区气候模式产生影响。森林的蒸散作用对当地及地区降雨模式至关重要，支持着南美大陆的农业、能源生产和供水系统。

亚马孙热带雨林的意义也远远超出其地理边界。它在全球应对气候变化的努力中起到了核心作用，是对抗人类活动导致的大气中二氧化碳含量增加的关键缓冲区。作为最大的热带雨林，其健康和完整性对地球整体生态平衡及实现全球气候目标至关重要，如《巴黎协定》中概述的目标，旨在将全球变暖控制在远低于工业化前水平2摄氏度以下。

总而言之，亚马孙热带雨林的重要碳库作用对于地球来说是一件无价之宝。它不仅存储着碳，塑造着全球气候模式，还维持着无与伦比的生物多样性。保护这一自然奇观是地区和全球共同的责任，这强调了国际社会必须团结一致，打击森林砍伐，为后代保留这片宝贵的自然遗产的迫切需要。亚马孙热带雨林，这个地球上无与伦比的碳储存宝库，正在面临人为和自然的威胁，这些威胁正在逐渐削弱它作为全球碳汇的关键作用，进而影响到全球的气候调节机制。

森林砍伐对亚马孙碳吸存功能构成了最直接的挑战。由于农业扩张、非法伐木、采矿活动，以及基础设施建设驱动的森林砍伐，消失的森林将其储存的大量的碳释放到大气中，并且森林未来吸收碳的能力被削弱了。世界自然基金会的数据显示，过去半个世纪，亚马孙热带雨林覆盖面积缩减了约17%，这大多归咎于森林砍伐削弱了其固碳功能。

气候变化本身也对亚马孙构成了周期性挑战。改变的降雨模式和升高的气温导致了干旱，影响了森林的生长和恢复能力，从而减弱了其吸收碳的效率。2005年、2010年和2016年的极端干旱事件对亚马孙的生态系统造成了长远的影响，导致了树木死亡率上升，破坏了森林的碳平衡。

火灾，无论是自然发生还是人为引起的，都对亚马孙的碳库构成了巨大威胁。人类活动和气候变化加剧了火灾的频率和强度，这些火灾不仅释放了大量的碳，还引发了森林退化的恶性循环，损害了森林的自我恢复能力。据亚马孙环境研究所报道，近年来火灾的频发凸显了管理和预防火灾的紧迫性。

面对这些挑战，采取全方位、协调一致的措施来保护这一珍贵生态系统变得尤为迫切。对抗森林砍伐、管理火灾风险，以及应对气候变化的广泛影响，都是维护亚马孙这一全球碳汇功能的关键。国际合作、有效政策和可持续土地管理策略对于减轻这些威胁、保障亚马孙热带雨林能够继续为全球气候稳定作出贡献至关重要。

保护亚马孙热带雨林这个地球上重要的碳库和生物多样性宝库是跨越国家和国际层面的共同责任。亚马孙热带雨林的全球意义促使了多项保护倡议和国际合作的展开，旨在维护其生态完整性，并确保它继续在全球碳循环中扮演核心角色。

国家层面的保护举措

亚马孙热带雨林所在国家采取了一系列政策来阻止森林被砍伐，通过设立保护区、国家公园和土著保护区，这些国家努力保护亚马孙大片地区，免受到农业扩张和非法砍伐的侵害。巴西的亚马孙基金便是一例，它通过国际捐助为该地区的再植树、保护及可持续发展项目提供了资金支持。

跨越国界的亚马孙保护工作需要全球共同努力。亚马孙合作条约组织（ACTO）汇集了八个亚马孙地区国家，推动了地区在可持续发展和环境保护方面的合作。亚马孙对气候调节的贡献也与《巴黎协定》等国际气候协议相吻合，这些协议旨在减少碳排放并增强对气候变化的适应性。

非政府组织和民间社会通过教育、研究和地面项目，在亚马孙的保护中起着至关重要的作用，如世界自然基金会和雨林联盟与当地社区合作，推广可持续的土地利用、植树造林，反对非法伐木和野生动物贩运，对于调动资源、提升公众意识及对政府和商业施加压力至关重要。

生活在亚马孙地区数世纪的原住民社区是该生态系统不可或缺的守护者。承认他们的传统知识和土地权利对于有效的保护至关重要。实践证明，原住民的参与不仅成功地保护了大片亚马孙地区，还体现了结合传统智慧与现代保护策略的重要性。

尽管取得了一些成果，亚马孙的保护仍面临诸多挑战，如政治动荡、经济压力及森林砍伐和气候变化的持续威胁。未来需通过加强国际合作、创新融资机制和加强环保法律执行等保护策略来应对这些挑战。

监测、技术和科学的进步，在确定有效保护策略方面发挥着越来越重要的作用。卫星成像、遥感技术和区块链等创新工具正在成为支撑森林保护的努力的关键，为监控森林状况、追踪碳信用并支持森林保护工作提供了前所未有的机遇。

在亚马孙热带雨林这一地球的绿色心脏进行的保护工作中，创新方法的应用变得越来越关键。面对传统保护手段的限制以及出现的新挑战，采用技术、社区参与，以及新兴金融机制为保护这一无可替代的瑰宝开辟了新途径。

亚马孙基金由巴西政府发起，目标是减少森林砍伐并推广亚马孙热带雨林资源的可持续使用，得到了国际社会，如挪威和德国的大力支持，这反映了环境保护中国际合作的重要性。

亚马孙基金的成功展示了专注于透明度和问责制的金融机制如何有效促进环境保护项目。该基金不仅为抵制森林砍伐、支持可持续发展的项目提供资金支持，还助力了一系列旨在提升亚马孙地区及其周边社区生活水平的倡议。

技术在环境保护中的革命性角色

科技的进步，特别是卫星监测和遥感技术，为环境保护带来了革命性变革。这些工具能够实时追踪森林变化、及时发现并应对非法砍伐等威胁，从而加强了森林保护的效率和效果。

探索新型金融机制：绿色债券、影响力投资等新兴金融模式为亚马孙热带雨林的保护项目提供了资金来源，既促进了环境目标的实现，也为投资者带来了回报。此外，生态系统服务付费（PES）计划为保持森林覆盖提供了经济激励，体现了对森林在碳固存、生物多样性保护等方面贡献的认可。

引入区块链技术：区块链技术的应用可以提升环境项目的透明度和问责性，确保项目资金的有效使用和承诺的兑现，为环境保护带来了新的希望。特别是在碳信用额度的验证和交易中，区块链技术的运用使得企业和个人更易于参与森林保护项目。

总之，保护亚马孙热带雨林的行动不仅展现了国家及国际层面合作的力量，也体现了技术和创新金融机制在推动环境保护方面的潜力。随着我们进一步探索和实施这些创新解决方案，保护亚马孙这一地球上的绿色遗产，可为实现一个更可持续的未来打下坚实基础。

如何推进全球共识

面对日益严峻的气候变化挑战，全球达成一致行动和共同目标以减缓其影响的共识已成为人类生存和繁荣的关键战略。这一共识源于对气候变化深远威胁的认识，催生了《巴黎协定》《京都议定书》等重要国际协议及缔约方大会（COP）的讨论，这些历史性事件体现了全球以统一行动减轻气候影响的集体承诺。特别是《巴黎协定》，它汇集了196个缔约方的承诺，旨在将全球温度上升控制在工业化前水平下2摄氏度以内，争取达到1.5摄氏度以下的目标（《联合国气候变化框架公约》，2015年），标志着全球团结一致的决心。

然而，仅仅意识到这一挑战还远远不够。从气候变化共识到实现碳经济，再到建立基于碳的货币体系，这一路径极富雄心。碳经济的构想是一种变革，将碳排放和碳封存作为经济决策的核心，激励减少碳足迹的行为并奖励可持续发展的实践。终极目标是建立一个碳货币基础，将环境可持续性直接融入金融体系，创造一种新的经济模式，使货币价值与碳资产及碳负债紧密相关。

虽然国际社会已经就气候行动的紧迫性达成了共识，国际协议和正在进行的环保活动就是证明，但是，向碳经济的过渡和碳货币基础的构想仍处于萌芽阶段，实现这一目标需要时间、创新和全球的共同努力。这些发展中的观念不仅代表了未来趋势，也预示了一种将经济增长与环境保护相结合的综合方法，这标志着社会对自然环境的重视和互动方式的根本转变。走向统一的碳经济和碳货币的道路虽然充满挑战，但在可持续发展和经济韧性的未来中，这一愿景将指引我们前行。

建立气候变化的共识是全球性气候行动共同努力的基础，这一共识是经过几十年的科学研究、宣传，以及一系列关键国际协议和会议的不懈努力才最终建立的。在这些努力中，《京都议定书》和《巴黎协定》等协议及缔约方大会（COP）的年度会议不仅是外交成就的象征，更体现了全世界对气候变化严重性的认识和采取集体气候行动的决心。这些国际共识和努力为我们在应对气候变化方面采取更雄心勃勃的行动提供了坚实的基础，展现了全球共同努力可以为子孙后代保护地球提供希望。

为了应对气候变化这一全球性挑战，建立广泛共识并采取紧急行动成为全人类的共同责任。通过数十年的科学研究和持续的公共宣传，以及一系列具有历史意义的国际协议和会议，全球终于形成了这一共识，也明确了全球范围内团结应对这一挑战的重要性。

《京都议定书》的通过，标志着全球第一个对发达国家减少温室气体排放具有法律约束力的协议的诞生，成为国际社会共同努力的重要起点。更加重要的是，2015年达成的《巴黎协定》，不仅聚集了196个缔约方的共同承诺，将全球平均温度上升控制在低于2摄氏度，甚至力争不超过1.5摄氏度，更体现了全球团结一致对抗气候变化的决心和行动。这一承诺凸显了全球气候行动需要各国共同参与和努力的理念。

每年举行的缔约方大会（COP）进一步强调了这种全球共识，作为审查《联合国气候变化框架公约》实施情况和推动进一步气候行动的全球平台，第21届联合国气候变化大会（COP21）成就了达成《巴黎协定》的历史时刻，巩固了全球应对气候变化的集体承诺。

这些协议和会议的成功不仅代表了外交上的成就，更重要的是，它们体现了全球社会对气候变化严峻性的共识和承认应对气候变化是全人类的共同责任。它们为全球采取更敏捷的气候行动奠定了坚实的基础，提醒我们尽管面临艰巨挑战，但通过统一的全球努力，为子孙后代保护地球，阻止气候变化带来的灾难是可行的。

向碳经济过渡的共识

要为以碳为中心的经济铺平道路，改革货币体系势在必行。历史告诉我们，每个时代都需要一种与其特定需求相吻合的货币形式。正如历史上的货币转型所反映的社会需求变迁与技术革新一样，当今时代亦迫切需要一个与可持续发展紧密相连的金融架构。在这一变革过程中，我们认识到一个恒久不变的真理：货币的本质必须随时代演进，以映照当下的优先级与挑战。

从对气候行动的紧迫共识到实质性地构建一个碳经济，标志着环境政策的一大飞跃。碳经济的核心在于将碳排放及其吸收作为经济活动的一部分，以此激励减少碳足迹，奖赏可持续行为。这一变革要求我们深刻反思经济活动对地球碳平衡的影响，并鼓励各国、各行业与个人将经济发展与生态保育相结合。

向碳经济的转变，是全球应对气候变化努力中的关键一步。这一过渡不仅需要将碳排放和碳储存的管理纳入全球经济的核心，更要倡导减少碳排放和促进可持续发展的行为。这一必要转变的背后是对日益加剧的气候变化影响的应对——一个不仅威胁全球生态系统，也威胁人类健康与经济的全球性问题。

人们之所以强烈呼吁碳经济，是因为越来越认识到传统经济模式在很大程度上忽视了环境代价，特别是与碳排放相关的代价。联合国政府间气候变化专门委员会（IPCC）强调，如果沿着当前道路继续前行，将面临全球气温升高、海平面上升及极端气候事件等严重后果。向碳经济的转型对于减轻这些影响、推动可持续发展目标，以及确保地球长期健康至关重要。

通过建立既奖励碳减排又促进可持续实践的经济结构，碳经济直接支持了SDGs，尤其是目标13（气候行动）。此外，它通过促进对可再生能源和能效的投资，支持了目标7（负担得起的清洁能源）；通过鼓励发展可持续的产品和服务，支持了目标12（负责任的消费和生产）。碳经济将经济激励与环境目标相结合，推进了一种全面的可持续发展方法，确保了努力达到碳排放顶峰与更广泛的发展目标相融合。

过渡到碳经济的路途中，构建一个支撑可持续变革的金融系统显得至关重要。从推动碳排放减少到促进可持续经济实践的众多倡议和框架正铺平着实现碳经济共识的道路。尤其是碳定价机制作为一种内化碳排放环境成本的具体做法，已经得到了广泛的认可。根据世界银行的数据，2021年，全球约有64种碳定价工具已经实施或计划实施，包括碳税和排放交易系统。这些措施旨在提升碳密集型做法的成本，同时增加低碳替代方案的吸引力，引导经济向更绿色的解决方案转变。

此外，气候相关财务信息披露工作组（TCFD）在推动将气候风险和机遇纳入财务报告中起到了关键作用。TCFD倡导企业在评估和公开与气候相关的财务风险方面保持透明，促进了对气候变化经济影响的更深入理解，并鼓励了投资者和企业采取更可持续的行动。

尽管已取得一定进展，但在全球范围内实现碳经济转型的共识依然充满挑战。各国在经济发展、技术获取和政治意愿方面存在差异，导致了承诺和能力不均衡。发达国家由于有资源和技术优势，往往能够率先实施碳定价机制和采纳可再生能源。相较之下，发展中国家可能在追求经济增长与承担过渡成本之间遇到平衡难题。

传统经济模式常常导致财富和资源集中，碳经济则为各国提供了平等参与的机会。例如，发展中国家可以通过开展碳封存项目利用其自然资源，吸引发达国家的投资和技术转移。这种合作方式不仅确保所有国家都能参与到全球气候变化应对努力中，也解决了资源分配和责任分担的公平性问题。

国际合作在缩小这些差异中起着至关重要的作用。诸如《联合国气候变化框架公约》下设立的绿色气候基金（GCF）等倡议，致力于支持发展中国家减少温室气体排放和适应气候变化影响，展示了各国共同努力促进全球碳经济发展的潜力。

碳经济共识的形成是对全球经济体系进行根本性重新构想的过程，旨在迎接气候变化带来的挑战。通过重视碳排放和吸收、促进可持续实践，并加强国际协作，碳经济为一个可持续且公平的全球未来打下了基础。这一转型面临诸多挑战，它需要社会各界的共同承诺、创新和协作来实现。对地球、生态系统及后代的潜在益处，使得这一努力变得必要且值得追求。

碳基货币的演变与前景

塑造一个以碳为核心的经济体系，改革现有的货币体系是不可回避的任务。历史经验告诉我们，每个时代的货币形式都是对其特定需求的响应。传统货币的演变反映了历史上不断变化的经济格局和社会需求。从易货贸易体系到金属硬币和纸币，每一次过渡都代表着对日益复杂的贸易的适应，以及对更高效交换手段的需求。

而在 20 世纪，《布雷顿森林协定》确立了美元作为世界主要储备货币的地位，这一地位有力促进了二战后的国际贸易和金融稳定。然而，美元在全球金融中的主导地位与可持续发展、公平发展的迫切要求越来越不相符。美元的价值与单一国家的经济健康运行挂钩并不能直接激励或反映全球环境管理或可持续实践。正如过去的货币转型反映了社会需求的变化和技术的进步一样，我们当前的时代需要一个与可持续发展的迫切要求相一致的金融框架。到了当代，转型还必须映射出对可持续性的追求。在接受这一演变的同时，我们必须承认一个永恒的原则，即货币的形式必须不断演变，以反映当前时代的优先事项和挑战。

物理科学的进步，从牛顿的运动定律到爱因斯坦的相对论均体现了对宇宙更深层次、不同维度理解的不断追求。这种视角的转变不仅完善了我们对物理现象的理解，还彻底改变了我们对能量和物质之间关系的认识，开辟了理论物理学和应用物理学的新领域。类似地，货币体系从传统形式到碳基货币的转变，也正是回应了我们时代面临的复杂挑战，是一个新的维度和环境下的新概念。这种转变通过引入经济活动对环境影响的考量，赋予了货币一个新的维度，彰显了经济与地球生态平衡之间的密切联系。正如爱因斯坦的理论通过将质量和能量联系起来，为我们对物理宇宙的理解引入了第三个维度，碳货币也为我们的经济交易引入了一个关键的环境维度。碳基货币的引入，不仅是改变交易媒介的尝试，更是经济价值观的根本转变，反映了对地球自然资源的利用和保护的真实成本和价值。这种转变承认我们的经济活动并非孤立于自然世界之外，而是与地球的生态平衡和最重要的自然保护法则深深交织在一起。这一演变与物理学的逻辑发展相似，标志着我们向尊重地球自然极限并在地球自然极限范围内运行的经济迈出了关键一步，在金钱这一衡量工具上第一次注入能量和物质守恒的科学理解。

碳货币的概念还适应了可持续发展的时代需求，提供了一种超越传统货币体系的创新选择，是符合可持续发展时代和碳峰值目标的一种有远见的替代方案。正如金本位适合帝国和探索时代，法定货币适合国家经济时代一样，碳货币与我们当前的可持续发展需求产生了共鸣。这种货币体系为全球经济提供了一种基于环境可持续性的共识框架。碳基货币代表了从国家层面到全球层面对经济增长模式的根本性重构，着眼于构建一个能量和资源得到合理分配、人类与自然和谐共存的未来。

随着现代金融科技的发展，碳基货币的实施变得更加可行。虽然比特币等加密货币引入了去中心化数字货币的理念，但它们往往缺乏稳定的价值锚和权威监督，因此具有不稳定性和投机性。央行数字货币（CBDC）具有权威性，但本质上是传统货币的数字化版本，缺乏促进广泛采用的公共性和包容性。碳基货币能够整合这两者的优点，为环境责任引入权威性的同时保持公共性。它们以全球气候行动的共识为价值锚，展示了货币价值可以与全球可持续发展目标相结合的可能性。

从其影响角度来看，碳基货币与节能原则相契合，将货币流通与能源消耗紧密关联。碳基货币将为经济交易引入一个关键的环境维度，正如爱因斯坦理论通过连接质量和能量，为我们理解的宇宙增加了一个新维度，标志着我们社会准备以尊重地球自然极限的方式对我们的经济活动进行重新评估和调整。这种联系也为评估可持续实践和提高能源效率提供了实际的衡量标准，例如，欧盟碳排放交易体系（EU ETS）通过为碳排放定价，展示了基于市场的机制如何促进减排和对可持续技术的投资。同样，雨林基金会等机构在保护亚马孙热带雨林等方面的区块链项目证明了数字技术在全球范围内支持环境保护的潜力。

综上所述，碳基货币概念预示着货币历史上的一次重大飞跃。尽管这一概念的共识和实施路径尚在探索中，但它无疑契合了当今追求可持续发展的时代需求。通过将货币价值与可持续实践及碳储备管理紧密联系起来，碳基货币为构建一个以环境管理为核心价值的全球金融体系提供了可能。它们在权威性治理与广泛可接受性之间找到了平衡点，为实现可持续发展全球共识做好了准备。在全球范围内紧急应对气候行动的当下，碳基货币作为一种具有说服力的解决方案出现，是历史货币演变、现代金融科技创新与我们对生态限制认识的一次创造性融合。

建立面向可持续未来的货币共识

推动构建以碳为中心的新经济体系，必须对现行货币体系进行根本性改革。正如前面所说的，随着时代的进步，货币的形式和功能也应该随之变化，以适应新的全球化的、可持续发展的需求。

《布雷顿森林协定》时代美元成为国际贸易和金融的中心，促进了二战后经济的稳定与增长。然而，随着全球对可持续发展的关切和日益增长的环境保护需求，美元或任何其他传统货币都无法直接促进或反映全球环境管理或可持续实践。因此，我们迫切需要一种新的金融框架——可以促进经济稳定性与环境可持续性相结合的货币体系。

碳基货币共识的提出，就是将环境因素——特别是碳排放和减排——直接纳入全球经济的核心。与传统货币不同，碳基货币的价值与减少碳排放和促进可持续发展的活动直接相关，旨在使全球经济自然而然地支持可持续发展目标。

实现这一转变，意味着全球可持续发展的努力将注入强大的新动力。碳基货币不仅可以直接支持实现联合国可持续发展目标，特别是关于气候行动的目标，还可以通过激励碳减排和封存，加速这些目标的实现进程。同时，它还会推动绿色金融产品的发展，如绿色债券和可持续投资，将资本引向那些对地球产生积极影响的项目。

全球对碳基货币的共识，意味着对经济权力的民主化，为各国提供了在更公平条件下参与全球经济的新机会。特别是对发展中国家而言，这提供了一个通过其自然资源——如森林和碳储存能力——参与全球市场的平台。

尽管要实现这样的全球共识面临重大挑战，但碳基货币的概念为构建一个更加可持续、更加公平的全球经济描绘了一幅令人信服的蓝图。在全球共同努力应对气候变化的背景下，碳基货币的概念为全球绿色转型提供了一种切实可行的路径，从而确保了经济增长与地球的长期健康和福祉相协调。

CHAPTER 9

| 第九章 |

展望未来

第九章　展望未来　229

　　面对全球变暖危机及区域发展不平衡等日益紧迫的挑战，国际社会已经采取行动并达成了关于应对碳排放和促进可持续发展的全球性共识。如通过共同设立碳达峰目标来抑制全球变暖，标志着全球在气候合作方面迈出了关键一步，当然还有 SDGs。然而，尽管政治共识已建立，但进展却依然不够理想，尤其是在很多发展中国家遭遇债务困境之际，需要探索新的方法和机制，以确保这些目标顺利实现。

　　在这个背景下，金融技术的创新——尤其是区块链、加密货币和央行数字货币的出现将金融包容性和环境可持续性方面所遭遇的挑战转化为可行的解决方案，以碳基货币为中心的金融体系就是这样一种革命性的概念。它将数字金融的进步与支持环境可持续性的金融产品和服务相结合。瑞典央行探索的电子克朗项目，以及巴哈马推出的沙砾数字货币案例，均展示了数字货币促进金融包容性的潜在能力，可以为更广泛的公众提供金融服务，覆盖原有金融体系无法服务的人群。

　　区块链技术也在确保环境项目的透明度和可追溯性方面也展现了巨大潜力。例如，Verra 和 Gold Standard 这样的组织利用区块链技术来验证和记录碳信用额和减排成果，从而确保碳补偿项目的完整性和公信力。这种技术的应用为环境金融产品提供了一种新的监管和验证机制，增强了公众和投资者对这些项目的信心。这些先行者的成功案例为我们将碳基金融体系的理念付诸实践提供了宝贵的经验和框架。

**DIGITAL
CURRENCY**

碳储备货币的时代即将来临

　　碳货币的故事是在一场席卷全球的数字革命的背景下展开的，这一革命在我们的金融体系历史上添上了浓墨重彩的一笔。区块链和 AI 等前沿技术的涌现，与早期计算机技术广泛应用于金融业的情形相呼应，预示着金融领域的变革性转变。区块链技术，作为比特币等加密货币的基础，预示了一个全新的、去中心化的金融生态系统的可能。其前所未有的安全性、透明度和效率等技术特征，可以为货币和商业交易提供一种全新的模式。然而，当区块链技术逐渐融入我们的法律、政治和金融框架时，我们却发现它带来了很多意想不到的挑战。例如，尽管央行数字货币的发展和区块链技术在货币领域的应用方面取得了显著进展，许多国家探索并发行了数字货币，却发现存在一些明显的缺陷，例如监管障碍、公共属性不足、与现金本质相同等问题。

深入探讨之后，本书开始了货币理论和金融经济学方面的沉思之旅：货币作为价值的象征和财富的基石，是一种强大的社会工具。货币、金融和经济之间的关系，正类似于汽油、引擎和汽车（这一比喻形象地说明了它们之间的共生关系），正是这种共生关系推动了社会向前发展。

而从货币历史中我们可以发现，每个时代都需要一种反映其独特优先事项的货币——从最初的贝壳到主权硬币和纸币，直至金本位制和现今无处不在的"国际货币"美元。在当前的气候危机日益严峻、数字技术（如 PayPal、加密货币等）蓬勃发展的背景下，碳基货币的概念应运而生。

这种以碳为基础的新型货币范式的建立还得益于当代经济学话语，如现代货币理论与传统货币学派之间的关键争论。因此，碳货币的引入不仅仅是对技术进步或经济转型的简单回应。它代表了对人类发展历史的深刻认知与反思，即我们需要根据社会的需求，以及地球的生态平衡来重新调整我们的金融体系，并使用这一体系调整和推动我们的经济发展。正如在每一个历史时期，主导资源都会重塑整个经济叙事，无论是大航海时代，还是"石油时代"。今天，全球变暖的生存威胁要求我们必须向可持续发展转变，也就是以"碳"为中心的"碳时代"。

本书认为，在这个环境危机凸显的时代，我们必须将可持续发展的整体愿景纳入现代货币和金融理论的核心思考之中，即金融应该主动迎接变革，而不是等着变革改造金融。接着，本书在国际政治的历史迷宫中穿行，总结了以联合国为中心的全球合作体系的成就与不足。像联合国这样久负盛名的机构，在解决复杂的国际安全困境方面也有很多局限性，乌克兰和加沙等地的持久冲突就是明证。这与联合国在气候共识方面取得的里程碑式成就形成鲜明对比。这种反差再一次表明，现代世界必须更新国际合作框架，才能超越传统的双输、零和博弈的局面，在更广泛的领域复制并扩大气候合作的理念和精神。

联合国的局限性是当前世界遭遇新的冲击的一个缩影。但同时，这也是迈向下一个时代的机遇。应对气候危机迫在眉睫，这要求我们从一个由贪婪和短期思维占主导地位的旧世界，转向一个以多边合作和长期规划成为核心框架的新世界。在这个以快速转型和不断升级的全球挑战为特征的时代，寻求一种新的合作模式不仅是可取的，更是迫切需要的。这种新的合作模式不仅要避免潜在的危机，而且要实现最初的布雷顿森林体系所期望的愿景——通过协调一致的全球行动避免人类陷入混乱。

紧接着，本书讨论了可持续金融创新的变革潜力，并将其视为一个扩展全球气候合作精神的渠道。全球金融是全球化和可持续发展的关键驱动力量，也是应对气候变暖危机的关键力量。在全球气候变化和发展问题达成共识的背景下，区块链等开创性技术已经为世界建立一个新的经济合作模式提供了机会，即为建立一个内在可持续的金融体系铺平了道路。这不仅有望推动绿色和可持续发展，还能修补国际裂痕、重构利益分配机制，进而推动全球政治合作发生新的变革。

我们设想的以碳货币为基础的新国际金融体系，便是在这个基础上展开的。通过利用区块链技术，新的金融架构有望提高公平性和效率；而区块链技术去中心化的特点还有利于平衡全球不同的利益实体，进而与全球可持续发展和气候行动的要求保持一致。

在全球变暖的危机下，如何重构经济发展和国际合作的新模式是实现可持续发展目标、避免气候灾难必须思考的问题。本书认为，以碳为基础的国际数字货币以及国际交易体系，可以推动现有全球金融体系的迭代升级，使人类更好地面对现有的危机，实现可持续发展和碳达峰的目标。

碳基货币本质上与《布雷顿森林协定》的变革精神相呼应。因此，本书主张建立一个新的布雷顿森林体系——围绕碳的全球金融体系。这个焕然一新的框架是下一个时代全球经济和国际合作的基石，预示着经济增长与环境可持续性完美结合的未来。

从数字革命的萌芽到碳基金融体系的设想，书中强调了技术创新的关键作用、可持续发展的极端重要性以及国际合作的极端必要性。本书向政策制定者、技术专家和全球领导人发出明确的号召，希望他们接受这一愿景，以建立一个既能应对当代挑战，又能为子孙后代造福，更能促进地球繁荣的金融体系。

我们将何去何从？

  展望未来，将碳指标融入金融体系，可以为当前的社会发展创造一种前所未有的可能，进而为经济活动与环境可持续性协调发展开辟一个新的领域。本书设想了这样一个未来：数字金融成为可持续发展的催化剂，以碳为基础的货币激励碳减排并支持绿色投资。在这个愿景中，数字金融技术不仅仅是一种支付和交易的工具，而是成为推动环境、经济可持续发展的强大驱动力。在这个概念中，以碳为核心的货币体系将成为激励减少碳排放和促进绿色投资的关键，也将成为一种新的计量物，用来衡量全球的经济活动，并记录其对地球积极或消极的影响。

  从技术前沿看，AI 与区块链技术的发展，以及数字金融与绿色金融的广泛实践，已经为碳金融的未来奠定了坚实的基础。AI 技术在处理大数据、优化能源消耗和预测市场趋势方面的能力，使其成为推动碳金融创新的重要力量。它可以帮助企业和政策制定者更准确地评估碳排放、监测环境影响、优化碳交易策略。与此同时，区块链技术为碳交易提供了一个透明、安全且不可篡改的平台，使碳信用和碳补偿的跟踪、验证和交易变得更加高效和可靠。通过去中心化的特性，区块链能够加强全球范围内的碳市场参与者之间的信任，减少交易成本，并提高市场参与度。

  数字金融的兴起也为碳金融带来了前所未有的机遇。移动支付、数字钱包和在线交易平台等数字金融工具，为碳减排项目的资金筹集提供了便捷的渠道。这一切都在推动建立一个更加灵活、更加开放的碳金融市场。

  绿色金融的广泛实践也是碳金融实现未来可能的又一支柱。绿色债券、绿色基金和可持续投资策略等工具，正在为减少温室气体排放、支持可再生能源项目和其他环保倡议提供必要的资金。绿色金融的实践不仅加速了碳金融产品的创新，也在为应对全球气候变化提供实际的财务解决方案。

  然而，在通往未来的道路上，障碍仍然重重。技术进步，尤其是区块链和数字金融领域的技术进步，虽然前景广阔，但也存在可扩展性、能源消耗和互操作性等重大挑战。由于各国政府和国际机构都在努力建立既能促进创新，又不损害金融稳定性或环境完整性的规范，监管方面暂时的不确定性会使这一局面更加复杂。因而，欧盟等在起草数字金融综合法规方面做出的开创性的努力，就显得特别重要。总体来看，可持续发展和金融实践达成全球共识仍然是一项艰巨的任务，跨司法管辖区的实践，以及在气候政策和金融监管方面的不同做法凸显了这一点。

因此，实现这一愿景还需要政策制定者、技术专家、企业家和全球领导者的协同努力。对于各国的政策制定者及金融监管体系来说，首要任务是打造一个全新的监管环境，不仅要包容创新，还要保障社会的金融稳定，并监督环境保护目标的实现。新加坡和瑞士等地区数字金融监管的快速发展证明了监管的前瞻性和领导力在塑造金融未来方面具有极强的可能性。对于各国政府来说，这是一个崭新但潜力极大的领域。

技术专家和企业家们更需要推动数字金融、区块链技术与可持续目标的协同发展。如 Algorand 区块链等项目所做的那样，强调与传统区块链系统相比能耗更低的可持续性也凸显了技术创新与环境目标相一致的潜能。此外，全球领导人在促进国际合作和确保全球金融体系符合可持续发展要求方面发挥着至关重要的作用。如在《巴黎协定》中，世界各国承诺应对气候变化，这凸显了通过金融创新实现可持续发展目标的国际合作潜力。新的经济合作体系需要各国政府首脑达成共识才能真正确立。在推动各国为整体利益共同努力，促进经济体系和全球可持续金融体系重组的进程中，各国领导人显得尤为重要。

虽然向碳基货币为核心的金融体系转型的愿景牵涉方方面面，其复杂性为所有利益相关者带来了巨大挑战，但改变全球经济格局的潜力是巨大的。这一愿景对我们的地球有着深远的影响，因此迫切需要各国采取行动。本书的雄心壮志没有停留在理论上，而是通过提供有价值的见解和实用的框架，力图在全球范围内掀起一场落实这些理念的运动，从而在为所有人走向可持续未来的道路上迈出实质性的一步。现在是时候呼吁全世界的政策制定者、技术专家、商界领袖和普通公民行动起来，共同推动必要的变革，从而为子孙后代创造一个可持续和繁荣的未来。

DIGITAL
CURRENCY

参考文献

盛洪. 关于中国市场化改革的过渡过程的研究[J]. 经济研究, 1996（1）: 69-81.

易纲. 中国改革开放三十年的利率市场化进程[J]. 金融研究, 2009（1）: 1-14.

张宇燕. 理解百年未有之大变局[J]. 国际经济评论, 2019（5）: 9-19.

A 2030 Outlook for Europe's Mandatory Carbon Market[R/OL]. ClimateTrade, 2022. https://climatetrade.com/wp-content/uploads/2022/04/eu-ets-white-paper-en.pdf.

A Prototype for Green Bond Tokenisation by Digital Asset and GFT[R/OL]. BIS Innovation Hub, Hong Kong Monetary Authority, 2021. https://www.bis.org/publ/othp43_report3.pdf.

A Prototype for Green Bond Tokenisation by the Liberty Consortium[R/OL]. BIS Innovation Hub, Hong Kong Monetary Authority, 2021. https://www.bis.org/publ/othp43_report2.pdf.

A Vision for Technology-driven Green Finance[R/OL]. BIS Innovation Hub, Hong Kong Monetary Authority, 2021. https://www.bis.org/publ/othp43_report1.pdf.

Agur I, Lavayssière X, Bauer G V, et al. Lessons from Crypto Assets for the Design of Energy Efficient Digital Currencies[J]. Ecological Economics, 2023, 212: 107888.

Akinsomi O. How Resilient are Reits to a Pandemic? The COVID-19 Effect[J].

Journal of Property Investment & Finance, 2021, 39 (1): 19-24.

Allen F, Gu X, Jagtiani J. Fintech, Cryptocurrencies, and CBDC: Financial Structural Transformation in China[J]. Journal of International Money and Finance, 2022, 124: 102625.

Amazon Carbon Update, Based on Nasa's Gedi Mission[R/OL]. Amazon Conservation, 2023. https://www.maaproject.org/2023/amazon-carbon-gedi/.

Amplifying the "S" in ESG:Investor Myth Buster[R/OL]. ESG Working Group, 2021.https://esg.trust.org/application/velocity/_newgen/assets/InvestorMythBuster.pdf?v12.

Amsyar I, Christopher E, Dithi A, et al. The Challenge of Cryptocurrency in the Era of the Digital Revolution: A Review of Systematic Literature[J]. Aptisi Transactions on Technopreneurship (ATT), 2020, 2 (2): 153-159.

Baldi G, Staehr K. The European Debt Crisis and Fiscal Reactions in Europe 2000-2014 [J]. International Economics and Economic Policy, 2016 (13): 297-317.

Banna H, Alam M R. Is Digital Financial Inclusion Good for Bank Stability and Sustainable Economic Development? Evidence from Emerging Asia[R]. Adbi Working Paper Series, 2021.

Birdsey R, Pan Y. Trends in Management of the World's Forests and Impacts on Carbon Stocks[J]. Forest Ecology and Management, 2015 (355): 83-90.

Block R L. Investing in Reits: Real Estate Investment Trusts[M]. John Wiley & Sons, 2011.

Bunde T, Eisentraut S, Schütte L. Munich Security Report 2024 [R/OL]. [2024-04-11]. https://securityconference.org/en/publications/munich-security-report-2024/.

Carbonx - Carbonx[EB/OL]. (2023-11-20)[2024-04-16]. https://carbonx.world/.

Central Bank Digital Currency (CBDC) Information Security and Operational Risks to Central Banks[R/OL]. BIS Consultative Group on Risk Management, 2023. https://www.bis.org/publ/othp81.pdf.

Chen D B, et al. World Currencies for Sustainability[C]//World Economics

Association (WEA) Conferences. 2015.

Chohan U W. Are Cryptocurrencies Truly Trustless?[J]. Cryptofinance and Mechanisms of Exchange: the Making of Virtual Currency, 2019(1): 77-89.

Choi S, et al. Where is Current Research on Blockchain Technology?-A Systematic Review[J]. PloS one, 2016, 11 (10): e0163477.

Claeys G, Demertzis M. The Next Generation of Digital Currencies: In Search of Stability[R]. Bruegel Policy Contribution, 2019.

Coddington A. Keynesian Economics[M]. Routledge, 2013.

Constancio V. Contagion and the European Debt Crisis[J]. Financial Stability Review, 2012, 16 (2012): 109-121.

Deposit Tokens-A Foundation for Stable Digital Money[R]. Oliver Wyman, Onyx by J.P. Morgan, 2022.

Digital Sustainable Finance[EB/OL]//UNDP. [2024-04-16]. https://www.undp.org/policy-centre/singapore/digital-sustainable-finance.

Dubai Blockchain Strategy[EB/OL]. [2024-04-16]. https://www.digitaldubai.ae/initiatives/blockchain.

Epstein G A. What's Wrong with Modern Money Theory: A Policy Critique[M]. Springer, 2019.

e-Residency of Estonia | Apply & start an EU company online[EB/OL]. [2024-04-16]. https://www.e-resident.gov.ee/.

Feng Y, Wu F, Zhang F. The Development of Local Government Financial Vehicles in China: A Case Study of Jiaxing Chengtou[J]. Land Use Policy, 2022 (112): 104793.

Fioretos O, Heldt E C. Legacies and Innovations in Global Economic Governance Since Bretton Woods[J]. Review of International Political Economy, 2019, 26 (6): 1089-1111.

FIPS 201-3 [EB/OL]. [2024-04-16]. https://pages.nist.gov/FIPS201/FIPS201.html.

Garcia F J. Global Justice and the Bretton Woods Institutions[J]. Journal of International Economic Law, 2007, 10 (3): 461-481.

Gore C. The Rise and Fall of the Washington Consensus as a Paradigm for Developing Countries[J]. World Development, 2000, 28 (5): 789-804.

Grosen M N, Coflkun B. A Decade of SAPs, Market Liberalization and Environment in Tanzania (1987-1998)[J]. European Journal of Economic and Political Studies, 2010, 3 (2): 53-71.

Guardtime[EB/OL]. [2024-04-16]. https://guardtime.com/en.

Heidhues F, Obare G A. Lessons from Structural Adjustment Programmes and Their Effects in Africa[J]. Quarterly Journal of International Agriculture, 2011, 50 (1): 55-64.

Hermwille L, et al. UNFCCC before and After Paris-What's Necessary for an Effective Climate Regime?[J]. Climate Policy, 2017, 17 (2): 150-170.

Home[EB/OL]//Unique Identification Authority of India | Government of India. [2024-04-16]. https://uidai.gov.in/en/.

Hou H. The Application of Blockchain Technology in E-government in China[C]//2017 26th international conference on computer communication and networks (ICCCN). IEEE, 2017: 1-4.

How China's Belt and Road Initiative is changing[J/OL]. The Economist [2024-04-11]. https://www.economist.com/the-economist-explains/2023/10/17/how-chinas-belt-and-road-initiative-is-changing.

ID2020 | Digital Identity Alliance[EB/OL]//ID2020. [2024-04-16]. https://id2020.org/.

Ikenberry G J. The Political Origins of Bretton Woods[M]//A Retrospective on the Bretton Woods System: Lessons for International Monetary Reform. University of Chicago Press, 1993: 155-198.

Interac Verified[EB/OL]//Interac. [2024-04-16]. https://www.interac.ca/en/business/our-solutions/interac-verified/.

Interactions of the Eu ets with Green and White Certificate Schemes: Summary Report for Policy Makers[R/OL]. European Commission Directorate-General Environment, 2005. https://climate.ec.europa.eu/system/files/2016-11/ec_green_summary_report051117_en.pdf.

Ismaila M. Exchange Rate Depreciation and Nigeria Economic Performance after Structural Adjustment Programmes (SAPs)[J]. NG-Journal of Social Development, 2016, 5 (2): 122-132.

Jalakas P. Blockchain from Public Administration Perspective: Case of Estonia[J]. Tallinn University of Technology: Tallinn, Estonia, 2018.

Javaid M, Haleem A, Singh R P, et al. A Review of Blockchain Technology Applications for Financial Services[J]. BenchCouncil Transactions on Benchmarks, Standards and Evaluations, 2022, 2 (3): 100073.

Jun M. Blockchain Government—A Next form of Infrastructure for the Twenty-First Century[J]. Journal of Open Innovation: Technology, Market, and Complexity, 2018, 4 (1): 7.

Khan S, Shael M, Majdalawieh M, et al. Blockchain for Governments: The Case of the Dubai Government[J]. Sustainability, 2022, 14 (11): 6576.

Kirton J J. G20 Governance for a Globalized World[M]. Routledge, 2016.

Kuyper J, Schroeder H, Linnér B O. The Evolution of the UNFCCC[J]. Annual Review of Environment and Resources, 2018, 43: 343-368.

Lamoreaux N R, Shapiro I. The Bretton Woods Agreements[M]. Yale University Press, 2019.

Levi M D. Bretton Woods: Blueprint for a Greenhouse Gas Agreement[J]. Ecological Economics, 1991, 4 (3): 253-267.

Li G, Li J. Application and Research of Carbon Asset Management Based on Blockchain[C]//Proceedings of the 2021 5th International Conference on Electronic Information Technology and Computer Engineering, 2021: 672-679.

Ling D C, Ryngaert M. Valuation Uncertainty, Institutional Involvement, and the Underpricing of IPOs: the Case of Reits[J]. Journal of Financial Economics, 1997, 43 (3): 433-456.

Liu Q, Chen Z, Xiao S X. A Theory of Carbon Currency[J]. Fundamental Research, 2022, 2 (3): 375-383.

LO3 Energy[EB/OL]//Start Up Energy Transition. [2024-04-16]. https://www.startup-energy-transition.com/set100-database/lo3-energy/.

Lu W, Whidbee D A. Bank Structure and Failure During the Financial Crisis[J]. Journal of Financial Economic Policy, 2013, 5 (3): 281-299.

Lucas R E. Supply-side Economics: An Analytical Review[J]. Oxford Economic Papers, 1990, 42 (2): 293-316.

Mechanisms for Control and Mitigation of Deforestation in the Brazilian Amazon Biome[R/OL]. Brazilian Roundtable on Sustainable Livestock GTPS, 2013. https://cicb.org.br/wp-content-bl/uploads/2013/06/GTPS-White-Paper-on-mechanisms-for-control-and-mitigation-of-deforestation-in-the-Brazilian-Amazon-Biome.pdf.

Mhone G. Dependency and Underdevelopment: The Limits of Structural Adjustment Programmes and Towards a Pro-active State-led Development Strategy[J]. African Development Review, 1995, 7 (2): 51-85.

Monrat A A, Schelén O, Andersson K. A Survey of Blockchain from the Perspectives of Applications, Challenges, and Opportunities[J]. Ieee Access, 2019, 7: 117134-117151.

Moss Carbon Credit Whitepaper[R/OL]. MOSS, 2021. https://whitepaper.io/document/0/moss-carbon-credit-whitepaper.

M-PESA[EB/OL]//Vodafone.com. [2024-04-16]. https://www.vodafone.com/about-vodafone/what-we-do/consumer-products-and-services/m-pesa.

Mukhopadhyay U, Skjellum A, Hambolu O, et al. A Brief Survey of Cryptocurrency Systems[C]//2016 14th Annual Conference on Privacy, Security and Trust (PST). IEEE, 2016: 745-752.

Nakamoto S. Bitcoin Whitepaper[J]. URL: https://bitcoin.org/bitcoin.pdf, 2008 (9): 15.

Náñez Alonso S L, et al. Central Banks Digital Currency: Detection of Optimal Countries for the Implementation of a CBDC and the Implication for Payment Industry Open Innovation[J]. Journal of Open Innovation: Technology, Market, and Complexity, 2021, 7 (1): 72.

New OPSI Guide to Blockchain in the Public Sector[EB/OL]//OPSI. (2018-06-26)[2024-04-16]. https://oecd-opsi.org/blog/new-opsi-guide-to-blockchainin-the-public-sector/.

Niehans J. Classical Monetary Theory, New and Old[J]. Journal of Money, Credit and Banking, 1987, 19 (4): 409-424.

Ojo A, Adebayo S. Blockchain as a Next Generation Government Information Infrastructure: A Review of Initiatives in D5 Countries[J]. Government 3.0- Next Generation Government Technology Infrastructure and Services: Roadmaps, Enabling Technologies & Challenges, 2017: 283-298.

Omwansa T. M-pesa: Progress and Prospects[J]. Innovations, 2009 (107): 476.

OpenSC - Home[EB/OL]. [2024-04-16]. https://opensc.org/.

Palley T I. Macroeconomics vs. Modern Money Theory: Some Unpleasant Keynesian Arithmetic and Monetary Dynamics[J]. Real-world Economics Review, 2019, 89 (3): 148-155.

Palley T I. The Critics of Modern Money Theory (MMT) are Right[J]. Review of Political Economy, 2015, 27 (1): 45-61.

Pazarbasioglu C, Mora A G, Uttamchandani M, et al. Digital Financial Services[R/OL]. World Bank, 2020. https://pubdocs.worldbank.org/en/230281588169110691/Digital-Financial-Services.pdf.

Project Dunbar - International Settlements Using Multi-CBDCs[R/OL]. BIS Innovation Hub, 2022. https://www.bis.org/publ/othp47.pdf.

Reder M W. Chicago School[M]//The World of Economics. Springer, 1991: 40-50.

Samuelson P A. What Classical and Neoclassical Monetary Theory[J]. The Canadian Journal of Economics/Revue canadienne d'Economique, 1968, 1 (1): 1-15.

Segendorf B. What is Bitcoin[J]. Sveriges Riksbank Economic Review, 2014 (2014): 2-71.

Semenzin S, Rozas D, Hassan S. Blockchain-based Application at a Governmental Level: Disruption or Illusion? The Case of Estonia[J]. Policy and Society, 2022, 41 (3): 386-401.

Sethaput V, Innet S. Blockchain Application for Central Bank Digital Currencies

(CBDC)[J]. Cluster Computing, 2023, 26 (4): 2183-2197.

Skidelsky R. Keynes, Globalisation and the Bretton Woods Institutions in the Light of Changing Ideas about Markets[J]. World Economics, 2005, 6 (1): 15-30.

Stagflation Indicators 1970—2023 [EB/OL]//Statista. (2023)[2024-04-16]. https://www.statista.com/statistics/987154/stagflation-indicators/.

Stehr N, Voss D. Money: A Theory of Modern Society[M]. Routledge, 2019.

Sun M. Development of Digital Inclusive Finance based on Blockchain Technology[C]//2021 International Conference on Smart Technologies and Systems for Internet of Things (STS-IOT 2021). Atlantis Press, 2022: 148-152.

Sustainable Visibility Software | Supply Chain Sourcing | BanQu[EB/OL]. [2024-04-16]. https://www.banqu.co/.

The Digital Divide[EB/OL]. [2024-04-16]. http://scidev.live.kiln.digital/digitaldivide/.

The Land Registry in the Blockchain[R/OL]. Lantmäteriet, 2016. https://ica-it.org/pdf/Blockchain_Landregistry_Report.pdf.

The Promise of Blockchain and Safe Identity Storage for Refugees[R/OL]. Unhcr, 2018. https://www.unhcr.org/blogs/wp-content/uploads/sites/48/2018/04/fs.pdf.

Treaty for Amazonian Co-operation[R/OL]. Amazon Cooperation Treaty Organization, 1987. https://treaties.un.org/doc/Publication/UNTS/Volume%201202/volume-1202-I-19194-English.pdf.

Tymoigne E, Wray L R. Modern Money Theory: a Reply to Palley[J]. Review of Political Economy, 2015, 27 (1): 24-44.

Tymoigne E. Modern Money Theory, and Interrelations Between the Treasury and Central Bank: The Case of the United States[J]. Journal of Economic Issues, 2014, 48 (3): 641-662.

Ubacht J, Janssen M. Blockchain in Government: Benefits and Implications of Distributed ledger Technology for Information Sharing[M]//Government information quarterly Elsevier, 2017: 355-364.

United Nations Department of Economic and Social Affairs. The Sustainable

Development Goals Report 2023: Special Edition[M/OL]. United Nations, [2024-04-11]. https://www.un-ilibrary.org/content/books/9789210024914. DOI:10.18356/9789210024914.

Verma S, Sheel A. Blockchain for Government Organizations: Past, Present and Future[J]. Journal of Global Operations and Strategic Sourcing, 2022, 15 (3): 406-430.

Voutsa M E, Borovas G. The Role of the Bretton Woods Institutions in Global Economic Governance[J]. Procedia Economics and Finance, 2015 (19): 37-50.

Wang Q, Li R, Wang Q, et al. Non-fungible Token (NFT): Overview, Evaluation, Opportunities and Challenges[J]. arXiv preprint arXiv:2105.07447, 2021.

Wang S, Yuan Y, Wang X, et al. An Overview of Smart Contract: Architecture, Applications, and Future Trends[C]//2018 IEEE Intelligent Vehicles Symposium (IV). IEEE, 2018: 108-113.

Williamson J. The Strange History of the Washington Consensus[J]. Journal of Post Keynesian Economics, 2004, 27 (2): 195-206.

WWF's OpenSC Platform Aims for Better Food Chain Transparency[EB/OL]. (2019-01-21)[2024-04-16]. https://www.consultancy.com.au/news/678/wwfs-opensc-platform-aims-for-better-transparency-in-food-chain.

Xinsong W. One Belt, One Road's Governance Deficit Problem[J/OL]. Foreign Affairs, (2017-11-17)[2024-04-11]. https://www.foreignaffairs.com/articles/east-asia/2017-11-17/one-belt-one-roads-governance-deficit-problem.

Xu J. Developments and Implications of Central Bank Digital Currency: The Case of China e-CNY[J]. Asian Economic Policy Review, 2022, 17 (2): 235-250.

Xu R, Lin X, Dong Q, et al. Constructing Trustworthy and Safe Communities on a Blockchain-enabled Social Credits System[C]//Proceedings of the 15th EAI International Conference on Mobile and Ubiquitous Systems: Computing, Networking and Services, 2018: 449-453.

Yang J, Zhou G. A Study on the Influence Mechanism of CBDC on Monetary Policy: An Analysis Based on e-CNY[J]. Plos one, 2022, 17 (7): e0268471.

Zheng Z, Xie S, Dai H, et al. An overview of Blockchain Technology: Architecture, Consensus, and Future Trends[C]//2017 IEEE International Congress on Big Data. Ieee, 2017: 557-564.

Zinoviev D. Why is Bitcoin Volatile? An Overview of Bitcoin Price Fluctuations | VanEck[EB/OL]//Vaneck. (2024)[2024-04-16]. https://www.vaneck.com/us/en/blogs/digital-assets/bitcoin-volatility/.